Jan Erhorn, Jürgen Schwier, Petra Hampel

Bewegung und Gesundheit in der Kita

Pädagogik

Jan Erhorn ist Juniorprofessor für Sportwissenschaft an der Europa-Universität Flensburg. Er ist Co-Sprecher des Zentrums für Bildungs-, Unterrichts-, Schul- und Sozialisationsforschung der EUF sowie wissenschaftlicher Direktor des »Hamburger Forum Spielräume e.V.«.
Jürgen Schwier ist Professor für Bewegungswissenschaft und Sport an der Europa-Universität Flensburg und Mitglied der Studiengangsleitung des »Kita-Master Leitung frühkindlicher Bildungseinrichtungen«.
Petra Hampel ist Professorin und Sprecherin des Instituts für Gesundheits-, Ernährungs- und Sportwissenschaften an der Europa-Universität Flensburg.

Jan Erhorn, Jürgen Schwier, Petra Hampel

Bewegung und Gesundheit in der Kita

Analysen und Konzepte für die Praxis

[transcript]

Bibliografische Information der Deutschen Nationalbibliothek
Die Deutsche Nationalbibliothek verzeichnet diese Publikation in der Deutschen Nationalbibliografie; detaillierte bibliografische Daten sind im Internet über http://dnb.d-nb.de abrufbar.

Umschlaggestaltung: Kordula Röckenhaus, Bielefeld
Umschlagabbildung: fischde / Photocase.de
Printed in Germany
Print-ISBN 978-3-8376-3485-3
PDF-ISBN 978-3-8394-3485-7

Gedruckt auf alterungsbeständigem Papier mit chlorfrei gebleichtem Zellstoff.
Besuchen Sie uns im Internet: *http://www.transcript-verlag.de*
Bitte fordern Sie unser Gesamtverzeichnis und andere Broschüren an unter: *info@transcript-verlag.de*

Inhalt

Vorwort

Die Bedeutung und gesellschaftliche Wertschätzung der frühkindlichen Bildung hat in jüngerer Zeit stark zugenommen, was sich unter anderem auch im Rechtsanspruch für Kinder ab dem vollendeten ersten Lebensjahr auf einen Betreuungsplatz und dem anhaltenden Ausbau von Kindertageseinrichtungen niederschlägt. Neben dieser quantitativen Aufwertung der Kita-Landschaft ist aber gleichzeitig eine qualitative Weiterentwicklung der Bildungsangebote durch die Fachkräfte und eine vertiefte Professionalisierung des Leitungspersonals notwendig, was neben frühpädagogischen und bildungswissenschaftlichen Kompetenzen sowie fundierten Kenntnissen in den Feldern Personalführung, Finanzen und Qualitätsmanagement eben auch ein umfangreiches Wissen über fachspezifische Bildungsprozesse einschließt. Vor diesem Hintergrund konzentriert sich das vorliegende Buch auf die miteinander in Beziehung stehenden Bereiche der Bewegung und der Gesundheit, die seit längerem in den Bildungsplänen aller Bundesländer fest verankert sind. Die Argumentation beschäftigt sich also mit der frühkindlichen Bewegungs- und Gesundheitsförderung in Kindertageseinrichtungen, wobei im Bereich der Gesundheitsförderung und -prävention neben den Kindern auch die Fachkräfte im Fokus der Betrachtung stehen.

Es ist inzwischen unstrittig, dass Bewegung eine wichtige Rolle für die gesamte frühkindliche Entwicklung spielt und das professionell angeleitete Bewegungsangebote und -aktivitäten daher in frühkindlichen Bildungseinrichtungen breiten Raum einnehmen sollten. Das Kind begegnet seiner Umwelt im Medium der Bewegung, erkundet dabei neue Handlungsräume bzw. -gelegenheiten und macht im Verlauf dieser bewegungsgesteuerten Dialoge neue Erfahrungen, die seine Entwicklung stimulieren. Im Zusammenhang mit Bewegung und Entwicklung können grundsätzlich zwei Zugänge unterschieden werden. Einerseits kann Bewegung als eine eigenständige Entwicklungsdimension betrachtet werden, die in bestimmten Abfolgen verläuft. Zum anderen stellt das Sich-Bewegen bereits zu einem frühen Stadium der Entwicklung ein Medium dar, in dem auch andere

Dimensionen der Entwicklung (zum Beispiel Sprache) gefördert werden können. Bewegung ist allerdings im Bereich der frühkindlichen Bildungsprozesse nicht nur ein Medium der Entwicklung, sondern auch ein Medium des Lernens und der Gesundheitsbildung.

Die gewachsene pädagogische Wertschätzung des Sich-Bewegens in der frühen Kindheit hat unter anderem wohl auch zur bundesweiten Verbreitung von Bewegungs-, Sport-, Natur- und Waldkindergärten beigetragen, die in ihren Konzepten in der Regel die Aspekte der Bewegungsförderung und Gesundheitsprävention akzentuieren.

Das vorliegende Buch versucht die wesentlichen Facetten des Themas in zwölf Kapiteln auszubreiten. Der erste Abschnitt gibt einen Überblick über die Zusammenhänge von Bewegung und Gesundheit in der frühen Kindheit, zeichnet die Bedeutung der Bewegung in dieser Lebensphase nach und referiert entsprechende Befunde. Darüber hinaus geht es der Argumentation um das Verhältnis von Bewegungs- und Gesundheitsförderung im Alltag der Kindertagesstätte.

Das zweite Kapitel beschäftigt sich mit den Möglichkeiten der Förderung der psychischen Gesundheit in Kindertageseinrichtungen, wobei unter anderem Programme zur Förderung der sozial-emotionalen Kompetenz und praktische Beispiele für Spiele zur Stressbewältigung im Vorschulalter zur Sprache kommen. Auf der Hintergrundfolie von Befunden zur gesundheitlichen Lage von Erzieherinnen und Erziehern skizziert das dritte Kapitel verschiedene Ansätze einer verhaltens- und verhältnisorientierten Gesundheitsförderung am Arbeitsplatz Kindertagesstätte, während im vierten Kapitel unter Betonung der Begriffe der Selbstfürsorge und der Achtsamkeit ein idealtypisches Anti-Stress-Training für Fachkräfte in Kindertageseinrichtungen vorgestellt wird.

Spielen und Spiele in der frühen Kindheit sind das Thema des fünften Kapitels, das nicht nur die Merkmale, besonderen Verlaufsqualitäten und Formen des Spiels erläutert, sondern auch auf die Einbettung von Spielpraktiken in den Kita-Alltag eingeht. Das folgende Kapitel liefert einen Exkurs zum Spielen in der frühen Kindheit, der die vorangehenden Ausführungen zum Spielen mittels der Fallanalyse einer konkreten Spielsituation vertieft und erweitert.

Im Anschluss an eine Darstellung des dialogischen Bewegungskonzepts und seiner Relevanz für die frühkindliche Bewegungsförderung, erfolgt im achten Kapitel eine grundlegende Bestimmung der entwicklungsfördernden Potenziale der Bewegung sowie des Einflusses der vorgefundenen räumlichen Ordnung auf das kindliche Bewegungsverhalten. Es werden ferner typische Aktionsformen der Kinder beschrieben. Daran anschließend legt der neunte Abschnitt aus sportpädagogischer Perspektive dar, wie offene und geschlossene Bewegungsangebote in frühkindlichen Bildungsinstitutionen geplant, durchgeführt und ausgewertet werden können. Die unterschiedlichen Handlungsfelder bilden den Gegenstand des zehnten Kapitels, wobei nacheinander auf die Kitaräume (Gruppenräume, Bewegungsräume usw.), die Spiel- und Bewegungsräume im Quartier (Spielplätze, Freiflächen, Wege usw.), entferntere Bewegungsräume (Schwimmbäder, Strand, Wald usw.) und institutionalisierte Sporträume eingegangen wird.

Das elfte Kapitel diskutiert die zentralen Prinzipien der Sprach- und Bewegungsförderung, wobei die Bewegung als Voraussetzung für den Spracherwerb und als Sprachanlass sowie Sprache als Medium der Bewegungsförderung analysiert werden. Inklusion und Partizipation in frühkindlichen Bildungseinrichtungen stehen schließlich im Zentrum des zwölften und letzten Kapitels, wobei nicht zuletzt Konzepte und Ansätze einer inklusiven und bewegten frühkindlichen Bildung zur Sprache kommen.

Die Idee zu diesem Buch ist im Rahmen der Entwicklung des berufsbegleitenden Weiterbildungsstudiengangs »Kita-Master – Leitung frühkindlicher Bildungseinrichtungen« entstanden, in dem die Autor*innen gemeinsam für die Lehre im Modul »Gesundheit, Bewegung, Prävention« verantwortlich sind. Daher schließt sich an das letzte Kapitel ein Aufgabenteil an, der als Grundlage für die Verwendung in der Lehre dienlich ist.

Unser besonderer Dank gilt an dieser Stelle Thomas Riecke-Baulecke und den anderen Mitstreiter*innen im Masterstudiengang »Kita-Master – Leitung frühkindlicher Bildungseinrichtungen«. Ebenso bedanken wir uns bei Tine Kaphengst für ihre wertvolle Unterstützung bei der Manuskriptgestaltung.

1. Gesundheit und Bewegung im Kindesalter

JÜRGEN SCHWIER

EINLEITUNG

Die Vorstellung, dass Gesundheit und Bewegung eng miteinander verbunden sind und von der frühen Kindheit bis in das hohe Erwachsenenalter gewissermaßen einen Wechselwirkungszusammenhang bilden, ist in der Gegenwartsgesellschaft weit verbreitet. Die gesundheitliche Lage und das Gesundheitsverhalten der verschiedenen Bevölkerungsgruppen stellt seit längerem ein von der deutschen Politik und Öffentlichkeit breit erörtertes Themenfeld dar, wobei nicht nur die Massenmedien Bewegung und Sport mitunter plakativ als eine wahre Wundermedizin präsentieren, die das Wohlbefinden in jeder Lebensphase fördert, vor Krankheiten schützt und letztendlich sogar das Leben verlängert. Bewegungsförderung wird daher gerade mit Blickrichtung auf das Kindesalter oft mit einer Gesundheitsförderung gleichgesetzt, da (Klein-)Kinder einerseits im Vergleich zu Erwachsenen mehr Bewegungsaktivitäten zur Festigung ihrer Gesundheit benötigen und ihr Bewegungsdrang hierfür andererseits eine günstige Voraussetzung bildet.

Die folgenden Ausführungen versuchen sich den vielfältigen Beziehungen zwischen Kindergesundheit und Bewegung in mehreren Argumentationsschritten anzunähern. Im Anschluss an die ersten beiden Kapitel zur Gesundheit im frühen Kindesalter und zur Bedeutung der Bewegung werden aktuelle empirische Befunde zu Bewegungsaktivitäten und zum Bewegungsmangel vorgestellt sowie mögliche Zusammenhänge zwischen Bewegung und Gesundheit in der frühen Kindheit analysiert. Der letzte Teil der Argumentation liefert schließlich eine Beschreibung und bilanzierende Betrachtung der Chancen einer zielgerichteten Bewegungs- und Gesundheitsförderung in der Kita, wobei gesondert auf

Natur- und Waldkindergärten sowie Bewegungs- und Sportkindergärten eingegangen wird.

GESUNDHEIT IN DER FRÜHEN KINDHEIT

Aus der Sicht der unterschiedlichen Wissenschaften – von der Psychologie über die Medizin und Ökonomie bis zur Soziologie – ist Gesundheit sicherlich ein vielschichtiges Phänomen und bleibt letztendlich auf der Ebene der Person gleichzeitig immer ein fortlaufender Balanceakt. Gesundheit kann so unter anderem als Beschwerde- oder Störungsfreiheit, als aktuelles Wohlbefinden, als biomedizinischer Zustand, als erlebbare Leistungsfähigkeit sowie als produktive Anpassung an ökologische und personale Anforderungen in den Blick geraten (vgl. Franke, 2008). Bevor man sich also dem komplexen Phänomen der Kindergesundheit annähert, bleibt zunächst zu klären, was man darunter versteht. Die eigene Analyse folgt dem bekannten Definitionsansatz von Hurrelmann (2000), der Gesundheit als ein »Stadium des Gleichgewichts von Risiko- und Schutzfaktoren« begreift, »das eintritt, wenn einem Menschen eine Bewältigung sowohl der inneren (körperlichen und psychischen) als auch äußeren (sozialen und materiellen) Anforderungen gelingt« (Hurrelmann, 2000, S. 94). Diese Rahmendefinition kann sicherlich ohne Einschränkung auch für die Frühpädagogik und die Kindheitsforschung fruchtbar gemacht werden, da Kindergesundheit auf dieser Grundlage einerseits als ein durch Lebensfreude und Wohlbefinden charakterisiertes Stadium erscheint. Andererseits kann es infolge einer temporären Nicht-Bewältigung von Anforderungen und (Entwicklungs-)Aufgaben – also einer akuten Störung des Gleichgewichts von Risiko- und Schutzfaktoren – zu gesundheitlichen Beeinträchtigungen kommen, wobei allerdings die subjektiven Gesundheitsvorstellungen der Kinder eine weitere Einflussgröße sind. Der eigene Körper kann dabei sowohl personale Ressource als auch Krisenpotential sein.

Wenn es beispielsweise zutrifft, dass Laufen, Springen, Klettern und Herumtoben in der frühen Kindheit positive Effekte auf den Körper und die Psyche haben, schränkt ein Mangel an geeigneten Bewegungsräumen, Bewegungsgeräten und frei verfügbaren Bewegungszeiten die gesundheitsbezogene Lebensqualität der betroffenen Heranwachsenden unter Umständen ein. In vergleichbarer Weise können falsche Ernährung oder übermäßiger Medienkonsum schon im Kindesalter ein Krankheitsrisiko sein. Im Rekurs auf das Konzept der Salutogenese lassen sich im Umkehrschluss eine bewegungsfreundliche sozialräumliche Lebenswelt, richtiges Ernährungsverhalten oder die Einbindung in soziale Kontexte über Sport und Medien als Widerstandsquellen gegen gesundheitliche Gefährdungen deuten: »Im Unterschied zur Entwicklungsförderung, bei der die Entwicklungsthemen im Vordergrund stehen, geht es bei der Gesundheitsförderung nur um ein Thema: die Balance« (Seewald, 2012, S. 57). Gesundheitsförderung setzt also immer am einzelnen Individuum und seinen verschiedenen Lebensbereichen an. In diesem Zusammenhang stellt sich ferner die Frage, welche Effekte eine frühkindliche, institutionelle Bildung – gerade im Sinne kompensatorischer Wirkungen für sozial benachteiligte Heranwachsende – auf das Bewegungs- und Gesundheitsverhalten haben kann (vgl. Anders & Roßbach, 2014). Mit der Durchsetzung des Rechtsanspruchs auf einen Betreuungsplatz für Kinder ab dem ersten Lebensjahr sowie der gestiegenen Nachfrage an Betreuungsplätzen für Kinder von ein bis drei Jahren wird so nicht selten auch die Hoffnung verbunden, dass Krippen nicht nur zu Bildungsorten werden, sondern mit dem Besuch dieser Einrichtungen ebenfalls positive Effekte für die Körper- und Bewegungssozialisation von Kleinkindern einhergehen, da das tägliche Sich-Bewegen im Freien, das gemeinsame Spiel mit anderen Kindern oder das soziale Lernen in der Gruppe in Krippe und Kita eher obligatorisch sind als im Elternhaus (vgl. Zimmer, 2015, S. 395).

Einen umfassenden Überblick über die Kindergesundheit in Deutschland liefert vor allem der in das Gesundheitsmonitoring des Robert Koch-Instituts eingebettete Kinder- und Jugendgesundheitssurvey (KiGGS), der als Basiserhebung mit repräsentativer Stichprobe im Zeitraum von 2003 bis 2006 und als erste Folgebefragung von 2009 bis 2012 durchgeführt worden ist (vgl. Ellert et al., 2014; Horch, 2008; Robert Koch-Institut, 2008). Die Ergebnisse der Basiserhebung lassen grundsätzlich den Schluss zu, dass der überwiegende Teil der Kinder in Deutschland über eine gute oder sogar sehr gute Gesundheit verfügt. Mehr als 95 % der befragten Eltern von 0- bis 2-Jährigen und über 90 % der Eltern von 3- bis 6-Jährigen bewerten so den Gesundheitszustand ihrer Kinder als gut oder sehr gut (Robert Koch-Institut, 2008, S. 12). Es fällt auf, dass bei der Einschätzung der Kindergesundheit durch die Eltern bei einer Differenzierung nach Sozialstatus Unterschiede zu erkennen sind: »Eltern mit niedrigen Sozialstatus schätzen ... die Gesundheit ihrer Kinder deutlich seltener als sehr gut ein als Eltern mit mittlerem und hohem Sozialstatus« (Horch, 2008, S. 135). Des Weiteren stufen Eltern mit Migrationshintergrund den Gesundheitszustand ihrer Kinder seltener als sehr gut ein.

Diese Befunde stimmen im Übrigen weitestgehend mit den Resultaten internationaler Surveys überein, die sich allerdings zumeist nicht auf die frühe Kindheit, sondern auf das Schulkindalter beziehen. Die »Health behaviour in school-aged children«-Studie der WHO (2012) bestätigt zum Beispiel die Zusammenhänge zwischen Sozialstatus der Familie und angegebenem Gesundheitszustand der Kinder und kommt insgesamt zu einem vergleichbaren Fazit: »Results from the [...] HBSC survey indicate that young people across countries report good health and high life satisfaction, healthy behaviours and positive experiences and relationships in family, school and wider community settings« (WHO, 2012, S. 218). In die gleiche Richtung weisen die entsprechenden Befunde der World Vision Studie, die bei der großen Mehrheit der Kinder in Deutschland eine hohe Zufriedenheit mit ihren Lebensverhältnissen konstatiert (vgl. Schneekloth & Andresen, 2013, S. 51).

Tab. 1: Mittelwerte für Körpergröße, Körpergewicht und Körperfettanteil bei 1-6-jährigen Mädchen und Jungen (nach Robert Koch-Institut, 2008, S. 80)

	Körpergröße	**Körpergewicht**	**Körperfettanteil**
1 Jahr			
Jungen	82,9 cm	11,4 kg	16,4 %
Mädchen	81,5 cm	10,8 kg	16,6 %
2 Jahre			
Jungen	92,9 cm	14,1 kg	15,9 %
Mädchen	91,1 cm	13,3 kg	16,8 %
3 Jahre			
Jungen	101,2 cm	16,4 kg	15,8 %
Mädchen	100,0 cm	15,8 kg	17,0 %
4 Jahre			
Jungen	108,0 cm	18,4 kg	15,4 %
Mädchen	107,2 cm	18,1 kg	17,1 %
5 Jahre			
Jungen	114,8 cm	20,7 kg	15,2 %
Mädchen	114,3 cm	20,5 kg	17,1 %
6 Jahre			
Jungen	121,2 cm	23,7 kg	15,7 %
Mädchen	120,7 cm	23,2 kg	17,3 %

Hinsichtlich der körperlichen Entwicklung ist in der frühen Kindheit von einem parallelen Wachstum und einer leichten Wachstumsbeschleunigung für beide Geschlechter sowie einer jährlichen Gewichtszunahme zwischen zweieinhalb und dreieinhalb Kilogramm auszugehen. Im Unterschied zu den Jungen – bei denen regelmäßige Sportaktivitäten als Prädiktor für den Körperfettanteil gelten (vgl. Klein, 2006) – zeigt sich bei den Mädchen ein fortlaufender Anstieg des Körperfettanteils. Dabei sind erneut Effekte der soziale Lage nachweisbar: Zwischen dem Körperfettanteil und dem Sozialstatus besteht bei den 3- bis 6-jährigen Kindern ein negativer Zusammenhang (vgl. Robert Koch-Institut, 2008, S. 80-82 sowie Tab. 1). Neben der körperlichen Entwicklung verlaufen die Entfaltung von motorischen, emotionalen, kognitiven, und sprachlichen Kompetenzen im frühen Kindesalter ebenfalls überaus schnell, was mitunter die gesundheitliche Lebensqualität tangieren kann.

Konstatiert wird im Rahmen der KiGGS-Studie ferner eine merkliche Veränderung im Krankheitsspektrum, die sich im Verlauf der letzten Jahrzehnte vollzogen hat: Einerseits sind akute Erkrankungen (wie Infektionskrankheiten) im Kindesalter deutlich zurückgegangen und anderseits ist ein Anstieg von chronischen Erkrankungen (u. a. Adipositas, Diabetes, Herzerkrankungen, Migräne, allergischen Erkrankungen) sowie von psychischen Auffälligkeiten bzw. psychosomatische Störungen zu verzeichnen (vgl. Ellert, 2014, S. 798; Horch, 2008, S. 136). Die Prävalenz chronischer Erkrankungen liegt – wenig überraschend – bei den jüngsten Kindern am niedrigsten und steigt im weiteren Kindes- und Jugendalter an (vgl. Neuhauser, Poethko-Müller & KiGGS Study Group, 2014, S. 780-782 sowie Tab. 2).

Tab. 2: Elternangaben zur Frage nach chronischen Erkrankungen oder Gesundheitsproblemen (nach Neuhauser et al., 2014, S. 782)

Jahre	**0 bis 2**	**3 bis 6**	**7 bis 10**	**11 bis 13**	**14 bis 17**
Mädchen	7,7 %	14,4 %	11,6 %	15,1 %	20,2 %
Jungen	10,1 %	13,2 %	20,2 %	22,5 %	21,0 %
Gesamt	9,0 %	13,8 %	16,0 %	18,9 %	20,6 %

Schließlich verursachen Verletzungen durch Unfälle im Kindesalter – zumeist zeitlich befristete – Gesundheitsprobleme, die jedoch zum Teil durch Schutzmaßnahmen vermeidbar wären. Laut entsprechenden Jahresprävalenzraten hat so rund jedes siebte Kind aus der Gruppe der 1- bis 4-Jährigen in den letzten zwölf

Monaten eine Unfallverletzung erlitten. Von Verletzungen durch gewaltförmige Auseinandersetzungen sind 0,9 Prozent der 1- bis 18-jährigen Jungen bzw. 0,6 Prozent der Mädchen betroffen (vgl. Kahl, Dortschy & Ellsäßer, 2007, S. 720).

Tab. 3: Meinungen von Ärzten zur altersspezifischen Häufung von ausgewählten Gesundheitsproblemen bei Kindern 2011

Jahre	**3 bis 5**	**6 bis 8**	**11 bis 12**	**13 bis 14**
Motorische Defizite	70 %	20 %	1 %	-
Übergewicht	13 %	45 %	16 %	7 %
Rückenschmerzen/ Haltungsschäden	-	11 %	4 %	32 %

Quelle: http://de.statista.com/statistik/daten/studie/196367/umfrage/meinungen-von-aerzten-zur-altersspezifischen-haeufung-von-gesundheitsproblemen-bei-kindern/

Aus naheliegenden Gründen können neben den Eltern nicht zuletzt niedergelassene Kinderärzte kompetent Fremdangaben zur gesundheitlichen Lebensqualität der Heranwachsenden machen. Im Rahmen einer aktuellen Studie im Auftrag der DAK geben die befragten Kinderärzte an, dass Verhaltensauffälligkeiten und psychische Probleme bei ihren 3- bis 5-jährigen Patientinnen bzw. Patienten – in auffallendem Unterschied zu den älteren Kindern – kaum zugenommen haben, während 80 % von einer Zunahme von Sprach- und Hörproblemen und rund 65 % der Befragten von einen Anstieg des Anteils von Kindern mit Hauterkrankungen ausgehen (Forsa, 2013, S. 2-4). Als besonders relevante gesundheitliche Risikofaktoren gelten den Kinderärzten dabei der Medienkonsum, eine ungesunde Ernährung, das fehlende elterliche Vorbild und unzureichende Bewegungszeiten im Freizeitbereich. Zumindest der zuletzt genannte Aspekt korrespondiert mit den Befunden eines weiteren DAK-Reports aus dem Jahr 2011, demzufolge die befragten Ärzte motorische Defizite als das häufigste Gesundheitsproblem bei den 3- bis 5-Jährigen identifizieren (vgl. Tab. 3).

BEDEUTUNG DER BEWEGUNG

Bewegung ist unstrittig sowohl ein grundlegender Bestandteil der Lebenswelt von (Klein-)Kindern als auch eine maßgebliche Ausdrucksformen, durch die sie Bezüge zur Welt herstellen können. Damit zusammenhängend gilt als gesichert, dass der Bewegung ein hoher Stellenwert für die gesamte Entwicklung in der (frühen) Kindheit zukommt (vgl. Kiphard, 2006; Lohaus, Vierhaus & Maass, 2010, S. 80-87). Allgemein wird davon ausgegangen, dass die Bewegungsentwicklung den gesamten Lebenslauf umfasst, wobei im Kindes- und frühen Jugendalter ein steiler Anstieg der koordinativen und konditionellen Fähigkeiten sowie der motorischen Lernfähigkeit zu verzeichnen ist (vgl. Baur, 1989; Willimczik, 1983; Winter & Hartmann, 2007). Im Verlauf der motorischen Ontogenese werden so zunehmend differenzierte Bewegungsformen ausgebildet und in Bewegungskombinationen integriert, wodurch sich das Bewegungsrepertoire des Heranwachsenden schrittweise erweitert und qualitativ verändert (vgl. Abb. 1 und Abb. 2). Motorische Entwicklungsprozesse führen ferner zu einer zunehmend kognitiv-emotionalen Steuerung und Planung des Bewegungshandelns und insgesamt zu einer Verbesserung der psychomotorischen Funktionsabläufe (vgl. Baur et al., 2009).

Nicht zuletzt Piaget (1975, S. 275-309 und 1991) hat in seinem Entwicklungsmodell die konstituierende Funktion des Bewegungshandelns für die kognitive Entwicklung in den ersten Lebensjahren hervorgehoben. Bewegungshandeln als Begreifen der Nahumwelt ist die früheste Form der Interaktion zwischen Kind und Welt. Die Bewegung ermöglicht dem Kleinkind in der sensomotorischen Phase (ca. zweites bis siebtes Lebensjahr) fortlaufend neuartige Erfahrungen mit der Umwelt und führt zur Konstruktion elementarer raumzeitlicher Orientierungen. Das motorische Handeln bleibt dabei immer eng mit Wahrnehmungsvorgängen verbunden. Die Wechselwirkung zwischen Wahrnehmung und Bewegung ist in dieser Phase der eigentliche Motor der Handlungsregulation (vgl. Scherler, 1975, S. 122). Kleinkinder nehmen sich und ihre Umwelt vorwiegend durch Bewegung wahr, während sie die Objekte und Subjekte in ihrer Umgebung erkunden, erproben oder spüren. Über Bewegungen werden so Wahrnehmungen organisiert und differenziert. Die Grenzen der Erfahrung durch Bewegung und Wahrnehmung bestimmen zugleich die Leistungsfähigkeit der sensomotorischen Strukturen. Die sensomotorischen Schemata steuern aber nicht nur das Bewegungshandeln, sondern unterstützen als sensomotorische Begriffe ebenfalls Erfahrungsprozesse, die auf die Strukturierung und das Erkennen der Umwelt bezogen sind.

Abb. 1: Abschnitte der motorischen Entwicklung (nach Winter & Hartmann, 2007, S. 248)

Lebensphase	Alterspanne	Motorische Kennzeichnung
Pränatale Phase	bis zur Geburt	Vielfältige Reflexbewegungen
Frühes Säuglingsalter	Geburt bis 3 Monate	Ungerichtete Massenbewegungen
Spätes Säuglingsalter	4 Monate bis 1 Jahr	Aneignung erster koordinierter Bewegungen (fundamentale Bewegungsformen)
Kleinkindalter	1 Jahr bis 3 Jahre	Aneignung vielfältiger Bewegungsformen (elementare Bewegungsformen)
Vorschulalter	3 Jahre bis 6/7 Jahre	Vervollkommnung vielfältiger Bewegungsformen und Aneignung elementarer Bewegungskombinationen

Die vielzitierte Einheit von Bewegung und Wahrnehmung ist daher eng mit den emotionalen, kognitiven, sozialen und sprachlichen Entwicklungsbereichen verbunden (vgl. Prohl & Gröben, 2007, S. 44). Die Bedeutung des Bewegungshandelns und der materialen Erfahrung wird im Verlauf der kognitiven Entwicklung durch die Sprache und das Denken relativiert. Allerdings beruhen für Piaget (1991, S. 25) sämtliche kognitiven Mechanismen auf der Motorik: Erkenntnis ist immer an Handlungen geknüpft und impliziert eine motorische Dimension, die auch auf formal-operationalem Entwicklungsniveau weiter vertreten ist. Das Modell von Piaget (1991) verdeutlicht letztlich die zentrale Rolle der Motorik für die Intelligenzenzentwicklung, die wesentliche Bedeutung von Bewegungs- und Wahrnehmungserfahrungen für die gesamte Persönlichkeitsentwicklung (vgl. Köckenberger, 2005), vernachlässigt tendenziell aber jene Dimensionen des Bewegungshandelns im Kindesalter, die sich der kognitiven Funktion nicht einordnen lassen.

Die ausgelassene Bewegungsfreude oder das selbstvergessene Aufgehen im Tun tragen beispielsweise im Rahmen der »Entwicklungsdialektik« (Baur, 1989, S. 377) zwischen (Klein-)Kind und seinen Lebensverhältnissen zum Wohlbefinden und zur gesundheitlichen Lebensqualität bei. Bewegungsaktivitäten stehen im frühen Kindesalter eben auch für Energie, Expressivität, Lebensfreude und

Gegenwartsorientierung. Sich-bewegend befriedigen Kinder ihre Funktionslust und ihr Interesse an den Objekten in der Lebenswelt. Alltäglich dienen Bewegungsmuster wie Gehen, Gleiten, Laufen, Springen, Balancieren, Stoßen, Ziehen, Klettern und Werfen dem Kind als eine Art Werkzeug, um die materiale, personale und soziale Umwelt wahrzunehmen und mit dem Körper zu erkunden.

Abb. 2: Grenzsteine der Körpermotorik (Michaelis, 2003, S. 842)

Lebensmonat	Körpermotorik
Ende 6. Monat	• Heben des Kopfes aus Bauchlage für eine Minute • Blick auf einen kleinen roten, vorgehaltenen Ball möglich, mit Kopfbewegungen
Ende 12. Monat	• Stehen mit Festhalten • Drehen von Bauchlage zur Rückenlage
Ende 24. Monat	• Hochklettern auf Stühle • Rennen mit sicherem Umsteuern von Hindernissen
Ende 36. Monat	• Beidbeiniges Hüpfen von unterster Treppenstufe mit sicherem Gleichgewicht
Ende 48. Monat	• Sicheres Dreirad-Fahren mit gleichzeitigem Steuern und Treten der Pedale
Ende 60. Monat	• Sicheres und freihändiges Treppenlaufen auf- und abwärts
Ende 72. Monat	• Einbeinhüpfen dreimal auf der Stelle, Fahrradfahren ohne Stützräder

Das Kleinkind greift mit seinen Bewegungstätigkeiten in die Welt hinaus, exploriert sie, modelliert sie und nimmt Einfluss, wobei die Bewegungen durch das Tun zum Bewegungsbesitz des Kindes im Vorschulalter werden. Darüber hinaus stimuliert die Beherrschung von Bewegung die Ausbildung des Ich und ist eine Voraussetzung für erste Formen von Selbständigkeit. Über Bewegung aktivieren und gestalten Kinder ihre Zugänge zur materialen, räumlichen und sozialen Welt. Die Heranwachsenden erwerben so im Verlauf ihrer Interaktionen mit der Umwelt grundlegende motorische Kompetenzen (Ausdauer, Beweglichkeit, Koordination, Kraft, Schnelligkeit) und bilden die oben genannten Bewegungsfertigkeiten aus, wobei sich der Bewegungsradius gegen Ende des ersten Lebensjahres durch den Erwerb der aufrechten Haltung sowie das Erlernen des Gehens und Laufens erheblich erweitert (vgl. Zimmer, 2014b, S. 683).

Grundsätzlich lassen sich in diesem fortlaufenden Prozess daher nach Scherler (1990, S. 396-401) drei Bedeutungen der Bewegung unterscheiden (vgl. Abb. 3). Die personale Bedeutung der Bewegung wird als Einheit von Wahrnehmen, Bewegen und Erleben betrachtet. Sich-Bewegen meint in diesem Sinne Handeln und sich in Bewegung selbst kennenlernen. Über Bewegung baut das Kind sein Körperbild, steht im leiblichen Dialog mit seiner Welt auf und bringt Inneres zum Ausdruck (expressive Funktion). Die materiale Bedeutung verweist auf den Anpassungsprozess zwischen Kind und Umwelt und kommt daher nicht zuletzt in der Naturerfahrung zum Tragen. Die Umwelt wird vom Kind durch Bewegung erkundet und über das Greifen wird das Begreifen vorbereitet. Die soziale Bedeutung verweist schließlich darauf, dass ein (Klein-)Kind über Bewegung mit anderen in Kontakt tritt. Das Sich-Bewegen dient hier einerseits der Vermittlung zwischen den Kindern (Miteinander, Nebeneinander, Füreinander) und andererseits auch dem Vergleich (Gegeneinander).

Der Bezug auf die personale, materiale und soziale Bedeutung der Bewegung ist eng mit einem gesundheitspädagogisches Argument verbunden: Eine gesunde Lebensführung erfordert Kompetenzen, mit denen man den Anforderungen bzw. Belastungen des Alltags begegnet und das eigene Wohlbefinden ausbalancieren kann. Die motorische Handlungskompetenz spielt in diesem Kontext für die Bewältigung der materialen und sozialen Aufgaben und Herausforderungen der frühen Kindheit eine wichtige Rolle. Bewegung kann schon in dieser Lebensphase eine präventive Wirkung entfalten, also Mittel und Wege zeigen, wie sich Gesundheit stärken lässt. Daher benötigen Personen verschiedene Ressourcen, mit denen sie auf Anforderungen und Belastungen angemessen reagieren können. Aufgabe der Bewegungserziehung in Kindertageseinrichtungen ist daher nicht nur die Verbesserung der motorisches Handlungsfähigkeit, sondern die Erschließung der vielschichtigen Bedeutung des menschlichen Sich-Bewegens.

In diesem Zusammenhang ist empirisch belegt, dass regelmäßige Bewegung die individuellen Gesundheitsressourcen stabilisieren kann. Bewegung begünstigt erstens Anpassungsprozesse des Organismus (im Einzelnen: Förderung motorischer Entwicklungsprozesse, Kräftigung der Skelettmuskulatur, Stärkung des Immun- sowie des Herz-Kreislauf-Systems, Vorbeugung von Haltensschwächen) und hat zweitens positive Effekte auf das Selbstwertgefühl und das psychische Wohlbefinden. Darüber hinaus konnte Scheid (2003) im Rahmen einer vergleichenden Analyse verschiedener Studien zur Bewegungsförderung im Kindergarten positive Effekte auf die motorische Entwicklung sowie uneindeutige Ergebnisse im Bereich der sozialen und kognitiven Entwicklung durch die Umsetzung von Programmen zur Bewegungsförderung nachzeichnen. Aus dieser Perspektive erscheint Bewegung auch als Medium der Gesundheitserziehung:

»Der Stellenwert von Bewegung rückt in den Mittelpunkt der salutogenetischen Gesundheitsförderung und der Stärkung der kindlichen Resilienz. Durch Bewegung können die Ressourcen und Kompetenzen entwickelt und erweitert werden, die notwendig sind, um erfolgreich mit belastenden Lebensereignissen umzugehen. Es werden Bewältigungsstrategien entwickelt, die zu einem späteren Zeitpunkt wieder aufgenommen werden können und damit den Aufbau generalisierter Kontrollüberzeugungen und eines positiven Selbstkonzeptes unterstützen.« (Bahr et al., 2012, S. 101; vgl. Zimmer 2006b)

Ob und inwieweit Bewegungsaktivitäten im Kindesalter zum allgemeinen gesundheitlichen Wohlbefinden, zur Festigung konstitutioneller (z. B. Fitness) und psychosozialer (z. B. Teilhabe, Selbstvertrauen) Schutzfaktoren beitragen, hängt allerdings – neben dem zeitlichen Umfang und der Intensität des Sich-Bewegens – nicht unwesentlich von den konkreten Lebenswelten der Heranwachsenden, von den ihnen zugänglichen Bewegungsräumen, Spiel- und Sportgelegenheiten sowie den entsprechenden Zugangsbarrieren ab.

Abb. 3: Bedeutung der Bewegung (nach Scherler, 1990, S. 396ff.)

	Bewegung als Werkzeug der Wahrnehmung	**Bewegung als Instrument der Äußerung**
Personale Bedeutung	**Impressive Funktion** haben Bewegungen, die Eindrücke und Empfindungen über unseren Körper vermitteln	**Expressive Funktion** haben Bewegungen, die Inneres zum Ausdruck bringen
Materiale Bedeutung	**Explorative Funktion** haben Bewegungen, die der Erkundung der materialen Umwelt dienen	**Produktive Funktion** haben Bewegungen, mit denen wir etwas erzeugen, was zuvor nicht da gewesen ist
Soziale Bedeutung	**Komparative Funktion** hat Bewegung überall dort, wo es um Leistungsvergleiche geht	**Kooperative Funktion** hat Bewegung in sozialen Zusammenhängen/ Sich miteinander bewegen

BEWEGUNGSAKTIVITÄTEN UND BEWEGUNGSMANGEL – EMPIRISCHE BEFUNDE

Das gemeinsam mit Familienmitgliedern oder Gleichaltrigen praktizierte Sich-Bewegen und Spielen im Freien zählt in der frühen Kindheit zu den beliebtesten Alltagspraktiken und kann gleichzeitig – gewissermaßen nebenbei und ungeplant – Lern- und Entwicklungsprozesse unterstützen. Darüber hinaus zeigen metaanalytische Befunde, dass Menschen in der Lage sind, ihr aktuelles Wohlbefinden durch körperliche Aktivität zu verändern (vgl. Schlicht & Brand, 2007, S. 85). Bewegungsaktivitäten können also den Verlauf der gesamten kindlichen Entwicklung und die gesundheitsbezogene Lebensqualität im frühen Kindesalter positiv beeinflussen. Neben Lebensfreude und Wohlbefinden gehen Bewegungsaktivitäten – wie schon erwähnt – mit einer muskulären Beanspruchung des Körpers einher, die einem erhöhten Energieumsatz nach sich zieht. In diesem Zusammenhang sind für alle Altersgruppen die Intensität, die Dauer und die Frequenz der Bewegungsaktivitäten wesentliche Einflussgrößen. Hinsichtlich des für eine Reduktion gesundheitlicher Risiken notwendigen Mindestmaßes an Bewegungsaktivitäten besteht jedoch in der Wissenschaft keine Übereinstimmung. Zur Unübersichtlichkeit trägt in diesem Bereich auch der Umstand bei, dass bei der Bewegungsaktivität bzw. körperliche Aktivität häufig noch zwischen Alltagshandlungen (Treppensteigen, Spazierengehen usw.) und sportliche Bewegungshandlungen (mit den Dimensionen Leistung, Vergleich, Spielregeln) unterschieden wird. Einfacher zu bestimmen ist allerdings die körperliche Inaktivität: »Als körperlich inaktiv gilt jemand, der keine über die Basisaktivitäten herausgehende körperliche Aktivität betreibt« (Völker & Rolfes, 2015, S. 317).

Für die frühe Kindheit wird in der Fachliteratur daher zumeist auf eine Aktivitätsempfehlung der Weltgesundheitsorganisation (WHO) zurückgegriffen, die für Kinder dieser Altersgruppe 60 Minuten moderate körperliche Aktivität pro Tag als Minimum bezeichnet. Beispiele für einen moderaten Intensitätsbereich sind lockere Bewegungsspiele im Freien, zügiges Spazierengehen oder normales Fahrradfahren. Aus medizinischer Perspektive stimuliert im Übrigen sogar erst eine tägliche Bewegungszeit von mindestens 90 Minuten einen größtmöglichen Schutz vor Herz-Kreislauf-Erkrankungen (vgl. Kettner et al., 2012, S. 95).

Wie hoch ist also gegenwärtig der Anteil der Heranwachsenden, die derartige Aktivitätsempfehlungen erreichen? Und besteht eine substantielle Beziehung zwischen Bewegungsaktivitäten und der motorischen Leistungsfähigkeit?

Generell bestätigen mehrere Untersuchungen im deutschsprachigen Raum – darunter das Motorik-Modul der KiGGS-Basiserhebung – unter Berücksichtigung der Faktoren Dauer, Häufigkeit und Intensität einen substanziellen Zusammenhang zwischen der körperlichen Aktivität der Heranwachsenden und ihrer motorischen Leistungsfähigkeit: »Bei den Tests mit ganzkörperlicher Beanspruchung [...] erreichen die hoch aktiven Kinder und Jugendlichen eine um durchschnittlich 15 % bessere Leistungsfähigkeit als die Inaktiven. Bereits im Kindergartenalter ergibt sich bei den sehr aktiven Mädchen und Jungen eine um 18 % bessere Leistungsfähigkeit im Vergleich zu den inaktiven Kindern« (Bös et al., 2009, S. 199). Beeinflusst wird die Ausprägung der motorischen Leistungsfähigkeit im Kindesalter des Weiteren durch den jeweiligen Sozial- und Migrationsstatus, wobei Heranwachsenden aus höheren Soziallagen ohne Migrationshintergrund im Rahmen des Motorik-Moduls durchgängig bessere Testergebnisse erreichen konnten.

Tab. 4: Bewegungsaktivitäten der 3-6-Jährigen in Deutschland – Häufigkeit nach Geschlecht in Prozent (nach Manz et al., 2014, S. 843)

	Mädchen	**Jungen**	**Gesamt**
Sport treiben	68,4 %	63,0 %	65,6 %
Im Sportverein aktiv	53,6 %	48,5 %	50,9 %
WHO-Empfehlungen erfüllt	50,7 %	52,2 %	51,5 %

Die Ergebnisse der aktuellen KiGGS Welle1-Studie zur sportlichen Aktivität belegen einerseits, dass im Altersverlauf die drei bis sechsjährigen Kinder in weitaus geringerem Umfang sportlich aktiv sind als die Schulkinder und Jugendlichen (vgl. Tab. 4). Andererseits erreichen die Kinder zwischen drei und sechs Jahren signifikant häufiger den Wert der WHO-Empfehlungen zur täglichen körperlichen Aktivität:

»Im Altersgang nahm der Anteil der Kinder und Jugendlichen, die täglich mindestens 60 min. körperlich aktiv waren, kontinuierlich ab [...] Hinsichtlich des Erreichens der WHO-Empfehlung bestand kein Unterschied zwischen den sozioökonomischen Statusgruppen.« (Manz et al., 2014, S. 844)

Die drei bis sechsjährigen Kinder treiben also weniger Sport im engeren Sinne als die älteren Heranwachsenden (z. B. im Sportverein oder bei kommerziellen Sportanbietern), räumen dem informellen Sich-Bewegen und freien Spielen in ihrer Freizeit aber deutlich mehr Raum ein. Positiv fällt ebenfalls die im Vergleich zu früheren Jahrzehnten schon recht hohe Teilhabe am Vereinssports auf (vgl. Tab. 4), da dort die motorische Beanspruchung in der Regel intensiver, umfassender und strukturierter erfolgt als in anderen Freizeitkontexten.

Diese aktuellen Daten zum Ausmaß der körperliche Aktivität in der frühen Kindheit sind allerdings keineswegs durchgängig zufriedenstellend, sondern geben mit Blick auf Teile der Altersgruppe durchaus Anlass zur Besorgnis: Nahezu die Hälfte der 3- bis 6-Jährigen bewegt sich gemäß der WHO-Aktivitätsempfehlungen in seiner Freizeit nur unzureichend. Und rund ein Drittel der Mädchen und Jungen treibt im frühen Kindesalter keinen Sport, wobei einiges dafür spricht, dass ein erheblicher Teil dieser Heranwachsenden auch im weiteren Verlauf der Kindheit inaktiv bleibt. Diese Annahme korrespondiert im Übrigen mit den Befunden des Motorik-Moduls der KiGGS-Basiserhebung (vgl. Bös et al., 2009; Bös et al., 2008), das insgesamt sowohl für das frühe Kindesalter als auch für das Schulkind- und Jugendalter signifikant niedrigere Aktivitätswerte als die Welle1-Erhebung ermittelt hat (vgl. Tab 5).

Tab. 5: Erfüllung der Aktivitätsrichtlinien nach Geschlecht in Prozent (nach Bös et al., 2009, S. 191)

	Mädchen	**Jungen**
4-5-Jährige	28,4 %	35,4 %
6-10-Jährige	17,9 %	24,2 %
11-13-Jährige	8,3 %	9,4 %

Wenig wahrscheinlich ist zunächst, dass sich die Unterschiede zwischen den Befunden der beiden KiGGS-Teilstudien zur körperlichen Aktivität von Heranwachsenden auf eine quantitative und qualitative Zunahme der Bewegungs- und Sportaktivitäten in den wenigen Jahren zwischen beiden Erhebungsphasen zurückführen lassen. Bei näherer Betrachtung stellt wohl eher die unterschiedliche Abfrage der WHO-Empfehlungen einen relevanten Faktor dar: Deren Erfüllung ist im Rahmen des Motorik-Moduls (vgl. Bös et al., 2009) nur dann gegeben, wenn die Eltern sieben Tage Bewegungsaktivität in einer normalen Woche und in den letzten sieben Tagen berichten, während bei der KiGGS Welle 1-Studie (vgl. Manz et al., 2014) die Eltern nach der Anzahl der Tage in einer Woche mit einer 60-minütigen Bewegungsaktivität befragt worden sind (bei beiden Studien unter Ausschluss der Bewegungszeiten in der Kindertagestätte und im Schulsport). In gewisser Hinsicht legt also das Motorik-Modul für die Erfüllung der WHO-Empfehlungen etwas strengere Maßstäbe an, was unter Umständen in den niedrigeren Werten seinen Niederschlag findet. Zum methodischen Vorgehen bleibt ferner anzumerken, dass die Zuverlässigkeit von Elternbefragungen auf ein überaus präzises Erinnerungsvermögen der Erziehungsberechtigten vertraut und die Eltern wohl generell dazu neigen, die täglichen motorischen Aktivitäten ihrer Kinder eher zu überschätzen.

Vor dem Hintergrund der dargestellten Befunde sollte gerade die Kindestagesstätte ein Ort sein, der Bewegungs- und Sportaktivitäten nachhaltig fördert, so wesentlich zur Erreichung von zuvor genannten Bewegungsempfehlungen beiträgt und an dem die Eltern über Informationsveranstaltungen sowie Workshops für dieses Thema sensibilisiert werden. Eine weitere Aufgabe der Kita kann darin gesehen werden, die Kinder – gegebenenfalls mit Unterstützung von lokalen Kooperationspartnern (Sportvereine, Grundschulen, städtisches Kinder- und Jugendbüro, Träger der offenen Kinder- und Jugendarbeit) – bei der Erkundung und Aneignung von Bewegungsräumen im Stadtteil zu unterstützen (vgl. Erhorn & Schwier, 2015).

Wenn – laut den Ergebnissen des Motorik-Moduls der KiGGS-Studie – die organisierten Bewegungszeiten im Kindergarten bei 90 Minuten pro Woche liegen (vgl. Woll et al., 2008, S. 190) besteht bezüglich der Bewegungsförderung in diesen Einrichtungen offenkundig noch erheblicher Nachholbedarf. Andere Studien stellen im Ergebnis sogar noch geringere Bewegungsumfänge für das Vorschulalter fest: Völker & Rolfes (2015, S. 326) weisen so auf Befunde hin, nach denen dreijährige Kinder lediglich 2 % der registrierten Zeit körperlich aktiv, aber nahezu 80 % sitzend verbracht haben, während fünfjährige Vorschulkinder eine Aktivitätszeit von 4 % aufweisen.

Pointiert formuliert: Gegenwärtig entsprechen die wöchentlichen Bewegungszeiten in zahlreichen deutschen Kindertagesstätten dem Wert, der jeden Tag sinnvoll wäre. Dieser Umstand ist gerade deshalb mehr als bedauerlich, weil empirische Studien längst gezeigt haben, dass eine gezielte Bewegungsförderung im Kleinkind- und Vorschulalter die Entfaltung der motorischen Leistungsfähigkeit vorantreibt (vgl. Rethorst, Fleig & Willimczik, 2008). Neben dem Einbau angeleiteter körperlicher Aktivitäten in den Tagesablauf der Kindertagesstätte sollte dieser Lebens- und Bildungsort aber gerade auch dem – zumeist bewegungsintensiven – freien Spiel der Kinder hinreichend Raum und Zeit geben.

ZUSAMMENHÄNGE VON BEWEGUNG UND GESUNDHEIT IM KINDESALTER

Da Kinder im statistischen Durchschnitt eine vergleichsweise gesunde und aktive Altersgruppe bilden, sollten die durch Studien belegten Unterschiede zwischen aktiven und weniger aktiven Heranwachsenden nicht überschätzt werden. Laut KiGGS-Studie bewerten so die Eltern den Gesundheitszustand und das Wohlbefinden zwar positiver, wenn sie ihr Kind als sportlich aktiv einschätzen. Sowohl die entsprechenden Daten des Motorik-Moduls als auch eines Reviews der Fachliteratur kommen jedoch zu dem bescheidenen Ergebnis:

> »Sportlich (hoch-)aktive Kinder sind zwar etwas fitter, aber nur unwesentlich gesünder als weniger aktive. [...] Im Kindesalter ist der vermutete und wünschenswerte Einfluss sportlicher Aktivität auf den Gesundheitsstatus nur in einzelnen Variablen nachweisbar« (Sygusch et al., 2008, S. 175).

Ein solcher Einfluss ist allerdings für das Jugend- und Erwachsenenalter hinreichend belegt und in diesem Zusammenhang wäre empirisch zu klären, ob sich hierbei die Gewöhnung an regelmäßige Bewegungs- und Sportaktiven in der Kindheit – im Sinne eines Verhaltenseffekts – vorteilhaft auswirkt. Selbstverständlich können Bewegungsaktivitäten ferner in allen Lebensphasen indirekt auf den Umgang mit Belastungssymptomen (Beschwerden, Stress usw.) durchschlagen.

Bewegungsmangel stellt jedoch schon in der Kindheit einen Risikofaktor dar. Körperliche Inaktivität und unzureichende Fitness wirken nicht nur auf die motorische Leistungsfähigkeit zurück, sie erhöhen schon im Kindesalter die Auftretenswahrscheinlichkeit von Haltungsschwächen, Herz-Kreislauf- sowie Stoffwechsel-Erkrankungen und begünstigen – da Bewegungsaktivitäten ein wichtiges Element für den gesamten Energieverbrauch sind – nicht zuletzt ein mögliches Auftreten von Übergewicht und Adipositas (vgl. Brettschneider et al., 2006; Kettner et al., 2012; Kurth & Schaffrath Rosario, 2007). Unzureichende Bewegung, Übergewicht sowie Koordinationsdefizite gehen in der Folge ebenfalls mit einen höheren Unfallrisiko einher.

Der Mangel an körperlicher Aktivität gilt gemeinhin als eine Ursache für Übergewicht und Adipositas, die wiederum in einer signifikanten Beziehung mit der konditionellen Leistungsfähigkeit, nicht aber mit den feinmotorischen Fähigkeiten stehen, wie unter anderem die Befunde des Motorik-Moduls nachzeichnen: »Bereits im Kindergartenalter erzielen normalgewichtige Kinder bessere Ergebnisse bei ganzkörperlichen Tests als Gleichaltrige mit Übergewicht und

Adipositas« (Bös et al., 2009, S. 300; vgl. auch Brettschneider et al., 2006). Insgesamt bewegen sich normalgewichtige Heranwachsende ferner mehr als übergewichtige bzw. adipöse Gleichaltrige und interessieren sich bereits im Kindergarten stärker für die dort bereitgestellten Bewegungsangebote.

Die Verbreitung von Übergewicht und Adipositas ist jedoch im frühen Kindesalter im Vergleich zu den folgenden Lebensphasen noch relativ gering (vgl. Tab. 6). Nach den Daten der KiGGS-Basiserhebung und den Ergebnissen vergleichbarer Untersuchungen wie der Kieler Adipositas-Präventionsstudie (KOPS) sind die 3- bis 6-jährigen Kinder seltener von Übergewicht und Adipositas betroffen als ältere Kinder und Jugendliche, wobei nach dem Schuleintritt ein rascher Anstieg beider gesundheitlicher Risikofaktoren zu beobachten ist (vgl. Horch, 2008; Kurth & Schaffrath Rosario, 2007, S. 388; Landsberg, Plachta-Danielzik & Müller, 2008, S. 109).

Tab. 6: Häufigkeit von Übergewicht und Adipositas nach Altersgruppen und Geschlecht in Prozent (nach Kurth & Schaffrath Rosario, 2007, S. 388)

	Übergewicht	**Adipositas**
3- bis 6-Jährige		
Mädchen	6,0 %	3,3 %
Jungen	6,4 %	2,5 %
Gesamt	6,2 %	2,9 %
7- bis 10-Jährige		
Mädchen	9,0 %	5,7 %
Jungen	8,9 %	7,0 %
Gesamt	9,0 %	6,4 %

Grundsätzlich ist ferner anzumerken, dass die Ursachen frühkindlicher Adipositas bislang noch nicht hinreichend erforscht sind. Vorliegende Untersuchungsergebnisse verweisen – wie schon erwähnt – vorwiegend auf den Bewegungsmangel und das Ernährungsverhalten. Eine qualitative Studie von Hunger (2014) konnte des Weiteren nachzeichnen, dass die untersuchten adipösen Kinder durchaus ein alterstypisches Bewegungsbedürfnis aufweisen, dieses Bedürfnis nach spontanen Bewegungsaktivitäten in der Familie jedoch häufig beschnitten wird, was vor allem auf Erschöpfungszustände, Überforderungs- und Überlastungsgefühle der Eltern zurückgeführt werden kann.

»Dass die Eltern die kindlichen Bewegungsaktivitäten vielfach unterbinden oder zumindest nicht unterstützen, ist den untersuchten Eltern kaum bewusst. Dabei fällt auf, dass die Eltern die Bewegungsaktivitäten ihrer Kinder in ihrer Quantität und Intensität eindeutig überschätzen« (Hunger, 2014, S. 81).

Die Mehrfachbelastung und die damit verbundenen Überforderungsgefühle der Eltern sind auch ein wichtiger Faktor für eine Überversorgung der Kinder mit Nahrungsmitteln.

Gesundheitliche Probleme und Risikofaktoren können innerhalb gewisser Grenzen auch die Bewältigung der vorrangigen Entwicklungsaufgaben im Kindesalter erschweren: Geht es in den ersten beiden Lebensjahren um den Aufbau von Urvertrauen sowie um die Entfaltung der sensomotorischen Intelligenz und der elementaren motorischen Funktionen, steht im »Alter von zwei bis vier Jahren [...] die Sprachentwicklung und die Verfeinerung motorischer Funktionen im Vordergrund, während im Alter von ca. fünf bis sieben Jahren die Stabilisierung der Geschlechtsidentität, die Fähigkeit zu ersten einfachen moralischen Unterscheidungen sowie das Spiel in der Gruppe hinzukommen« (Robert Koch-Institut, 2008, S. 7). Wie einzelne Heranwachsende mit diesen lebensphasenspezifischen Anforderungen umgehen, dürfte im Prozess der aktiven Aneignung von Umweltbedingungen durch das Kind auch von seinen physischen und psychosozialen Gesundheitsressourcen – von der Fitness über Übergewicht und Haltungsschwächen bis zu sozialer Einbindung und Wohlbefinden – abhängen.

ZUM VERHÄLTNIS VON BEWEGUNGS- UND GESUNDHEITSFÖRDERUNG IN DER KITA

Das Aufwachsen in einer anregungsreichen Umgebung, die neben dem Elternhaus gerade auch Bildungs- und Betreuungseinrichtungen bieten können, gilt traditionell als ein entscheidender Faktor für die gesamte (früh-)kindliche Entwicklung. Daher ist die Kindestagesstätte zweifelsohne ein besonders geeigneter Ort der Bewegungs- und Gesundheitsförderung in der frühen Kindheit. Krippe und Kita haben innerhalb gewisser Grenzen sogar eine kompensatorische Funktion, da ein Teil der Eltern ihre Nachkommen von der frühen Kindheit an zu einem sportlich-aktiven Lebensstil und zur Teilhabe am Kindersport ermutigt, während ein anderer Teil der Eltern diesem Handlungsfeld keine oder kaum Beachtung schenkt (vgl. Schmade & Mutz, 2012, S. 117-118). Die Kindertageseinrichtungen können die Bewegungs- und Gesundheitssozialisation positiv beeinflussen, da sie (a) einen erheblichen Teil der Heranwachsenden erreichen, dabei

(b) an deren Lebenssituation und Handlungsbedürfnissen ansetzen können, (c) deren altersgerechte Lebenskompetenzen frühzeitig positiv beeinflussen sowie (d) für eine Teilnahme an organisierten Bewegungs- und Sportangeboten (z.B. im Verein) günstige Voraussetzungen schaffen. Darüber hinaus verfügt die Kita über hinreichend Spielräume, um die Kinder im Medium der Bewegung bei der spielerischen Aneignung ihrer (Nah-)Umwelt zu unterstützen.

Neben den von den Heranwachsenden ad hoc selbst hergestellten Spielsituationen sind die von den Erzieherinnen bzw. Erziehern präsentierten altersangemessenen Bewegungsangebote nicht zuletzt auf eine Begegnung mit herausfordernden Lernsituationen im Stadtteil (von Spielplätzen über Wald, Wiesen, Parks und/oder Stränden bis zu normierten Sportplätzen und -hallen) gerichtet und stellen eine Verbindung zwischen den genannten Bewegungsräumen her. Es reicht im Rahmen der institutionellen Bildung allerdings nicht aus, allein auf den bewegungsstimulierenden Reiz der Spielgeräte, Materialien, Bewegungsräume oder -parcours zu vertrauen, auch bei offenen Bewegungsangeboten sind ab einem gewissen Punkt Impulse der Erzieherinnen/Erzieher gefragt, was wiederum entsprechende inhaltliche und methodische Kompetenzen voraussetzt (vgl. Lang, 2011, 29-30). Zumindest ein Teil der pädagogischen Mitarbeiterinnen und Mitarbeiter einer Kindertageseinrichtung sollte daher über professionelle Kompetenzen im Bereich Bewegung, Spiel und Sport verfügen. Professionalität meint hier vor allem die Fähigkeit, vorhandenes bewegungs- und sportpädagogisches Wissen und Können auf die jeweiligen konkreten Handlungssituationen und auf neuartige Arbeitsaufgaben anzuwenden (vgl. auch Blossfeld et al., 2012, S. 62).

Grundsätzlich gilt, dass die didaktische Planung und Durchführung von Bewegungsangeboten sich an der jeweiligen Altersgruppe zu orientieren hat sowie Raum für die Einbeziehung der Interessen und Wünsche der Kinder lässt. Und die »Beteiligung der Kinder bedeutet für PädagogInnen, mit Ungewissheiten und Unplanbarem umzugehen« (Neuß, 2013, S. 14). Es geht dabei immer auch darum, den bewegungsgesteuerten Dialog zwischen dem Kind und der Sache zu fördern (vgl. Kap. 7). Bewegung sollte in der Kita also ein Medium der Erfahrung sein und gleichzeitig als ein Instrument der Gestaltung erlebt werden. Idealtypisch eignen sich Kinder im Vorschulalter hier Bewegungen, Bewegungskombinationen und Bewegungsspiele an, die sie dann in unterschiedlichen Handlungskontexten und -situationen – unter günstigen Umständen ebenfalls gemeinsam mit den Eltern – einsetzen und abwandeln können.

Die Bewegungsförderung in Kindergarten, Krippe und Hort zielt eben nicht primär auf die bloße Erweiterung des Bewegungskönnens (z. B. im Sinne sportiver Techniken oder einer Verbesserung der motorischen Grundeigenschaften) ab, sondern stellt die Erschließung der personalen, sozialen und materialen Bedeutung der Bewegung ins Zentrum der Aktivitäten. Dieser Zielperspektive lassen sich auf der Inhaltsebene die Bereiche der Körper-, Sozial- und Materialerfahrung zuordnen. Die Bewegungsangebote greifen insgesamt die Grundformen des Gehens, Laufens, Springens, Werfens, Rollens, Kletterns oder Schiebens auf, um die Heranwachsenden unter anderem bei

- der Herstellung von Bewegungsbeziehungen und der Gestaltung von Bewegungsspielen mit anderen Kindern (Sozialerfahrung),
- dem Aufbau einer Vorstellung ihres eigenen Körpers, dem Erproben ihrer motorischen Fähigkeiten und dem Herantasten an die eigenen körperlichen Grenzen (Körpererfahrung),
- dem Erleben von Selbstwirksamkeit und dem Aufbau von Zutrauen in die eigene Leistungsfähigkeit (Selbsterfahrung) sowie
- dem bewegungsgesteuerten Erkunden von Objekten und der Anpassung von Bewegungsgeräten an die eigenen Spielbedürfnisse (Materialerfahrung)

nachhaltig zu unterstützen (vgl. Zimmer, 2014a, S. 169-170; Zimmer, 2015). Ein solche frühkindliche Bewegungserziehung, die elementare Bewegungs- und Spielkompetenzen ausbildet sowie die motorische Leistungsfähigkeit, das Selbstvertrauen und das Selbstwertgefühl zu steigern versucht, kann zugleich die altersgemäßen Gesundheitsressourcen festigen: »Pädagogisch betreute Angebote im Kindergarten, die gesundheitsrelevant werden sollen, müssen die Stärkung personaler und sozialer Ressourcen ebenso zum Ziel haben wie die Herausbildung körperlicher Ressourcen« (Zimmer, 2002, S. 966).

An dieser Stelle sei aber klargestellt, dass Bewegungsförderung immer nur ein – wenn auch wichtiger – Baustein der umfassenden Gesundheitsförderung in Kindergarten, Krippe und Hort sein kann. Bewegungsförderung ist zur selben Zeit viel mehr als nur Gesundheitsförderung, sie verfolgt auch andere Ziele und entgeht damit der Gefahr, Bildung mit Prävention zu verwechseln (vgl. hierzu Lindner, 2013, S. 360-363). Bewegungsbildung würde eben letztendlich nicht im Geringsten ihren Wert verlieren, wenn sie keine nachweisbaren positiven Effekte für die Kindergesundheit hätte.

Nur am Rande sei darauf hingewiesen, dass sich im letzten Jahrzehnt mehrere Projekte mit der ganzheitlichen Bewegungs- und Gesundheitsförderung in Kindertagesstätten beschäftigt haben. Das von einer ressourcenorientierten Grundhaltung durchzogene Konzept der »Schatzsuche im Kindergarten« (Ungerer-Röhrich et al., 2007) setzt beispielsweise an einer Stärkung der physischen und psycho-sozialen Ressourcen an und versucht Kindergärten bei der Weiterentwicklung zu bewegten, gesundheitsfördernden Einrichtungen der frühkindlichen Bildung zu unterstützen. Dem Projekt »Bewegte Sprache« (vgl. Zimmer, 2010) geht es um eine bewegungsorientierte Sprachbildung in der frühen Kindheit (vgl. auch Kap. 11). Mit Blick auf die Zielgruppe der Kinder mit Deutsch als Zweitsprache sollen vielfältige Bewegungssituationen den Zweitspracherwerb unterstützen. Ein zentraler Baustein des Projektes sind Fortbildungen für Erzieherinnen und Erzieher zur »Bewegten Sprache«. Ein weiteres bekanntes Beispiel ist das von der Bertelsmann-Stiftung getragene Projekt »Kitas bewegen« (2006-2012), dem es darum geht, in den Einrichtungen einen Prozess der Organisations- und Qualitätsentwicklung zu initiieren. Die jeweiligen Kita-Teams haben durch kooperative Planung vor Ort festgelegt, welche Zielperspektiven angestrebt und welche konkreten Handlungsschritte zur Förderung von Bewegung und Gesundheit ungesetzt werden sollen (vgl. Engelhardt & Halle, 2010).

Die ungestüme Lust an der körperliche Aktivität auszuleben, sich danach zu entspannen, ganz in der Auseinandersetzung mit der Bewegungsaufgabe aufzugehen oder sich Wirklichkeit im Medium der Bewegung anzueignen, macht eben nicht nur im Kleinkind- und Vorschulalter unmittelbar Sinn. Von diesem Standpunkt aus betrachtet, ist die Anbahnung von Bewegungsfreude und regelmäßiger Bewegungspraxis an sich schon ein substantieller Beitrag zur Lebensqualität der Heranwachsenden. Bewegung, Spiel und Sport können also das psychische und physische Wohlbefinden beeinflussen und daher gilt es im Kita-Alltag geeignete Anregungsbedingungen und entwicklungsgemäße Lernsituationen bereitzustellen. Ohne Anspruch auf Vollständigkeit beinhaltet dies unter anderem die Aufgabe, die Kita-Kinder mit vielfältigen Lerngelegenheiten und Gruppenaktivitäten zu konfrontieren, über die sie

- ihren Körper (besser) kennlernen,
- ihre Körper- und Selbstwahrnehmung steigern,
- ihre Fitness und Koordination erhalten und verbessern,
- dabei – quasi nebenbei – die Activity Guideline der WHO erfüllen,
- neue Bewegungen, Bewegungsobjekte und Bewegungsspiele kennenlernen,
- neue Bewegungsräume erkunden und nutzen,
- Erfahrungen mit einfachen Verfahren der Entspannung/Stressbewältigung sammeln,
- im Medium der Bewegung mit anderen in Kontakt treten,
- soziale Einbindung und sozialen Rückhalt erleben sowie damit einhergehend
- ihre sozialen und kommunikativen Kompetenzen (wie Empathie, Frustrationstoleranz, Ich-Stärke, Normenkonformität, Selbstvertrauen, Solidarität) handelnd erproben und erweitern können (vgl. auch Zimmer, 2002, S. 967; Zimmer, 2014a, S. 164-165).

Die Bewältigung dieser bewegungspädagogischen Aufgaben kann in Abhängigkeit vom allgemeinen pädagogischen Konzept und den infrastrukturelle Voraussetzungen der jeweiligen Einrichtungen zu verschiedenen Umsetzungsstrategien führen, wobei gerade Bewegungs- sowie Wald- und Naturkindergärten in diesem Zusammenhang konzeptionell sicherlich besonders günstige Voraussetzungen bieten.

Natur- und Waldkindergärten

Das Konzept des Waldkindergartens ist in den 1950er Jahren in Dänemark entstanden und daher kann es nicht überraschen, dass der erste staatlich anerkannte Waldkindergarten Deutschlands 1993 in Flensburg seinen Betrieb aufgenommen hat. Nach vorliegenden Schätzungen sollen gegenwärtig in Deutschland mehr als eintausend Waldkindergärten existieren (vgl. hierzu www.waldkindergarten-bückeburg.de). Klassische und integrierte Waldkindergärten zeichnet grundsätzlich eine Erlebnis-, Erfahrungs- und Projektorientierung aus, die in der direkten Begegnung mit Wasser, Wetter, Landschaften, Bäumen, Pflanzen und Tieren sowohl auf die Anbahnung eines verantwortungsbewussten und nachhaltigen Umgangs mit der natürlichen Umwelt als auch auf die Vermittlung von Gestaltungskompetenz abzielt (vgl. Röhner, 2014). Solche Kindergärten nutzen naturnahe Landschaften als offene Erfahrungs- und Handlungsräume, deren Aneignung nahezu unausweichlich mit elementaren Bewegungserfahrungen und kreativen Prozessen der Umdeutung von Naturmaterialien einhergeht, wobei das Naturerleben ebenfalls als ein salutogenetischer Faktor betrachtet werden kann.

Bewegung und Sinneswahrnehmung sind daher im Kontext der Waldpädagogik mehr oder weniger beiläufig ein fortwährendes Thema. Da die Kinder die unterschiedlichen Handlungsgelegenheiten in naturnahen Räumen im Rhythmus der Jahreszeiten erleben, können sie vielfältige Sinneserfahrungen sammeln, ihren Bewegungsfreude ausleben und ihren Bewegungsradius sukzessive erweitern (vgl. Häfner, 2002, S. 42-43). Ein Ausgangspunkt der Waldpädagogik ist, dass Kinder als handlungsfähige, kompetente Subjekte betrachtet werden: »Sie haben ein Recht darauf, ihre eigenen Grenzen zu erfahren, sich auszuprobieren und auch Gefahren zu erleben« (Gartinger & Janssen, 2014, S. 311). Neben Übernachtungen auf dem Areal gehören ferner Sommer-, Herbst- oder Weihnachtsfeste zur Programmpalette im Verlauf eines Kindergartenjahres.

Kasten 1: Idealtypischer Tagesablauf in einem Waldkindergarten (nach Weber-Heggemann, 2014, S. 217)

08.00 – 08.30 Uhr:	Eintreffen der Kinder am Bauwagen
09.00 – 09.30 Uhr:	Morgenkreis mit Begrüßungslied, Gespräch über das Wetter, Festlegen des Tagesziels im Wald und Bewegungsspiel
09.00 – 09.30 Uhr:	Aufbruch zum selbstgewählten Tagesziel
09.30 – 10.00 Uhr:	Frühstück
10.00 – 12.00 Uhr:	Freispiel (je nach Bewegungsort: klettern, bauen, graben plantschen, sammeln von Materialien, Rollenspiele)
12.00 – 12.30 Uhr:	Abschlusskreis, Tagesreflexion, Rückweg
12.30 – 13.00 Uhr:	Erste Abholzeit
13.30 – 14.00 Uhr:	Mittagessen
14.30 – 15.00 Uhr:	Zweite Abholzeit

Vor diesem Hintergrund referieren Raith & Lude (2014, S. 38-41) die Befunde einschlägiger Studien, die vor allem belegen, dass der tägliche Kontakt zur Natur sich positiv auf das Körpergewicht und die Auftretenswahrscheinlichkeit von Krankheiten auswirkt. Darüber hinaus begünstigt der Aufenthalt in der Natur eine – im Vergleich zu Regelkindergärten – bessere Entwicklung der grobmotorischen Fähigkeiten, während im Bereich der Feinmotorik keine Unterschiede auftreten. Der Messzeitpunkt der entsprechenden Studien zum motorischen Entwicklungsstand liegt allerdings am Ende der Kindergartenzeit, daher kann nicht ausgeschlossen werden, dass die Kleinkinder schon beim Eintritt in den Waldkindergarten motorisch leistungsfähiger gewesen sind bzw. gerade wegen ihrer körperlichen Fitness von ihren Eltern dort angemeldet werden (vgl. Scholz & Krombholz, 2007, S. 22).

Im Rahmen einer quantitativen Studie, bei der mehr als einhundert Grundschullehrer*innen in mehreren Bundesländern schriftlich befragt worden sind, konnte Häfner (2002) des Weiteren zeigen, dass Kinder, die vor der Einschulung mindestens zwei Jahre in einen Waldkindergarten verbracht haben, in relevanten Bereichen nach Auffassung der Lehrkräfte besser auf die Schule vorbereitet gewesen sind als ihre Klassenkamerad*innen, die zuvor einen Regelkindergarten besucht haben:

»Grundsätzlich werden die Kinder, die als vorschulische Einrichtung einen Waldkindergarten besucht haben, als besser auf die Schule vorbereitet angesehen als die Kinder aus dem Regelkindergarten. Im Durchschnitt arbeiten die Waldkindergartenkinder im Unterricht besser mit, sind motivierter und konzentrierter in der Schule und sie verfügen [...]

über ein höheres Maß an sozialen Kompetenzen, das sie im Klassenverband anwenden können. Des weiteren schneiden sie im musischen und allgemein körperlichen Bereich besser ab als ihre Mitschülerinnen und Mitschüler.« (Häfner, 2002, S. 167)

Einschränkend bleibt an dieser Stelle allerdings anzumerken, dass die angeführte Studie keine Rückschlüsse auf die eventuell schon größere Leistungsfähigkeit der Kinder beim Eintritt in einen Waldkindergarten zulässt. Es ist zumindest nicht auszuschließen, dass die Kinder beispielsweise gerade wegen der für ihr Alter bereits gut ausgeprägten sozialen und motorischen Kompetenzen von ihren Eltern in einem Waldkindergarten angemeldet worden sind (s. o.). Darüber hinaus kann ein weiterer Faktor für die empirisch ermittelte bessere Vorbereitung auf die Schule mitverantwortlich sein: Die Gruppen in Waldkindergärten sind häufig nicht nur kleiner als in Regelkindergärten, sondern zeichnen sich nicht selten zusätzlich durch einen im Vergleich zum Regelkindergarten günstigeren Personalschlüssel aus.

Bewegungs- und Sportkindergärten

Bewegungskindergärten sind in Deutschland regional unterschiedlich verbreitet, wobei ein Schwerpunkt sicherlich in Nordrhein-Westfalen liegt. Insgesamt sollen gegenwärtig bundesweit rund 1900 entsprechende Einrichtungen existieren (vgl. Zimmer, 2015, S. 406), die inzwischen nicht mehr nur vom organisierten Sport, sondern auch von Kommunen und Trägern der freien Jugendhilfe betrieben werden. Der Bewegungs- und Sportkindergarten ist als eine Einrichtung der frühkindlichen Bildung entworfen worden, die einen Schwerpunkt auf vielseitige Bewegungs-, Spiel- und Sportangebote sowie auf die Sinnesschulung legt und dies durch den Erwerb eines bestimmten Gütesiegels bzw. Zertifikats dokumentiert. Die Gütesiegel mitsamt ihrer abprüfbaren Kriterienkataloge haben die einzelnen Bundesländer unter anderem in Zusammenarbeit mit Sportverbänden, Elternverbänden, kommunalen Trägern, Kranken- und Unfallkassen konzipiert. Der Begriff ist allerdings nicht geschützt, eine Kindertagesstätte kann sich auch ohne Gütesiegel und/oder Kooperation mit einem Sportverein zu einem Bewegungskindergarten entwickeln.

Inzwischen gibt es ferner weiterführende Projekte die – wie beispielsweise die »Anerkannten Bewegungskindergärten mit dem Pluspunkt Ernährung« im Land Nordrhein-Westfalen (vgl. http://www.bewegungskindergarten-nrw.de) – im Kita-Alltag die Themenfelder Bewegung, Gesundheit und Ernährung miteinander verbinden. Zimmer (2015, S. 406-407) hat in diesem Zusammenhang zurecht angemerkt, dass sich derartige Kriterienkataloge vorwiegend auf messbare Größen bzw. äußere Faktoren (z. B. Ausstattung von Räumen, Anzahl der wöchentlichen Bewegungsstunden) und weniger auf die alltägliche Umsetzung des pädagogischen Konzepts der Einrichtung beziehen. Mit Blickrichtung auf die Gütesiegel lässt sich also festhalten, dass – jenseits der Auszeichnung mit Zertifikaten und Kooperationsverträgen mit Sportvereinen – die Erzieherinnen und Erzieher »selbst die Verantwortung dafür übernehmen (müssen; J.S.), welchen Bewegungsraum sie Kindern in ihrer Einrichtung geben und wie sie deren Bedürfnis nach körperlich-sinnlicher Weltaneignung ernst nehmen« (Zimmer, 2012, S. 22). Ein bewegungsfreundlicher Kindergarten rückt Bewegung und Sinneserfahrungen ins Zentrum des gelebten pädagogischen Programms, wobei verschiedene Bausteine in der alltäglichen Handlungspraxis miteinander verschränkt werden. Unter Bezugnahme auf Zimmer (2012, S. 21-22) sind vor allem folgende Bausteine zu nennen:

a) Die Einrichtung bemüht sich kontinuierlich um eine bewegungsfreundliche Raumgestaltung. Dies betrifft sowohl die Gestaltung des Außengeländes (Spielgeräte, Kletterbaum, Sandkiste usw.) als auch der Eingangsbereiche, Flure und Gruppenräume. Diese sollten neben aller Funktionalität zum spielerischen Sich-Bewegen animieren, aber auch Rückzugsmöglichkeiten (Orte der Stille) bereithalten.
b) Im Bewegungskindergarten finden selbstverständlich regelmäßig Bewegungsstunden statt, die von den Erzieherinnen und Erziehern angeleitet und betreut werden (u. a. Regelspiele, Fantasiespiele, Tanzen, Geräteparcours).
c) Daneben gehören offene Bewegungsangebote – beispielsweise Bewegungsbaustelle (vgl. Miedzinski, 2001) und Bewegungslandschaften (vgl. Borggräfe, 2010) – zum wiederkehrenden Programm.
d) Im Innenbereich der Einrichtung steht den Kindern ein gemütlicher Ruhe- und Entspannungsraum zur Verfügung, den sie bei Bedarf aufsuchen können.
e) Mindestens einmal im Jahr wird eine Spiel- und Bewegungsfest (u. a. als Festival der Sinne) organisiert.
f) Bewegungsbezogene Projekte werden im Zyklus der Jahreszeiten geplant und durchgeführt (Sinnesgarten, Schatzsuche, Exkursion zu kommunalen Arealen, Strand- oder Waldtage).
g) Ein Bewegungskindergarten gewährleistet die psychomotorische Förderung in Kleingruppen (u.a. für Kinder mit besonderen Bedürfnissen).
h) Die Einrichtung praktiziert eine aktive Elternarbeit. Neben gemeinsamen Spielnachmittagen für die Familien und Elternabenden zu den Themenschwerpunkten Bewegung, Gesundheit oder Ernährung können sich Eltern gegebenenfalls auch an der Durchführung von Projekten oder der Gestaltung des Außengeländes beteiligen.

i) Es besteht eine feste Kooperation mit einem örtlichen Sportverein, der seinerseits über speziell ausgebildete Überleiter/-innen verfügen muss.
j) Ein Bewegungskindergarten bemüht sich um eine zielgerichtete Öffentlichkeitsarbeit (Vortragsabende, Informationsveranstaltungen, Internet-Auftritt usw.).

An dieser Stelle bleibt anzumerken, dass wohl nur eine Minderheit der bewegungsfreundlichen Kindergärten alle genannten Bausteine durchgängig realisiert. Die Mehrzahl der Einrichtungen entscheidet im Rahmen ihrer spezifischen Möglichkeiten, welche dieser Bausteine sie umsetzen kann. Vor diesem Hintergrund wird sicherlich in der Praxis zumeist der Ausgestaltung der Kooperation mit einem Sportverein (oder auch mit einer Grundschule) eher größeres Gewicht beigemessen als der Öffentlichkeitsarbeit.

Bewegungs- und Sportkindergärten sind auf der einen Seite schon häufiger Gegenstand wissenschaftlicher Untersuchungen gewesen und haben die positiven Effekte ihrer Arbeit unter Beweis stellen können. Auf der anderen Seite zeigen Studien, dass Kinder ihre motorischen Leistungen unabhängig davon verbessern, ob sie einen zertifizierten Bewegungskindergarten mit Vereinskooperation oder eine Einrichtung ohne Zertifikat und Kooperation mit einem Sportverein besuchen (vgl. Jasmund, 2009).

AUSBLICK

Abschließend kann daher begründet unterstellt werden, dass das quantitative und qualitative Ausmaß an Bewegungs- und Spielaktivitäten – weitestgehend unabhängig vom jeweiligen pädagogischen Konzept – in der Alltagspraxis der verschiedenen Kita-Gruppen sehr unterschiedlich ausfällt, was inzwischen auch einzelne empirische Untersuchungen (u. a. Sudeck, 2015) belegen. Mit Zimmer (2015, S. 402-403) lässt sich bilanzierend festhalten, dass die entsprechende fachliche Qualifikation der Erzieherinnen und Erzieher sowie eine bewegungsfreundliche Haltung des gesamten Personals der Einrichtung für eine Förderung der Bewegungsentwicklung noch wichtiger sind als die vorgefundene Raumsituation (Mehrzweckraum für Bewegungs- und Spielangebote, Spielwiese usw.) oder Maßnahmen zur Qualitätssicherung.

Nahezu parallel zum Ausbau der Kindertageseinrichtungen in Deutschland ist schließlich in den letzten Jahren auch eine Zunahme der sportwissenschaftliche Studien zur Bewegungsförderung in Krippe und Kita sowie zur Bewegungssozialisation in der frühen Kindheit zu verzeichnen, der Kenntnisstand zu einigen relevanten Aspekten des Themenfeldes ist jedoch nach wie vor rudimentär und es besteht weiterhin erheblicher Forschungsbedarf.

2. Förderung der psychischen Gesundheit im Kindergarten

PETRA HAMPEL

EINLEITUNG

Im ersten Kapitel wurde verdeutlicht, dass Bewegung eine wesentliche Gesundheitsressource darstellt, die es gilt, in der frühen Kindheit und im Vorschulalter zu fördern. Gleichfalls wurde deutlich, dass die Förderung von körperlicher Aktivität mit einer Verbesserung des psychischen Wohlbefindens eng assoziiert ist. So konnte insbesondere ein positiver Einfluss von körperlicher Aktivität auf die personalen Ressourcen Selbstachtung, Selbstkonzept und Selbstwertgefühl belegt werden (vgl. Hoffmann, Brand & Schlicht, 2006). Weitere Studien legen allerdings nahe, dass die psychische Gesundheit der Kinder und Jugendlichen zunehmend beeinträchtigt ist. Hierbei ergaben sich neben einer eingeschränkten psychischen Lebensqualität insbesondere erhöhte Prävalenzen emotionaler Auffälligkeiten (vgl. Hölling et al., 2007; Ravens-Sieberer et al., 2007; Ravens-Sieberer et al., 2009; Tröster & Reineke, 2007), die sich im Längsschnitt über sechs Jahre noch signifikant erhöht haben (Hölling et al., 2014). Somit ist eine gezielte Förderung der psychischen Gesundheit zwingend notwendig.

In der Entwicklung von psychischen Auffälligkeiten hat sich eine unangemessene Emotionsregulation als wesentlicher Risikofaktor ergeben (vgl. Schipper et al., 2013). Dementsprechend kann durch eine Förderung der Emotionsregulation einer Entwicklung psychischer Auffälligkeiten vorgebeugt werden. Als eine spezielle Form der Emotionsregulation gilt die Stressbewältigung, die den Einfluss von Belastungen auf die Entwicklung einer psychosozialen Fehlanpassung vermittelt (im Überblick s. Compas et al., 2001; Eisenberg & Sulik, 2012; vgl. auch Hampel & Petermann, 2003, 2015).

Die Berücksichtigung der Stressbewältigungskompetenz in der Gesundheitsförderung bei Kindern wird auch dadurch unterstützt, dass die Bundeszentrale für gesundheitliche Aufklärung (BZgA; Franzkowiak, 2002, S. 24) neben der Bewegungsförderung auch die Stressbewältigung/psychosoziale Gesundheit als wesentliches Themen- und Handlungsfeld der Gesundheitsförderung im Kindesalter definierte (Kasten 1).

In Übereinstimmung mit Mann-Luoma, Goldapp, Khaschei, Lamersm und Milinski (2002) wird davon ausgegangen, dass Bewegung, Ernährung und Stress in einer wechselseitigen Beziehung stehen. So kann beispielsweise eine verbesserte Stressverarbeitung nicht nur aktuelle Belastungen reduzieren, sondern auch das Ernährungs- und Bewegungsverhalten direkt positiv beeinflussen. Dementsprechend sollten nach Mann-Luoma und Kollegen Maßnahmen zur Verbesserung der Stressbewältigung sowie des Ernährungs- und Bewegungsverhaltens in einem ganzheitlichen Ansatz verbunden werden, um eine nachhaltige Gesundheitsförderung zu gewährleisten. Wagner und Kirch (2006, S. 36) nahmen eine Modifikation des Wirkmodells vor, indem sie nicht nur allgemein die Stressbewältigung berücksichtigten, sondern Aspekte der sozialen Kompetenz. Hiermit sollte verdeutlicht werden, dass der Umgang mit Stressoren, der Aufbau von Bewältigungsstrategien sowie die Begegnung mit Konfliktpersonen Gegenstand der Gesundheitsförderung sein sollten.

Kasten 1: Themen- und Handlungsfelder der Gesundheitsförderung im Kindesalter (Franzkowiak, 2002, S. 42)

- Ernährungsaufklärung
- Bewegungsförderung
- Stressbewältigung/psychosoziale Gesundheit
- Unfallprävention
- Gewaltprävention
- Suchtprävention
- Sexualaufklärung
- Förderung der Wahrnehmung von Früherkennungsuntersuchungen
- Förderung der Impfbereitschaft

Im Folgenden wird zunächst auf die psychische Gesundheit im Kindes- und Jugendalter eingegangen. An eine Darstellung der entwicklungspsychologischen Aspekte der Emotionsregulation schließen sich dann Ausführungen zu bisherigen Ansätzen zur Gesundheitsförderung im Setting Kindergarten an, wobei auf Programme zur Förderung sozial-emotionaler Fertigkeiten näher eingegangen wird. In einem letzten Kapitel werden Empfehlungen zur Optimierung der Gesundheitsförderung im Setting Kita gegeben, indem insbesondere altersabhängige Praxisbeispiele zur Förderung der Stressbewältigung vorgestellt werden.

PSYCHISCHE GESUNDHEIT IM KINDES- UND JUGENDALTER

In den letzten Jahren berichteten großangelegte multizentrische und kulturvergleichende Studien von einer deutlichen Zunahme psychischer Auffälligkeiten der Kinder und Jugendlichen und legten darüber hinaus nahe, dass nicht mehr akute sondern chronische Erkrankungen im Vordergrund stehen (vgl. Ellert et al., 2014). So zeigte die bereits in Kapitel 1 beschriebene HBSC-Studie bei Elf- bis 17-jährigen Kindern und Jugendlichen, dass um 40 % der deutschen Teilnehmer eine geringe subjektive Gesundheit angaben, wobei die Mädchen, die älteren Altersgruppen und die Probanden mit niedrigem sozialen Status eine signifikant geringere subjektive Gesundheit aufwiesen (vgl. Ravens-Sieberer et al., 2009). In der KiGGS-Studie wurde im Rahmen der Basiserhebung (2003-2006) ebenfalls die Lebensqualität der Schulkinder im Elternurteil untersucht, die die früheren Befunde bekräftigten, aber darüber hinaus vor allem noch auf eine signifikant geringere Lebensqualität bei Probanden mit grenzwertigen und schweren psychischen Auffälligkeiten hinwies.

Die erste Folgebefragung der KiGGS-Studie nach sechs Jahren ergab für die Sieben- bis 17-jährigen insgesamt positivere Einschätzungen und der moderierende Einfluss des Sozialstatus war nicht mehr statistisch bedeutsam (Ellert et al., 2014). Für das Vorschulalter liegen keine Befunde für die deutsche Allgemeinbevölkerung vor, in einer amerikanischen Studie bei Zwei- bis Fünfjährigen berichteten Eltern, deren Kinder Adipositas aufwiesen, von einer signifikant geringeren Lebensqualität im Vergleich zu den gesunden Kindern (vgl. Kuhl et al., 2012). Hierbei war insbesondere die Skala »Emotionale Lebensqualität« signifikant, da sich die beiden Stichproben in den Items zur Angst und zu den Sorgen hochsignifikant unterschieden. Die Lebensqualität im Kindes- und Jugendalter verfügt über eine hohe Relevanz, da wegen der Verschiebung zu den psychischen Störungen dieser subjektive Kennwert einen guten, frühzeitigen Prädiktor für Entwicklungen psychischer Störungen darstellt und des Weiteren gezeigt wurde, dass die Lebensqualität bis zum Erwachsenenalter eine hohe Stabilität aufweist (vgl. Bisegger et al., 2005).

Für die Prävalenz psychischer Auffälligkeiten konnte die KiGGS Welle 1 die Befunde der Basiserhebung bestätigen (vgl. Hölling et al., 2007), dass 20 % der untersuchten Kinder und Jugendlichen im Alter zwischen drei und 17 Jahren über klinisch bedeutsame psychische Auffälligkeiten verfügen (vgl. Hölling et al., 2014; Tab. 1). Insgesamt konnten in der Basiserhebung in der Teilstudie BELLA folgende Prävalenzen ermittelt werden: 10 % Angststörungen, 7.7 % dissozial-aggressive Störung, 5.4 % depressive Störungen und 2.2 % hyperkinetische Störungen (vgl. Ravens-Sieberer et al., 2007). Die Gruppe der Drei- bis Sechsjährigen kennzeichnete sich in beiden Erhebungen vor allem durch hohe Prävalenzen im Bereich der Verhaltensprobleme auf. Hierbei waren die Häufigkeiten der Verhaltensprobleme in der Basiserhebung vergleichbar zu den älteren Altersgruppen (vgl. Hölling et al., 2007), in der Folgestudie waren sie im Mittelwert signifikant höher als in den anderen Altersgruppen (vgl. Hölling et al., 2014). In den Mittelwertvergleichen der Gesamtstichprobe konnte festgestellt werden, dass die emotionalen Verhaltensauffälligkeiten zunahmen, wenn sich auch kein zeitlicher Trend absichern ließ. Schließlich konnten keine bedeutsamen zeitlichen Trends in Abhängigkeit des Sozialstatus nachgewiesen werden, somit blieb der soziale Gradient in der Prävalenz der psychischen Auffälligkeiten bestehen: Kinder und Jugendliche mit niedrigem Sozialstatus waren häufiger psychisch auffällig.

Diese Befunde stimmen mit Ergebnissen von Tröster und Reineke (2007) überein, die psychische Auffälligkeiten und Entwicklungsstörungen ausschließlich bei Vorschulkindern im Alter zwischen drei und sechs Jahren untersuchten. Es zeigte sich, dass emotionale Auffälligkeiten sowohl im Eltern- als auch Erzieherurteil am häufigsten angegeben wurden. So wurde jedes fünfte Kind als klinisch auffällig im emotionalen Bereich eingestuft, wobei kein Geschlechtsunterschied bestand. Allerdings waren in den anderen drei Auffälligkeitsbereichen »Sozial-emotionale Kompetenzen«, »Oppositionell-aggressives Verhalten« und »Aufmerksamkeitsschwierigkeiten/Hyperaktivität« die Jungen bedeutsam häufiger betroffen. Insgesamt war jedes dritte Kind in einem der vier Problembereiche klinisch auffällig, es war ein signifikanter sozialer Gradient mit erhöhten Auffälligkeiten bei Vorschulkindern mit niedrigem Sozialstatus nachweisbar und Auffälligkeiten waren bei Kindern von Alleinerziehenden häufiger vorhanden. Diese letztgenannten Befunde bestätigten sich in einer Studie von Schlack, Hölling und Kurth (2007) mit drei- bis sechsjährigen Kindergartenkindern. Des Weiteren konnte noch festgestellt werden, dass das Risiko für psychische Auffälligkeiten bei Kindern mit Migrationshintergrund 2,6-fach erhöht ist. In einer bundesweiten Befragung von 643 Kitas berichteten die Leitungspersonen zusätzlich zu häufigen Entwicklungsverzögerungen (12 %) und Sprachstörungen (8 %) noch über Konzentrationsstörungen (7 %) und bei den emotionalen Störungen über Aggressivität (4 %) bei Kindern in Kitas, die nicht in sozialen Brennpunkten lagen (vgl. Kliche, 2007). Die Häufigkeiten bei Kindern in sozialen Brennpunkten lagen zwei- bis dreimal höher.

Tab. 1: Prävalenz von Kindern und Jugendlichen im Alter von 3 bis 17 Jahren mit erhöhtem Risiko für psychische Auffälligkeiten (SDQ-Gesamtproblemwert grenzwertig auffällig oder auffällig, Elternversion) nach Erhebungszeitraum, Geschlecht, Alter und Sozialstatus (Hölling et al., 2014, S. 812)

		KiGGS-Basiserhebung (2003-2006) Deutsche Normwerte, altersstandardisiert [a,b]	**KiGGS Welle 1 (2009-2012) Deutsche Normwerte [c]**	**p-Wert [d]**
		% (95 %-KI)	**% (95 %-KI)**	
Gesamt		20,0 (19,1-20,9)	20,2 (18,9-21,6)	0,743
Geschlecht	**Junge**	23,8 (22,5-25,1)	23,4 (21,5-25,4)	0,710
	Mädchen	16,0 (15,0-17,1)	16,9 (15,2-18,7)	0,357
Altersgruppen	**3 bis 6**	19,3 (17,8-20,9)	17,2 (14,9-19,9)	0,158
	7 bis 10	22,6 (22,1-24,2)	23,1 (20,6-25,8)	0,750
	11 bis 13	21,5 (19,6-23,5)	23,3 (20,8-26,1)	0,256
	14 bis 17	17,0 (15,5-18,7)	17,8 (15,9-20,0)	0,539
Sozialstatus	**Niedrig**	30,8 (28,5-33,2)	33,5 (29,6-37,6)	0,211
	Mittel	19,2 (18,1-20,3)	19,0(17,5-20,6)	0,818
	Hoch	11,3 (10,4-12,3)	9,8 (8,6-11,3)	0,078

[a]Altersstandardisiert auf den Bevölkerungsstand zum 31.12.2010

[b]KiGGS-Basiserhebung: $N_{(ungewichtet)}$=14.447

[c]KiGGS-Welle 1: $N_{(ungewichtet)}$=10.353

[d]Chi-Quadrat-Test 2.Ordnung nach Rao-Scott

Weitere Teilstudien der KiGGS-Studie ergaben, dass insbesondere familiäre Faktoren eine wesentliche Rolle in der Vermittlung der Effekte auf die Gesundheit besitzen. So konnten Rattay et al. (2012) in Regressionsanalysen feststellen, dass ein negatives Familienklima bei allen Kindern und Jugendlichen (0-17 Jahre) und bei Jungen im Jugendalter ein Migrationshintergrund einen ungünstigen Einfluss auf die Gesundheit ausüben. Göllner (2014, S. 292) betont die komplexe wechselseitige Beeinflussung von familiären Faktoren und psychischer Gesundheit, indem »der familiäre sozioökonomische Status verursachend an der Entstehung und Aufrechterhaltung klinisch relevanter Symptome im Kindes- und Jugendalter beteiligt ist«. Außerdem besteht der umgekehrte Wirkzusammenhang, indem psychische Auffälligkeiten, u. z. externalisierende Störungen, einen niedrigeren Schulabschluss vorhersagen. Übereinstimmend mit Rattay et al. (2012) kann dementsprechend geschlussfolgert werden, dass zum Abbau sozial bedingter ungleicher Gesundheitschancen unbedingt eine familienorientierte Gesundheitsförderung indiziert ist. Gerade für eine effektive und nachhaltige Gesundheitsförderung bei Kindern im Kindergarten sollten die Eltern in die Gesundheitsförderung einbezogen werden. Schließlich ist mit Hölling et al. (2014, S. 809) das Fazit zu ziehen, dass »die anhaltend hohe Prävalenz und das gleichbleibend hohe Ausmaß von emotionalen und verhaltensbedingten Auffälligkeiten [...] Anlass zu vermehrten präventiven Anstrengungen geben« sollten.

EMOTIONSREGULATION IM KINDES- UND JUGENDALTER

Da sich in vielen Studien ergeben hat, dass eine unangemessene Emotionsregulation eine Entwicklung von psychischen Auffälligkeiten vorhersagt, soll im Folgenden zunächst der Begriff geklärt und entwicklungspsychologische Aspekte zusammengefasst werden. Hierbei gilt die Stressbewältigung als eine spezielle Form der Emotionsregulation, die den Einfluss von Belastungen auf die Entwicklung einer psychosozialen Fehlanpassung vermittelt (im Überblick s. Compas et al., 2001; Eisenberg & Sulik, 2012; vgl. auch Hampel & Petermann, 2003, 2015). Dementsprechend werden Stress und Stressverarbeitung kurz definiert und die Stressbewältigung im Kindesalter beschrieben.

Die emotionale Entwicklung umfasst nach Pinquart, Schwarzer und Zimmermann (2011, S. 195) »sowohl Veränderungen im Erleben und im Ausdruck von Emotionen, im Emotionswissen, der Fähigkeit zum Erkennen von Gefühlen und in der Emotionsregulation«. Weiterhin führen die Autoren aus, dass die emotionale Entwicklung insgesamt im engen Zusammenhang mit der Gestaltung sozialer Beziehungen steht. Bereits mit drei Jahren erleben Kinder ein breites Repertoire an Emotionen. Hierbei werden primäre Emotionen wie Trauer, Freude, Furcht und Wut von sekundären (oder selbstbewussten) Emotionen wie Scham, Stolz und Empathie unterschieden, die sich nochmals in positive Emotionen (Freude) und negative Emotionen (Trauer, Angst, Wut) differenzieren lassen. Die Entwicklung positiver und negativer Emotionen soll im Folgenden kurz zusammengefasst werden (vertiefend s. Lohaus & Vierhaus, 2013, S. 140ff.): Bereits nach dem ersten Geburtstag findet ein intensiver Austausch positiver Emotionen statt und vor allem während des zweiten Lebensjahres erleben Kinder zunehmend Freude. Hinsichtlich negativer Emotionen konnte festgestellt werden, dass Kinder ab dem ersten Geburtstag Kontextinformationen beachten, die eine Angstreaktion beeinflussen. Über ein »Soziales Referenzieren« erfolgt eine Abstimmung der Emotionen anhand des Emotionsausdrucks insbesondere der Bezugsperson. Die kognitive Entwicklung befähigt Kinder zwischen dem zweiten und dritten Lebensjahr zur Imagination, allerdings entwickelt sich die Fähigkeit, Phantasie und Realität voneinander trennen zu können, erst mit etwa fünf bis sieben Jahren. Dementsprechend werden im Alter zwischen zwei und vier Jahren Ängste vor nicht vorhandenen Objekten erlebt und zum Ende des Vorschulalters Angst vor realen Gefahrensituationen. Mit dem Eintritt in die Schule treten schließlich Bewertungsängste in schulischen Leistungssituationen und soziale Ängste in den Vordergrund. In Bezug auf die Emotion »Ärger« steigt die Häufigkeit, Ärger zu erleben und auszudrücken, so dass aggressive Verhaltensweisen im zweiten Lebensjahr zunehmend beobachtet werden können. Durch die Entwicklung der selbstbewussten Emotionen (z. B. Scham, Schuld, Stolz, Verlegenheit oder Eifersucht) nimmt der Ausdruck von Wut und Ärger ab dem dritten Lebensjahr ab. In dieser Phase entwickelt sich auch das Verständnis für bestehende Regeln und Normen in der eigenen Kultur.

Kasten 2: Definition der Emotionsregulation (Petermann & Kullik, 2011, S. 188)

> Bei der Emotionsregulation werden spezifische Strategien eingesetzt, durch die positive oder negative Emotionen und daraus resultierende Verhaltensweisen, Interaktionen und physiologische Zustände reguliert werden. Eine solche Regulation kann external oder internal, willentlich oder automatisch stattfinden. Die Emotionsregulation erfolgt in Form von Initiierung, Beibehaltung, Hemmung oder Modulation der Emotion und ihrer Begleiterscheinungen. Sie ist auf ein Ziel ausgerichtet und bezieht sich auf die Form, Intensität, den Ausdruck oder die Dauer der Emotion.

Eine wesentliche Bedeutung für die emotionale Kompetenz wird der Emotionsregulation zugeschrieben. Hierbei liegt noch keine allgemeingültige Definition der Emotionsregulation vor, jedoch schlagen Petermann und Kullik (2011, S. 188) folgende Definition vor (Kasten 2).

Ferner führen die Autoren aus, dass die Fähigkeit zur Regulation von Emotionen »mit weitreichenden Folgen für die spätere sozial-emotionale Entwicklung eines Kindes verbunden wird« (Petermann & Kullik, 2011, S. 186). Demnach zählt die Emotionsregulation zu den ersten Entwicklungsaufgaben in den ersten drei Lebensjahren. Hierbei wird die internale oder intrapsychische Regulation, bei der die Person Bewältigungshandlungen selbst ausführt, von der externalen oder interpsychischen Emotionsregulation unterschieden, wobei andere Personen veranlasst werden, Bewältigungshandlungen zumindest zu unterstützen (vgl. Lohaus & Vierhaus, 2013, S. 149). Im Säuglingsalter herrscht zunächst nur die externale Regulation vor, jedoch erfolgt im Entwicklungsprozess ein Übergang zu einer internalen Regulation (Abb. 1). Vermittelt über das »Soziale Referenzieren« setzen die Kinder entsprechend Strategien ein, die signifikant mit dem Einsatz von den Strategien der Eltern korrelieren. Mit der zunehmenden Sprachentwicklung ab dem 18. Lebensmonat sind die Kinder in der Lage, sich über ihre emotionale Befindlichkeit zu äußern sowie Ursachen und Folgen von Emotionen zu benennen. Hierbei konnte gezeigt werden, dass das Sprechen über Gefühle die Fähigkeit zur Perspektivenübernahme erheblich fördert.

Die internale Emotionsregulation nimmt über den Altersverlauf zu, bis die Kinder im Alter von 5 Jahren weitgehend selbstständig ihre Emotionen regulieren können. So sind bereits ab dem zweiten Lebensmonat behaviorale Strategien wie selbstberuhigende Maßnahmen zu beobachten und das Repertoire vergrößert sich bis zum ersten Geburtstag. Mit der kognitiven Entwicklung entsteht die Möglichkeit, dass Kinder ab dem sechsten Lebensmonat zunehmend die Regulationsstrategien emotions- und situationsspezifisch einsetzen können. Im Vorschulalter nehmen mentale Strategien wie Gedankenstopp, Ablenkung und positives Denken in Abhängigkeit der kognitiven Reife zu (vgl. Gust, 2014). Mit der sprachlichen Entwicklung gelingt es den Vorschulkindern zunehmend, aufgrund des verbesserten Wissens über Emotionen und deren Regulation ihr Handeln zu steuern (vgl. Holodynski, Hermann & Kromm, 2013). Trotz des Anstiegs der Selbstregulationsfähigkeiten der Vorschulkinder, beeinflussen die Eltern die Entwicklung der Emotionsregulation in diesem Altersabschnitt bedeutsam. So konnten familiäre Kontextfaktoren wie das allgemeine Erziehungsverhalten und die elterlichen Reaktionen auf emotionale Reaktionen der Kinder die Emotionsregulation der Kinder vorhersagen (vgl. Otterpohl et al., 2012; vgl. auch Petermann & Kullik, 2011). Somit entwickelt sich im Vorschulalter die internale Emotionsregulation, wodurch dieser Entwicklungsabschnitt bedeutsam für die sozial-emotionale Kompetenz wird. Dies wird beispielsweise deutlich, indem Zusammenhänge zwischen den mangelnden Emotionsregulationsfähigkeiten und einem auffälligen Sozialverhalten bestehen (vgl. Holodynski et al., 2013; Schipper et al., 2013).

Stresssituationen gehen mit negativen Emotionen einher, die reguliert werden müssen. Somit kann die Regulation stressbegleitender Emotionen als Spezialfall der Emotionsregulation bezeichnet werden. Bislang liegt keine einheitliche Definition von Stress vor, allerdings ist die Stresstheorie von R. S. Lazarus aktuell anerkannt (z. B. Lazarus & Folkman, 1984). In diesem beziehungsorientierten oder relationalen Stresskonzept wird Stress als Anpassungsprozess zwischen einer Person und ihrer Umwelt verstanden. Hierbei postuliert Lazarus, dass im Stressprozess sowohl die Person aktiv handelnd auf die Umwelt einwirkt als auch die Umwelt auf das Verhalten der Person. Somit trägt die Person aktiv zum Stress- und Bewältigungsgeschehen bei. Kognitive Bewertungen stehen im Mittelpunkt seiner Theorie. So vermitteln kognitive Bewertungen des belastenden Ereignisses (primäre Bewertung) und der zur Verfügung stehenden Ressourcen (sekundäre Bewertung) zwischen der Belastung und der daraus resultierenden Reaktion und formen diese Reaktionen aus. Allerdings geht Lazarus darüber hinaus davon aus, dass die stressvolle Auseinandersetzung einem dynamischen Anpassungsprozess mit Neubewertungen der veränderten Situation entspricht, was mit dem Begriff der »Transaktion« umschrieben wird. Neben dem Bewertungskonzept ist noch das Bewältigungskonzept (engl. Coping) ein wesentliches Bestimmungsstück der Theorie von Lazarus: Beanspruchen oder übersteigen die Anforderungen die Fähigkeiten der Person, sollen Bewältigungsprozesse angeregt werden. Allerdings wird effektives Coping von Lazarus nicht gleichgesetzt mit dem Lösen des Problems oder der Reduktion der psychischen Beanspruchung. Hierfür wäre der Begriff »Bewältigung« (oder engl. Mastery) angemessen. Als deutsche Übersetzung des Begriffs Coping sollte daher eher der Begriff »Stressverarbeitung« bevorzugt werden, da hierdurch die Wirkungsrichtung neutral umschrieben wird (vgl. Janke & Erdmann, 1997).

Abb. 1: Emotionsregulationsstrategien im Alter von null bis drei Jahren und ihrer Funktionalität (entnommen aus Petermann & Kullik, 2011, S. 189)

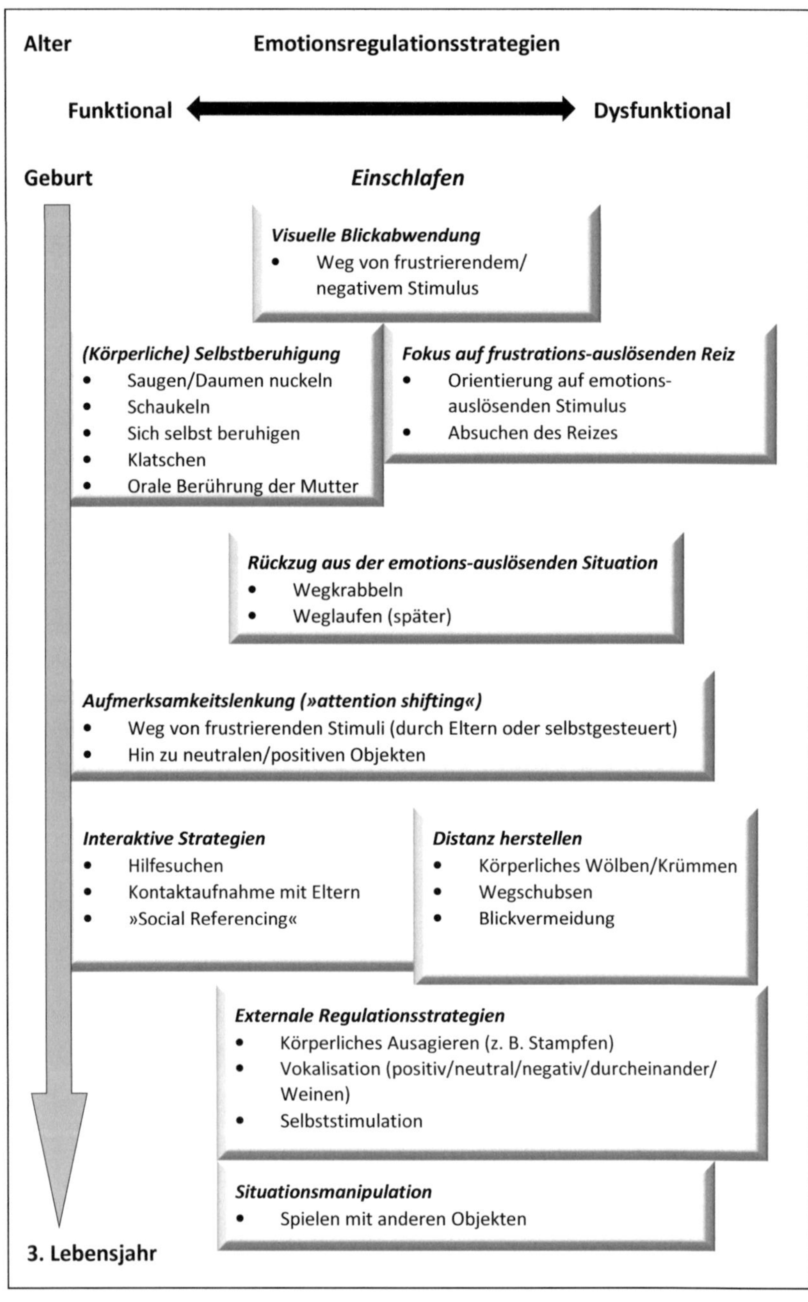

Anmerkungen: siehe auch Blandon et al., 2010; Calkins & Fox, 2002; Diener & Mangelsdorf, 1999; Helmsen & Petermann, 2010a, 2010b; Hoeksma et al., 2004; Mangelsdorf et al., 1995; Petermann & Wiedebusch, 2002, 2008; Sroufe, 1995; Weinberg & Tronick, 1994.

Wie bei Erwachsenen werden auch bei Kindern und Jugendlichen verschiedene Stressverarbeitungsstile unterschieden (im Überblick s. Compas et al., 2001; Hampel & Petermann, 2003, 2005). So werden nach Lazarus und Folkman (1984) die Bewältigungsformen in die problem- und emotionsbezogene Bewältigung unterteilt. Bei der problembezogenen Bewältigung wird die stressvolle Auseinandersetzung verändert; entweder wird die Umwelt verändert (z. B. durch eine Umorganisation des Umfeldes) oder die Person passt sich an die Umwelt an (z. B. durch Veränderungen von Zielen und Überzeugungen). Demgegenüber werden bei der emotionsbezogenen Bewältigung die stressbegleitenden Emotionen reguliert, wie zum Beispiel Angst oder Ärger. Die selbstbezogene Art besteht beispielsweise darin, sich zu entspannen oder abzulenken. Die umweltbezogene Art besteht nach Lazarus und Folkman (1984) zum Beispiel im Ausdruck von Ärger. Des Weiteren grenzen einige Autoren von diesen beiden günstigen Verarbeitungsstilen noch einen ungünstigen Verarbeitungsstil ab, der durch stressvermehrende Strategien wie Resignation, Vermeidungs- oder Fluchtverhalten gekennzeichnet ist (vgl. Hampel & Petermann, 2003, 2015).

In Studien konnten folgende günstige Verarbeitungsstrategien ermittelt werden, die mit einer guten psychischen Anpassung an Belastungen bei Kindern und Jugendlichen in Zusammenhang stehen (im Überblick s. Compas et al., 2001; Eisenberg & Sulik, 2012, vgl. auch Hampel & Petermann, 2003, 2015):

- problembezogene Strategien, wie Problemlösung, Informationssuche und problembezogene soziale Unterstützung;
- Strategien zur Emotionsregulation, wie Ablenkung, Verschiebung emotionaler Reaktionen und emotionale soziale Unterstützung.

Dagegen haben sich folgende ungünstige Verarbeitungsstrategien herauskristallisiert, die negativ mit emotionalen und Verhaltensstörungen sowie sozialer und schulischer Kompetenz korrelieren:

- emotionsbezogene Strategien, wie emotionaler Ausdruck, Verleugnung und wunschhaftes Denken;
- vermeidende Strategien, wie kognitive und verhaltensbezogene Vermeidung und sozialer Rückzug;

- weitere kognitive Strategien, wie Resignation, Selbstbeschuldigung und Selbstkritik.

Hierbei konnten Zusammenhänge über verschiedene Belastungssituationen hinweg festgestellt werden. Allerdings wird diskutiert, dass eine Passung zwischen situativen Merkmalen der Anforderungen und den Verarbeitungsstrategien besteht. So sprechen Befunde dafür, dass in Belastungssituationen mit wahrgenommener Kontrollierbarkeit problemlösende Bewältigungsstrategien, aber in unkontrollierbaren Belastungssituationen emotionsregulierende Strategien effektiv sind (vgl. Hampel & Petermann, 2005; Seiffge-Krenke, Aunola & Nurmi, 2009).

Stressverarbeitungsstrategien und Geschlecht

Viele Studien kamen einheitlich zu dem Ergebnis, dass Mädchen Belastungen insbesondere durch die Suche nach sozialer Unterstützung bewältigen (zusammenfassend siehe Hampel & Petermann, 2003). Emotionsregulierende Strategien wie Entspannung oder Mitteilen von Emotionen werden von Mädchen mehr angewendet als von Jungen. Sie setzen aber auch mehr ungünstige emotionsregulierende Strategien ein, wie Medikamenteneinnahme und Ausleben von Gefühlen. Zum Einsatz problemlösender Strategien sind die Befunde jedoch sehr inkonsistent. Dagegen kann festgehalten werden, dass Mädchen mehr ungünstige Verarbeitungsstrategien anwenden: Sie vermeiden, grübeln und resignieren mehr. Wenige Studien liegen zur Stressverarbeitung bei Kindern im Vorschulalter vor. Frühere Studien konnten keine Geschlechtsunterschiede bei Vorschulkindern nachweisen, jedoch deutete sich in einer Studie in der eigenen Arbeitsgruppe an, dass Mädchen im Alter von viereinhalb bis fünfeinhalb Jahren weniger positive Selbstinstruktionen und mehr Resignation einsetzen (vgl. Koch, 2004). Hierbei ist anzumerken, dass in unserer Studie erstmals ein Interview eingesetzt wurde, dessen psychometrische Güte noch verbessert werden muss. Insgesamt kann aufgrund der Befundlage jedoch mit Seiffge-Krenke (1993) geschlussfolgert werden, dass sich der »weibliche Bewältigungsstil« nicht von Verarbeitungsmustern klinischer Populationen mit internalisierenden Störungen unterscheidet und somit im Zusammenhang mit einem erhöhten Risiko für die Entwicklung internalisierender Auffälligkeiten steht.

Stressverarbeitung und Alter

Die Befundlage zum altersabhängigen Einsatz von Verarbeitungsmaßnahmen ist sehr uneinheitlich, was sich insbesondere auf die unterschiedlichen Erfassungsinstrumente, Klassifikationen der Stressverarbeitungsstrategien und untersuchten

Altersstufen zurückführen lässt (vgl. Compas et al., 2001). Insgesamt kann jedoch festgehalten werden, dass sich emotionsregulierende Bewältigungsstrategien erst im Entwicklungsverlauf ausbilden (zusammenfassend s. Hampel, 2007). So regulieren Kinder zwischen sechs und zwölf Jahren ihre negativen Emotionen durch den Einsatz aktionaler Strategien (Suche nach sozialer Unterstützung, sozialer Rückzug, Ausleben von Gefühlen). Im frühen bis mittleren Jugendalter werden die erworbenen externalen Verhaltensstrategien um kognitive Repräsentationen erweitert (Compas et al., 2001), so dass sich intrapsychische emotionsregulierende Strategien (z. B. Bagatellisierung) erst später entwickeln. Somit ist insbesondere ein Anstieg dieser emotionsregulierenden Verarbeitungsstrategien von der späten Kindheit bis zum mittleren Jugendalter anzunehmen. Dieser Verlauf ist auch darin begründet, dass die emotionsbezogene Bewältigung weniger beobachtbar ist und somit nicht einfach durch Modelllernen erworben werden kann.

Die problembezogene Bewältigung scheint dagegen eher stabil zu sein. Dieser Verlauf spiegelt wider, dass die kognitive Entwicklung schon wesentlich früher beginnt. So werden Problemlösestrategien im Vorschulalter erworben und sind im Alter von acht bis zehn Jahren im Wesentlichen ausgebildet. So konnten Studien mit Vorschulkindern zeigen, dass die Kinder häufiger problemzentrierte Strategien als emotionszentrierte verwenden. Hierbei verwendeten sie als problemlösende Strategie am häufigsten die direkte Problemlösung, problemzentrierte Unterstützung und Durchsetzung (zusammenfassend siehe Fields & Prinz, 1997).

Schließlich legen Befunde zur ungünstigen Stressverarbeitung nahe, dass diese Strategien im Jugendalter zunehmen. So wurde gezeigt, dass Resignation und Selbstkritik im Alter von neun bis 14 Jahren ansteigen. Dies lässt darauf schließen, dass im frühen und mittleren Jugendalter noch keine ausreichende Bewältigungskompetenz entwickelt wurde, um das hohe Ausmaß an Stressoren im Jugendalter zu bewältigen.

Insgesamt kann das Fazit gezogen werden, dass die Stressverarbeitung im Vorschulalter noch nicht hinreichend untersucht wurde. Allerdings legen die wenigen Studien nahe, die Stressverarbeitung von Mädchen und Jungen frühzeitig im Entwicklungsverlauf zu stärken und die Trainings an die Bedürfnisse der jeweiligen Zielgruppe anzupassen.

FÖRDERUNG DER PSYCHISCHEN GESUNDHEIT IM SETTING KITA

Nach Zimmer (2002) ist das Setting Kita für die Gesundheitsförderung ein bedeutsames Feld für eine ganzheitliche Entwicklungs- und Gesundheitsförderung. In diesem Setting gelingt fast ein vollständiger Zugang sowohl zu den Kindern als auch zu den Eltern. So waren in 2013 ca. 94 % der unter Sechsjährigen in einer öffentlich geförderten Kindertagespflege (Statistische Ämter des Bundes und der Länder, 2013, S. 34ff.). Regionale Unterschiede mit der geringsten Betreuungsquote in Hamburg (88,7 %) und der höchsten Quote in Rheinland-Pfalz (97,8 %) lassen sich zwar festhalten, sind jedoch hinsichtlich der Ausschöpfung zu vernachlässigen. Bei den unter Dreijährigen waren bundesweit 84,5 % in einer Betreuung, wobei die Streuung hier mit 69,5 % in NRW bis 98,3 % in Sachsen-Anhalt deutlich größer ist (Statistische Ämter des Bundes und der Länder, 2013, S. 8). Insgesamt lässt sich jedoch mit Pott, Fillinger und Paul (2010, S. 1170) festhalten, dass die »Bedeutung von Kindertagesstätten als sekundäre und kompensatorische Sozialisationsinstanz wächst«.

Darüber hinaus stellt das frühe Kindes- und Vorschulalter einen wichtigen Lebensabschnitt für eine Gesundheitsförderung und Prävention dar, da hier wesentliche Entwicklungsaufgaben wie die sprachliche und sozial-emotionale Entwicklung bewältigt werden müssen. Hierbei ist nach Wiedebusch und Petermann (2011, S. 209) die Entwicklung der sozial-emotionalen Kompetenz die »zentrale Entwicklungsaufgabe der frühen Kindheit«. Treten in dieser vulnerablen Phase Entwicklungsverzögerungen im sozial-emotionalen Bereich auf, ist das Risiko für die Entwicklung einer psychischen Störung erhöht (zusammenfassend siehe Petermann & Kullik, 2011). Entsprechend können nach Wadepohl, Koglin, Vonderlin und Petermann (2011, S. 219) durch eine gezielte Förderung der sozial-emotionalen Kompetenz Verhaltensauffälligkeiten früh vorgebeugt werden.

Im Kita-Alltag werden bereits präventive Aktivitäten angeboten, die sich von Schwimmangeboten bis zur Verkehrserziehung erstrecken und bedarfsorientiert angeboten werden (Kliche, 2007). Allerdings fokussierten bereits bestehende Programme bislang mehr auf die Handlungsfelder Gesunde Ernährung, Zahngesundheit und Bewegungsförderung (vgl. Wagner & Kirch, 2006; vgl. auch Kliche, 2007, S. 10; 97 % Bewegung, 91 % Zahngesundheit, 76 % Gesunde Ernährung; für Programme zur Prävention von Übergewicht und Adipositas siehe beispielsweise Strauß et al., 2011; Hartmann & Hilbert, 2013). Außerdem gaben die 643 Kita-Leitungen in der Studie von Kliche (2007) an, in 44 % der Fälle Maßnahmen zur Stressverminderung durchzuführen. Hierbei betonen Wagner und Kirch (2006) jedoch, dass eher »Einzelaktionen« zu verzeichnen sind, die darüber hinaus meist unstandardisiert durchführt werden. Dies bestätigte sich in Kliche (2007), der viele präventive Einzelprojekte vor allem im Bereich der Ernährung (35 %), Bewegung (17 %) und Zahngesundheit (11 %) registrierte, die nur zur Hälfte standardisiert und sich insgesamt sehr wenig an die Eltern und das soziale Umfeld richteten. Auffällig ist, dass Projekte zur Stressbewältigung lediglich in 1,8 % der Fälle durchgeführt wurden. Diese wenig koordiniert im Kita-Alltag durchgeführten Programme, scheinen noch wenig die psychische Gesundheit zu beeinflussen, konnte doch in einer Basiserhebung zur KiGGS-Studie kein Unterschied festgestellt werden zwischen Kindern, die eine außerfamiliäre Tagesbetreuung genossen im Vergleich zu Kindern, die keine Betreuung erfuhren (vgl. Schlack, Hölling & Kurth, 2007). So wird von den Autoren »die Sicherstellung einer hochwertigen Betreuungsqualität in der vorschulischen Kindertagesbetreuung, insbesondere im Säuglings- und Kleinkindalter« (Schlack, Hölling & Kurth, 2007, S. 1256) gefordert. Dies wird auch durch Ergebnisse einer Effizienzanalyse frühkindlicher Bildungs- und Betreuungsprogramme unterstützt, die eine hohe Rendite aufweisen, wenn sie eine hohe Qualität und spezifisch auf sozial benachteiligte Kinder abgezielt sind (vgl. Spieß, 2013).

Nach Sicht der Erzieherinnen sind gesunde Ernährung, Sprachkompetenz, soziales Verhalten und Fragen des Grenzensetzens bei Kindern die wesentlichen Themen, die Eltern in Veranstaltungen näher gebracht werden sollten (vgl. Berg & Wegner, 2006, S. 43). Außerdem berichtet Kliche (2007) eine Bedürfnisanalyse bei Erzieherinnen hinsichtlich ihrer Wünsche nach weiteren Fortbildungen. Insgesamt wurden in 29,2 % der 643 Nennungen Fortbildungen zu körperlichen Aspekten der Entwicklungs- und Gesundheitsförderung benannt und in 19,1 % Fortbildungen zur psychosozialen Entwicklungs- und Gesundheitsförderung gewünscht. Hierbei wünschten sich die Erzieherinnen im Bereich der psychosozialen Gesundheitsaspekte primär Fortbildungen zur Stressreduktion (8,4 %). Demgegenüber wurden weniger häufig Fortbildungen zur Sprachförderung und Konfliktbewältigung (um 3 %), zum psychosozialen Hintergrundwissen und zu Konzentrationsproblemen (um 2 %) sowie zu Persönlichkeit, schwierigen Familienverhältnissen, Supervision und Missbrauch gewünscht (0,2-0,7 %).

Insgesamt ist somit festzuhalten, dass der Einbezug der Förderung der Emotionsregulation in die Gesundheitsförderprogramme erfolgen sollte. Im Folgenden wird auf Programme zur Förderung sozial-emotionaler Kompetenzen eingegangen (zusammenfassend siehe Wiedebusch & Petermann, 2011).

PROGRAMME ZUR FÖRDERUNG DER SOZIAL-EMOTIONALEN KOMPETENZ

Nach Wiedebusch und Petermann (2011) liegen strukturierte und modularisierte Programme für Kinder vor, die sich vor allem in (früh-)pädagogischen Einrichtungen einsetzen lassen. Allerdings ziehen sie das Fazit, dass die Wirksamkeit der Programme für Grundschulkinder positiv evaluiert wurde, jedoch noch mehr Studien zur Wirksamkeit im Krippen- und Kindergartenbereich ausstehen. Lediglich zwei Programme richten sich an die Eltern. In einem Programm soll die Sensitivität von Eltern mit Säuglingen gefördert werden, was jedoch noch nicht evaluiert wurde. In einem weiteren Programm soll der Umgang mit Emotionen von Eltern mit Vorschulkindern verbessert werden. Hierbei konnten günstige Effekte auf die elterliche Kompetenz im Umgang mit den Gefühlen der Kinder festgestellt werden. Bislang liegt ein einziges Förderprogramm vor, das die Erzieherinnen anspricht und den reflexiven Umgang mit eigenen Emotionen sowie den Emotionen anderer steigern soll. Erzieherinnen von Kleinkindern im Alter zwischen zwei und drei Jahren konnten von dem Programm profitieren, indem sie den Kindern mehr emotionale Unterstützung in den negativen Situationen gaben und die kindlichen Konfliktbewältigungsstrategien mehr stärkten als die Erzieherinnen der Kontrollgruppe.

Demgegenüber wurden einige kindbezogene Trainings entwickelt und evaluiert. An dieser Stelle soll jedoch nur auf das wissenschaftlich gut evaluierte »Verhaltenstraining für Vorschulkinder« von Koglin und Petermann (2006) kurz eingegangen werden, das von den Erzieherinnen über einen Zeitraum von drei Monaten zweimal wöchentlich durchgeführt wird. In diesem universellen Präventionsprogramm werden 25 Trainingseinheiten mit 30 Minuten Dauer vorgehalten, die in zwei Blöcke unterteilt sind: In einem ersten Block zur Förderung grundlegender emotionaler Fertigkeiten sollen die Erzieherinnen die Basisemotionen kennenlernen sowie sie wahrnehmen und differenzieren lernen. Außerdem wird die Entwicklung des Emotionswissens und Emotionsausdrucks sowie der Emotionsregulierung vermittelt. In einem zweiten Block werden Rollenspiele und andere Übungen vermittelt, die dem Aufbau von sozialer Problemlösung dienen. In einer Studie konnten die günstigen Effekte auf den Aufbau sozial-emotionaler Kompetenzen bei allen Kindern belegt werden. Allerdings profitierten nur die Risikokinder mit auffälligem Sozialverhalten in den Verhaltensproblemen (vgl. Wadepohl et al., 2011).

FAZIT UND HANDLUNGSEMPFEHLUNGEN

Insgesamt ist aus den Befunden zu schlussfolgern, dass sich der »Emotion talk« der Eltern mit den Kindern im Vorschulalter als effektiv erwiesen hat (Wiedebusch & Petermann, 2011). Außerdem konnten die sozial-emotionalen Kompetenzen in universellen Programmen für Vorschulkinder gefördert werden. Hierbei profitierten wie in früheren Präventionsstudien insbesondere die Kinder mit psychischen Auffälligkeiten. Allerdings ist anzumerken, dass – zusätzlich zu Verbesserungen der strukturellen Rahmenbedingungen – einige Aspekte einer effektiven und nachhaltigen Gesundheitsförderung noch nicht angemessen umgesetzt wurden. So sind die kindliche Stressbewältigung, der Einbezug der Eltern, Stärkung der Stressbewältigung der Erzieherinnen und die Vernetzung mit anderen Akteuren noch nicht hinlänglich in den Programmen zur Förderung der sozial-emotionalen Fertigkeiten bei Vorschulkindern implementiert worden.

Stressbewältigung von Vorschulkindern – Praxisbeispiele

Den Drei- bis Vierjährigen sollten stress-relevante Begriffe wie Stressoren, körperliche und emotionale Beanspruchungssymptome und Stressverarbeitungsstrategien vermittelt werden. So können in Wahrnehmungsspielen die emotionalen und somatischen Reaktionen auf Stress verdeutlicht werden. Durch Gespräche können Stressoren identifiziert und in der Gruppe die Erfahrungen mit Stress ausgetauscht werden. Durch ein Stresswaagen-Spiel können außerdem noch die Auslenkung durch die Stressoren und die Regulationsfunktion der Stressverarbeitungsstrategien verdeutlicht werden. Hierbei wird in allen Übungen jedoch lediglich Bezug auf die Dimension »angenehm-unangenehm« genommen. So muss sich die Besprechung der Strategien auf solche beschränken, die die Kinder als angenehm empfinden. Bei den Fünf- bis Sechsjährigen können auch kognitive Beanspruchungssymptome besprochen werden. Mit Hilfe eines Spiels »Stresskillersuche« können die Fünf- bis Sechsjährigen bereits vier günstige und drei ungünstige Stressverarbeitungsstrategien erkennen und differenzieren lernen. Außerdem können Spiele des Anti-Stress-Trainings für Erstklässler von Hampel und Petermann (2003) an die Zielgruppe adaptiert werden.

Einbezug der Eltern

Da Präventionsprogramme, die die Eltern mit einbezogen, bessere Effekte erzielen konnten (Brezinka, 2003), sollten die Eltern auch bei Vorschulkindern noch vertieft einbezogen werden. Sie verfügen auch in diesem Altersabschnitt über eine wichtige Vorbildfunktion, so dass die elterliche Stressbewältigung geschult werden sollte. Dies wird untermauert durch Befunde von Otterpohl et al. (2012), die den günstigen Effekt der elterlichen Reaktion auf kindliche emotionale Reaktionen auf die Emotionsregulation belegen konnten. Hierbei sollte zusätzlich zu einer Wissensvermittlung zur Entwicklung sozial-emotionalen Kompetenz noch die elterliche Sensitivität und der »Emotion talk« gefördert werden. Darüber hinaus sprechen Befunde von Otterpohl et al. (2012) und Rattay et al. (2012) dafür, das Erziehungsverhalten der Eltern zu stärken. Insgesamt lässt sich nach Kliche (2007) durch die Elternarbeit langfristig das familiäre Gesundheitsverhalten verbessern, indem gesundheitsbezogene Einstellungen und Verhaltensweisen modifiziert werden. Auch Pott, Fillinger und Paul (2010, S. 1170) weisen darauf hin, dass die Fachkräfte unterstützt werden sollten, »Eltern systematischer einzubeziehen und zu beteiligen, um Gesundheitsbewusstsein und Gesundheitshandeln in die Familie hineinzutragen«.

Stärkung der Stressbewältigung der Erzieherinnen. Da die Erzieherinnen ebenfalls eine wesentliche Vorbildfunktion haben im angemessenen Umgang mit Stresssituationen, sollten auch sie in ihrer eigenen Stressbewältigungskompetenz gefördert werden. Dies gilt insbesondere für Erzieherinnen von Kleinkindern im Alter zwischen zwei und drei Jahren, da sich hier günstige Effekte auf die Erzieherinnen-Kinder-Interaktion ergeben haben. Dementsprechend werden im folgenden Kapitel zur Erzieherinnen-Gesundheit praktische Vorschläge zur Verbesserung des Stressmanagements bei Erzieherinnen gegeben.

Vernetzung der Akteure. In der Literatur wird die Vernetzung mit den Akteuren des Gesundheitswesens und der Jugendhilfe als wesentliche Herausforderung bei der Gesundheitsförderung im frühen Kindesalter diskutiert (Pott et al., 2010). Ähnlich betonen Berg und Wegner (2006, S. 43) die vermittelnde Funktion der Kindertagesstätten, indem sie einen wichtigen Knotenpunkt im vielfältigen System der Jugendhilfe und des Gesundheitswesens darstellen. Darüber hinaus führen sie aus, dass die Methoden der Jugendhilfe genutzt werden könnten, die sozial benachteiligten Familien in den niederschwelligen und familienbezogenen Kindertagesstätten anzusprechen, wodurch sich ein wichtiger Schritt in der Verbesserung der Lebensbedingungen von armen Kindern und deren Familien ergeben kann. Somit sollten Erzieherinnen mit Leitungsfunktionen zusätzlich zur Wissensvermittlung über das Jugendhilfesystem und das Gesundheitswesen auch Kenntnisse über die kommunale Gesundheitsförderung erwerben, die sich durch ein partizipatives Vorgehen und interdisziplinäres Arbeiten auszeichnet.

3. Gesundheitsförderung am Arbeitsplatz Kita

JESSICA CHRISTINE WAGNER

GESUNDHEITLICHE LAGE VON ERZIEHERINNEN UND ERZIEHERN

Berufliche Belastungen

Die Stressoren, die Erzieherinnen und Erzieher in ihrem Berufsalltag erleben, sind vielfältig. Neben erzieherischen Aufgaben sind dabei vor allem psychosoziale und körperliche Aufgaben zu meistern (vgl. Kliche, 2008). Als Stressoren werden unter anderem Lärm, Zeitdruck, ungünstige Betreuungsschlüssel und Räumlichkeiten, fehlende Unterstützung durch den Träger, stimmliche und körperliche Belastungen, unzureichende Entspannungs- und Rückzugsmöglichkeiten angeführt (vgl. Berger et al., 2002). Diese können zu nachhaltigen Schädigungen und Beeinträchtigungen führen und betreffen zum einen körperliche Aspekte wie z. B. Rücken- oder Knieprobleme (oder allgemeine Beeinträchtigungen des Bewegungsapparates), psychische Aspekte wie z. B. Erschöpfbarkeit, Unruhe, Konzentrationsstörungen und physiologische Aspekte wie z. B. Infektionsanfälligkeit, Stimmprobleme und Lärmschwerhörigkeit. In einer bundesweiten Umfrage des Universitätsklinikums Eppendorf, die in Zusammenarbeit mit der Bundeszentrale für gesundheitliche Aufklärung (BZgA) 2005-2006 durchgeführt wurde (im Folgenden: UKE Studie), sollten die Leistungen von Kitas und der Bedarf hinsichtlich einer Gesundheitsförderung erfasst werden. Im Rahmen der Studie wurden 643 Kitas per Fragebogen (160 Items) befragt. Bei 51 % der befragten Kitas wurden arbeitsbezogene Gesundheitsbeschwerden gemeldet (vgl. Kliche, 2007).

Berufskrankheiten

Welche Erkrankungen zu den typischen »Berufskrankheiten« zählen, lässt sich nur dynamisch bestimmen, d. h. diese können sich über Jahrzehnte verändern. Als »Berufskrankheit« im Sinne der Berufsgenossenschaften zählt eine Erkrankung dann, wenn ein ursächlicher Zusammenhang zwischen dem ausgeübten Beruf und der Erkrankung feststellbar ist. Ein Präventionsdienst kann für die Überprüfung dieses Zusammenhangs einbestellt werden. Eine deskriptiv-statistische Auswertung des Routinedatensatzes der BGW ergab im Zeitraum von 2007 bis 2011, dass insgesamt 2081 Verdachtsanzeigen hinsichtlich des Vorliegens einer Berufskrankheit angezeigt wurden, wovon 52 % meldepflichtig waren (vgl. Hinsch & Nienhaus, 2014, S. 193). Insgesamt wurden in diesem Zeitraum 606 Erkrankungen als Berufskrankheit anerkannt. Hauterkrankungen nahmen mit 60 % (bei allen gemeldeten und 57 % bei den meldepflichtigen Erkrankungen) den größten Anteil ein, an zweiter Stelle lagen Infektionskrankheiten und an dritter Stelle Erkrankungen der Bandscheibe und Lendenwirbelsäule. Weitere Anzeigen betrafen Atemwegserkrankungen (durch Allergien), Kniegelenksarthrose und Lärmschwerhörigkeit, die jedoch im Vergleich zur Anzahl der Meldungen sowie der Anerkennung als Berufskrankheit eine untergeordnete Rolle spielen.

Unfallstatistiken

Neben den Berufskrankheiten wurden von Kita-Mitarbeiterinnen und Kita-Mitarbeitern angezeigte Unfälle ausgewertet. Es wurden insgesamt 90.000 Unfälle (der Anteil der meldepflichtigen Unfälle betrug ca. 40 %) in fünf Jahren gemeldet, wovon die meisten Arbeitsunfälle waren. Ein Viertel der Unfälle waren Wegeunfälle. Die hohe Zahl an Unfällen spricht deutlich für eine regelmäßige Durchführung von Gefährdungsbeurteilungen (GFB), die jedoch nicht verpflichtend und flächendeckend in allen Kitas durchgeführt werden. Es zeigte sich in der Studie der BGW, dass nur etwas mehr als die Hälfte der 70 telefonisch befragten Kita-Leitungen (54 %) den Begriff zu definieren wusste (vgl. Hinsch & Nienhaus, 2014). Weiterhin gaben 51 % der befragten Kitas an, dass sie eine Fachkraft für Arbeitssicherheit benannt hatten und 57 % der Kitas stand eine betriebsärztliche Begleitung zur Verfügung. Immerhin hatten 74 % der Kitas einen Sicherheitsbeauftragten bestimmt. Der Aspekt des Arbeitsschutzes ist daher zentral in der Bewertung der Arbeitssituation von Kita-Mitarbeiterinnen und Mitarbeitern im Hinblick auf die gesundheitliche Lage. Nach Khan (2007) wird das Arbeitsschutzgesetz jedoch in vielen Kitas nicht beachtet und damit einhergehend, steht nicht in allen Kitas eine betriebsärztliche und arbeitstechnische Begleitung zur Verfügung.

Zusammenfassend lässt sich somit feststellen, dass der Beruf der Erzieherin bzw. des Erziehers mit möglichen Belastungen und Gefährdungen einhergeht. Es stellt sich daher die Frage, wie diese von den Erzieherinnen und Erziehern erlebt werden.

Belastungserleben: Ergebnisse aus weiteren Studien

Es liegen aus den letzten zwanzig Jahren Ergebnisse verschiedenster regionaler sowie bundesweit durchgeführter Studien vor. Im Folgenden sollen exemplarisch einige Studienergebnisse vorgestellt werden: Das Institut für Gesundheits- und Sozialforschung (IGES) initiierte im Sommer und Herbst 2000 in Zusammenarbeit mit der BGW und der Deutschen Angestellten Krankenkasse (DAK) eine bundesweite Studie, in der insgesamt 8015 Personen aus 23 verschiedenen Berufsgruppen und Betriebsarten hinsichtlich ihres Stresserlebens befragt wurden. Diese Stress-Monitoring Studie der BGW-DAK umfasste dabei 1000 zufällig ausgewählte Erzieherinnen und Erzieher aus der DAK-Versichertenkartei, wovon 622 zur Datenbasis gezählt werden konnten und in die Auswertung eingingen. Ziel der Studie war die Identifizierung von Berufsgruppen, die überdurchschnittlich hohen arbeitsbezogenen Belastungen ausgesetzt waren. Der Fragebogen des Stress-Monitorings umfasste dabei Fragen zu Stressreaktionen, Arbeitsbedingungen und soziodemographische Daten. Die fünf meist genannten Einzelbeschwerden waren: Nacken/Schulterschmerzen, Rückenschmerzen, Grübeln, innere Unruhe und Mattigkeit (vgl. Berger, 2002). Die drei letztgenannten lassen sich dabei als psychische Symptome benennen.

Insgesamt wiesen die Erzieherinnen und Erzieher im Vergleich zu den übrigen untersuchten Berufsgruppen hohe Belastungen auf. So zeigte sich, dass der psychische Gesundheitszustand bei der Berufsgruppe der Erzieherinnen und Erzieher um 8,2 % schlechter war als der bundesdeutsche Durchschnitt. Psychosomatische Beschwerden waren um 27 % gegenüber dem bundesweiten Durchschnitt erhöht. Die erhöhten arbeitsbezogenen Belastungen von Erzieherinnen und Erziehern bzw. deren berichtete Beeinträchtigungen, wurden u. a. 2002 in einer Studie der UK Hessen bestätigt (vgl. Hinsch & Nienhaus, 2014). Buch und Frieling (2001), die das Belastungserleben mittels des Fragebogens ›Arbeitsbezogene Verhaltens- und Erlebensmuster‹ (AVEM; vgl. Schaarschmidt & Fischer, 1996) erfassten, stellten in ihrer Untersuchung fest, dass ca. 28 % der Erzieherinnen und Erzieher und über 47 % der Leiter/innen dem nach Schaarschmidt beschriebenem Risiko-Bewältigungsmuster B entsprachen. Dieses Muster ist gekennzeichnet durch ein Rückzugsverhalten, einhergehend mit einer hohen Resignationstendenz, einem herabgesetzten Engagement, einer geringeren Widerstandskraft, Schwierigkeiten bei der Problembewältigung und Unausgeglichenheit; zudem liegen deutliche Motivationseinschränkungen vor. Dieses Muster wird als Risiko für Burnout beschrieben, da hier ein reduziertes Arbeitsengagement mit verminderter Belastbarkeit und negativem Lebensgefühl vorliegt. Sowohl die psychischen als auch die körperlichen Beschwerden sind bei diesem Muster im Vergleich zum Muster G (Gesundheit), Muster S (Schonungsmuster) und Risikomuster A (Selbstüberforderung) am höchsten. Nach dem Schonungsmuster S weisen Menschen mit dem Risikomuster B die höchste Anzahl an Krankheitstagen auf. In der Untersuchung von Rudow (2004) gaben knapp 70 % der Kita-Mitarbeiter in Baden-Württemberg anhaltende Kopfschmerzen an, gefolgt von leichter Ermüdbarkeit bei über 60 % und Rückenschmerzen bei 60 % (vgl. Kliche, 2008). Thinschmidt, Gruhne und Hoesl (2008) schildern ebenfalls Burnout-Symptome zwischen 12,5 % und 15,5 % bei einer Untersuchung des Kita-Personals in Sachsen anhand des Maslach Burnout Inventory (vgl. Maslach & Jackson, 1984).

Aus den genannten Belastungen und erlebten Anforderungen ergibt sich für Erzieherinnen und Erzieher ein deutlicher Bedarf an Interventionen, um deren Gesundheitszustand zu verbessern.

BEDARF EINER GESUNDHEITSFÖRDERUNG FÜR KITA-MITARBEITERINNEN UND -MITARBEITER

Das Setting Kita erweist sich als guter Standort zur Durchführung von Präventionsstrategien, da in Deutschland mehr als 90 % der Kinder eine Kita (Kindertageseinrichtung oder Kindergarten) besuchen (vgl. Strauß et al., 2011). Maßnahmen zur Gesundheitsförderung in Kitas richten sich jedoch oder daher in erster Linie an die Kinder, im zweiten Schritt an die Eltern und nur in einem Drittel der Fälle auch an die Kita-Mitarbeiter/innen. So ergab die UKE Studie im Rahmen einer zweiten Befragung, die 32 ausgewählte Kita-Projekte erfasste, dass 2005 lediglich bei einem Drittel der Projekte auch die Gesundheitsförderung der Mitarbeiterinnen und Mitarbeiter thematisiert und bearbeitet wurden. Die Familien wurden bei der Hälfte der Projekte einbezogen. Das soziale Umfeld bzw. regionale Setting der Kita wurde noch weniger beachtet (vgl. Kliche et al., 2007).

Nach Kliche (2007) ist es aufgrund der hohen Belastungen der Erzieherinnen und Erzieher notwendig, auch die Gesundheit der Mitarbeiterinnen bzw. Mitarbeiter zu fördern und diese Berufsgruppe nicht nur als ›Multiplikatoren‹ zu betrachten. Kita-Mitarbeiterinnen und Mitarbeiter können durch eigene Fortbildungsmaßnahmen die Gesundheitsförderung der Kinder deutlich unterstützen etwa durch Fortbildungen zur Ernährung, zur Bewegung und zur Emotionsregulation. Neben Fortbildungen im Bereich der Wissenserweiterung (Entwicklungspsychologische Grundlagen, altersgerechte Ernährung etc.) besteht ein Bedarf an psychosozialen Interventionen, zum Beispiel im Hinblick auf eine Verbesserung der Stressverarbeitung. Dieser Bedarf wurde von den Kita-Leitungen im Rahmen einer Befragung von 70 Kita-Leitungen (vgl. Hinsch & Nienhaus, 2014) deutlich weniger gesehen. Nur 16 % der Kita-Leitungen sahen psychische Beanspruchungen oder Erschöpfung als typische arbeitsbedingte Beschwerden an. So gaben 90 % der Kita-Leitungen an, dass sie vor allem die Lärmbelästigung und Infektionserreger als Belastungen im Arbeitsalltag ihrer Mitarbeiterinnen und Mitarbeiter sahen. 10 % der Kita-Leitungen gaben sogar an, dass sie keine Arbeitsbelastungen im Arbeitsalltag ihrer Mitarbeiter/innen sahen.

Tab. 1: Gewünschte psychosoziale Fortbildungsthemen im Rahmen der UKE-Studie (n=643)

Fortbildungsthema	**Anteil in Prozent**
Stressreduktion	**8,4**
Sprachförderung	**3,6**
Aggressivität, Konfliktbewältigung	**2,6**
Psychologisches Hintergrundwissen	**2,2**
Konzentrationsprobleme	**1,6**
Persönlichkeit	**0,7**
Schwierige Familienverhältnisse	**0,4**
Supervision	**0,4**
Missbrauch	**0,2**

BEDÜRFNISSE VON KITA-MITARBEITERINNEN UND -MITARBEITERN

In der UKE-Studie benannten 71 % der Befragten den Wunsch nach einer Verbesserung des Personalschlüssels; 49 % wünschten sich eine Einkommenserhöhung. Als Fortbildungswünsche wurden von den Mitarbeiterinnen und Mitarbeitern im Rahmen der UKE Studie am häufigsten Bewegung, Ernährung und Stressreduktion genannt (vgl. Kliche, 2007). Körperliche Aspekte der Entwicklungs- und Gesundheitsförderung wurden von 29 % der Mitarbeiterinnen und Mitarbeiter benannt, gefolgt von Fortbildungswünschen zur psychosozialen Gesundheitsförderung, die von 19 % formuliert wurden. Weitere Wünsche betrafen das Training in Zielgruppenarbeit (10 %), Arbeits- und Unfallschutz (6 %) sowie sonstige Fortbildungen (9 %). Im Bereich der psychosozialen Gesundheitsförderung stand der Wunsch nach Fortbildungen zur Stressreduktion deutlich an erster Stelle (vgl. Tab. 1).

Hier besteht somit eine Diskrepanz der Wahrnehmung zwischen Kita-Leitungen und Mitarbeiterinnen bzw. Mitarbeitern, so dass Maßnahmen einer psychosozialen Gesundheitsförderung auch Möglichkeiten einer Kommunikationsverbesserung beinhalten sollten. Führungskräfte sollten diesbezüglich sensibilisiert werden.

Tab. 2: Beispiele für Maßnahmen in Kindertagesstätten adaptiert nach Khan (2007, S. 51)

Verhaltensbezogene Gesundheitsförderung	**Verhältnisbezogene Gesundheitsförderung**
Schulung zu rückenschonender Arbeitsweise	Anschaffung erwachsenengerechter Möbel
Entspannungstraining	Schaffung von Entspannungsräumen
Stimmtraining	Verkleinerung der Gruppenstärke
Stimmtraining	Lärmreduzierender Umbau
Leiterinnen/Mitarbeiterinnen Coaching	Höhere Anerkennung des Berufes
Stressbewältigungskurse	
Fortbildungen zur Konfliktbewältigung oder für Elterngespräche	
	Eigenverantwortliche Budgetplanung
	Gesundheitszirkel
	Entwicklung eines gesundheitsfördernden Leitbildes

VERHALTENSORIENTIERTE UND VERHÄLTNISORIENTIERTE GESUNDHEITSFÖRDERUNG BEI KITA-MITARBEITER/INNEN

Insgesamt wird in der Gesundheitspsychologie von einem engen Zusammenhang zwischen Aspekten wie externalen und internalen Stressoren, körperlichen und psychischen Beeinträchtigungen ausgegangen im Sinne eines bio-psycho-sozialen Modells. Daher ist für eine optimale Gesundheitsförderung sowohl eine verhältnis- als auch eine verhaltensorientierte Gesundheitsförderung relevant (vgl. Tab. 2).

Das Thema Gesundheit wird von Kliche et al. (2007) als wichtig für den Kita-Alltag beschrieben. In der UKE Studie zeigte sich, dass schon 2005 ca. zwei Drittel der Kitas Projekte im Bereich der Gesundheitsförderung durchgeführt hatten. Die Art, Dauer und Systematik der Projekte variierte jedoch sehr stark. Die Umfrage der Kita-Leitungen durch die BGW ergab, dass in ca. 60 % der Kitas Angebote zur Gesundheitsförderung für die Mitarbeiterinnen und Mitarbeiter gemacht wurden (vgl. Hinsch & Nienhaus, 2014). Diese 60 % verteilten sich auf Sport und Rückentraining (26 %), Ergonomische Möbel (11 %), Fortbildungen und Seminare (14 %) sowie weitere Angebote wie Supervision oder kulturelle Angebote und die Berücksichtigung persönlicher Belange im Dienstplan (9 %). Da der Fokus bisheriger Ansätze zur Gesundheitsförderung eher durch palliativ-regenerative Angebote (Sport, Entspannung) oder durch ›technische‹ Maßnahmen (Lärmampel, Anschaffung ergonomischer Stühle) realisiert wurde, soll im Folgenden vorwiegend auf psychosoziale Interventionen im Rahmen einer verhaltensorientierten Gesundheitsförderung bei Kita-Mitarbeiterinnen und Kita-Mitarbeitern eingegangen werden.

Maßnahmen zur verhaltensorientierten Gesundheitsförderung bei Kita-Mitarbeiterinnen und Kita-Mitarbeitern umfassen mehrere Aspekte:

- Maßnahmen, in denen Kita-Mitarbeiter in gesundheitsfördernde Maßnahmen für Kinder miteinbezogen werden (z. B. Schulungen für Kita-Mitarbeiter, wie sie Gesundheitsförderung vermitteln können)
- Sachliche Fortbildungsangebote (Maßnahmen zur Gesundheitsförderung im Rahmen von einer Erweiterung des Wissens durch Fortbildungen, Vorträge, etc.)
- Personenbezogene Fördermaßnahmen (z. B. durch ein eigens für Kita-Mitarbeiter/innen angebotenes Gesundheitsprogramm)

Nach Kliche et al. (2007) standen Maßnahmen zur Gesundheitsförderung der Mitarbeiterinnen und Mitarbeiter bei der UKE-Studie von 2005 in Zusammenhang mit der Arbeitszufriedenheit der Mitarbeiterinnen bzw. Mitarbeiter. Diese schilderten eine höhere Arbeitszufriedenheit je mehr Angebote für sie selbst im Bereich der Gesundheitsförderung vorlagen. Daraus schließen Kliche et al. (2007, S. 12), dass Kitas, die Maßnahmen zur Gesundheitsförderung einsetzen, über Mitarbeiterinnen und Mitarbeiter mit besseren Gesundheitsressourcen verfügen.

In diesem Sinne lassen sich Maßnahmen zur Gesundheitsförderung als präventive Angebote verstehen, die dazu beitragen können, die Gesundheit zu erhalten. Die zentrale Frage der Salutogenese lautet (vgl. Faltermaier, 2005): Was erhält den Menschen gesund? Im Modell der Salutogenese von Antonovsky (1979) werden vier zentrale Komponenten beschrieben: das Gesundheitskontinuum, das Stresskonzept/Stressbewältigungskonzept, allgemeine Widerstandsressourcen und das Kohärenzgefühl. Mit dem Begriff des Gesundheitskontinuums beschreibt Antonovsky (1979) das Kontinuum zwischen den Polen der maximalen Gesundheit (health-ease) und absoluten Krankheit (dis-ease), auf denen sich das Individuum permanent bewegt. Im Gegensatz zur pathopsychologischen Sichtweise wird eine dichotome Einteilung in krank versus gesund damit vermieden. Das Stressbewältigungskonzept in Antonovskys Modell knüpft an das Transaktionale Stressmodell von Lazarus (vgl. Lazarus & Folkman, 1986, vgl. Kap. 2) an. So werden auch hier nicht die Stressoren, die endogen (psychosozial) oder exogen (physikalisch oder biochemisch) bedingt sein können, sondern der Umgang mit diesen im Sinne einer Stressverarbeitung (positiv oder negativ) in den Vordergrund gestellt. Daher sind die Bewältigungsmöglichkeiten des Individuums entscheidend. Ob Menschen mehr oder weniger über diese verfügen, hängt – in Antonovskys Modell – von den allgemeinen Widerstandsressourcen und dem Kohärenzgefühl ab.

Zu den allgemeinen Widerstandsressourcen zählen Aspekte wie genetische und konstitutionelle Ressourcen (wie z. B. körperliche Fitness und Körpergefühl) sowie psychosoziale Ressourcen (wie z. B. Ich-Identität, Bewältigungsstrategien und soziale Unterstützung). Verfügt jemand über zahlreiche allgemeine Widerstandsressourcen, ist es für ihn/sie einfacher, mit Spannungszuständen umzugehen. Das Kohärenzgefühl (»sense of coherence«) bildet schließlich die letzte Komponente der Salutogenese und setzt sich aus drei Aspekten zusammen:

1. dem Gefühl der Verstehbarkeit (»sense of comprehensibility«),
2. dem Gefühl der Bewältigbarkeit (»sense of manageability«),
3. dem Gefühl der Sinnhaftigkeit (»sense of meaningfullness«).

Unter der Verstehbarkeit wird die Überzeugung verstanden, dass die eigene Lebenswelt verstehbar, strukturiert und erklärbar ist. Das Gefühl der Bewältigbarkeit entsteht durch das Vertrauen, dass Ressourcen zur Verfügung stehen, um die Anforderungen und Probleme bewältigen zu können. Das Gefühl der Sinnhaftigkeit umfasst die Bewertung, dass wesentliche Aspekte des Lebens sinnvoll sind und es bedeutsam ist, Anforderungen als Herausforderung anzunehmen und sich Anstrengung und Engagement lohnen. Das Kohärenzgefühl bildet im Modell der Salutogenese eine wesentliche Determinante von Gesundheit und Widerstandsfähigkeit gegen krisenhafte Ereignisse (Resilienz).

Im Folgenden sollen mehrere Ansatzpunkte zur psychosozialen Gesundheitsförderung bei Kita-Mitarbeiterinnen und Kita-Mitarbeitern – basierend auf dem Transaktionalen Stressmodell von Lazarus und dem Salutogenese-Modell Antonovskys – genauer skizziert werden.

ANSATZPUNKTE ZUR PSYCHOSOZIALEN GESUNDHEITSFÖRDERUNG

Einfühlung und Abgrenzung

»Die Tätigkeit der Erzieherin gehört zur sogenannten Emotionsarbeit.« (Khan, 2007, S. 48)

Khan bezieht sich hier auf eine Studie von Zapf et al. (2000), die signifikante Zusammenhänge zwischen der emotionalen Dissonanz (Widerspruch zwischen ausgedrückten und erlebten Gefühlen) und der Skala emotionaler Erschöpfung gefunden hatten, während andererseits ein Zusammenhang zwischen gezeigten positiven Gefühlen und dem Gefühl der Leistungserfüllung bestand. Dass gerade die ›Emotionsarbeit‹ bei Erziehern/innen eine große Rolle spielt, ergibt sich u. a. durch die herausgehobene Bedeutsamkeit der Einfühlungsfähigkeit als Voraussetzung für das Verständnis der Anliegen der Kinder. Gerade im vorsprachlichen Alter ersetzen Aspekte wie Feinfühligkeit und Empathie die sprachliche Kommunikation.

Kommt es zu Erschöpfungszuständen, kann dies eine professionelle Distanzierungsfähigkeit beeinträchtigen. Die Fähigkeit zur Abgrenzung ist allerdings nicht nur auf die Situation nach der Arbeit zu übertragen, sondern ist oft durch strukturelle Bedingungen auch im Rahmen der Arbeitszeit erheblich erschwert.

So bieten Kitas oft keine räumlichen Möglichkeiten zur Entspannung bzw. Erholung für Kita-Mitarbeiter an. Dies bedeutet, dass Unterbrechungen im Rahmen der Erholungsphasen (und vorgeschriebenen Pausen) eher die Regel darstellen. Nach Lazarus (vgl. Lazarus & Folkman, 1986) werden ihrer Funktion nach emotionsbezogene und problemorientierte Bewältigungsformen unterschieden (vgl. Kap. 2). In diesem Sinn ist eine Verbesserung der emotionsbezogenen Stressbewältigung relevant, da durch diese die Regulation bzw. Verarbeitung stressbegleitender Emotionen verbessert werden können. Zu den selbstbezogenen emotionsregulierenden Stressbewältigungsstrategien zählen u. a. Entspannung, Erholung, die Suche nach emotionaler Unterstützung, Ablenkung und Bagatellisierung der Situation, während sich eine umweltbezogene Bewältigung z. B. im Ausdruck von Emotionen (im Gegensatz zu einer Unterdrückung von Emotionen) zeigen würde (vgl. Hampel & Petermann, 2003). Während die Fähigkeit zur Emotionsregulation im Kindesalter noch nicht ausreichend entwickelt ist (vgl. Kap.2), verfügen Erwachsene über zunehmende Strategien der Emotionsregulation.

Im Beruf des Erziehers/der Erzieherin sollten demnach die eigene sowie vermittelnde Emotionsregulation thematisiert werden. Eine vermittelnde Emotionsregulation, die auch als »interpersonale Emotionsregulation« bezeichnet wird, beinhaltet eine Handlung der Bezugsperson, um die Emotion des Kindes zu regulieren. Holodynski, Herrmann und Kromm (2013, S. 197) benennen als Beispiel ein Kleinkind, das schreit, weil es nicht mit einem scharfen Messer spielen darf und eine von der Bezugsperson eingesetzte Ablenkungsstrategie, um die Aufmerksamkeit des Kindes in dieser Situation umzulenken. Das Kleinkind, das sich noch nicht selber ablenken kann, wird durch die interpersonale Emotionsregulation der Bezugsperson in der Entwicklung seiner eigenen emotionsregulierenden Fähigkeiten unterstützt, so dass negative Emotionen wie Ärger, Angst, Wut und Trotz von den Bezugspersonen (und damit auch von den Erzieher/innen) aufgefangen, verarbeitet und verändert werden können. Dies steht zum Teil im Gegensatz zu den eigenen Gefühlen, wie im Beispiel der »gefährlichen Situation« ersichtlich wird.

Während es notwendig ist, auf das Kind beruhigend einzugehen, um das Messer zu erhalten, sind eigene Gefühle der Erschrockenheit für den Moment zu unterdrücken bzw. im Ausdruck zu verdecken. Im Falle des Schreiens sind ebenfalls Gefühle der möglicherweise vorhandenen eigenen Gereiztheit zu regulieren. Besonders für Kita-Mitarbeiter/innen, die mit kleineren Kindern (0 bis 3) arbeiten, stellt die interpersonale Emotionsregulation eine besondere Herausforderung dar, da Kinder erst im Vorschulalter eigene Selbstregulationsstrategien lernen und motivdienlich einzusetzen beginnen (vgl. Holodynski et al., 2013). Wie Holodynksi et al. (2013) zusammenfassen, beinhaltet eine selbstreflexive Emotionsregulation mehrere Aspekte wie den Einsatz von Sprache als Mittel der psychologischen Distanzierung, den Einsatz alternativer bzw. zielgerichteter Handlungen, um den ursprünglichen Handlungsimpuls zu unterdrücken und die Fähigkeit der emotionalen Distanzierung, im Sinne der Vorstellungkraft bzgl. zukünftiger Situationen, in denen eine Befriedigung der Bedürfnisse stattfinden kann (»mental auf Zeitreise gehen«, S. 200). Diese können durch die zuvor angeführten Strategien der emotionsbezogenen Bewältigung verbessert werden.

In der aktuellen Literatur wird diskutiert, dass Schwierigkeiten in der Emotionsregulation sowohl für die Entstehung als auch Aufrechterhaltung verschiedenster psychischer Störungen und Erkrankungen relevant sind. Daher nimmt die Förderung der Emotionsregulation im Rahmen der Prävention und Behandlung psychischer Störungen zunehmend einen größeren Raum ein (vgl. Heber et al., 2014). Die Fähigkeit zur Emotionsregulation ist daher grundlegend. Selbst wenn die Fähigkeit zur Emotionsregulation unter »normalen« Umständen gut ausgeprägt ist, stellt Emotionsregulation in belastenden Situationen eine Herausforderung dar. Insgesamt erscheint eine Verbesserung der emotionsbezogenen Stressbewältigung für Erzieherinnen und Erzieher besonders indiziert, da sich diese oft in unkontrollierbaren Situationen befinden, in denen lediglich die Emotionen reguliert werden können und eine Veränderung der Situation nicht möglich ist.

HANDLUNGSBEDARF ERKENNEN

Kenntnisse/Wissensstand

Neben einer Verbesserung der emotionsbezogenen Stressverarbeitung sollte jedoch eine Verbesserung der problemorientierten Stressverarbeitung ebenso fokussiert werden. Dies ist insbesondere dann relevant, wenn Handlungsbedarf besteht. Wann dies genau der Fall ist, ist oft nicht leicht zu beurteilen. Bestimmte Risikosituationen können im Hinblick auf Unfälle mit Hilfe einer Gefährdungsbeurteilung besser eingeschätzt werden. Damit einhergehend lassen sich festgestellte Sicherheitsmängel durch entsprechende Interventionen reduzieren. Im Hinblick auf psychosoziale Problemsituationen, in denen ein Handlungsbedarf besteht, obliegt eine ›Gefährdungsbeurteilung‹ der Einschätzung und Verantwortung der Erzieherinnen und Erzieher. Nach Khan (2007) wird in allen Studien der Handlungsspielraum der Erzieherin bzw. des Erziehers als groß eingeschätzt, was mit einer hohen Verantwortung, aber auch einer hohen Arbeitszufriedenheit korrelierte. Die arbeitsbezogenen Belastungen wurden insbesondere dann als hoch bewertet, wenn die quantitativen und qualitativen Aufgaben hoch, der erlebte Handlungsspielraum jedoch nur als gering bewertet wurde (vgl. Khan, 2007, S. 48). Insgesamt lässt dies darauf schließen, dass nicht eine Reduktion der Aufgabenvielfalt oder Verantwortung zu einer höheren Arbeitszufriedenheit und einer Senkung der erlebten Belastungen führen könnte, sondern eine Verbesserung der Stressverarbeitungsstrategien und größere Partizipationsmöglichkeiten. Im Gegensatz zu emotionsbezogenen Bewältigungsmustern setzen problemorientierte Bewältigungsmuster an der Bearbeitung der problematischen Situation an, mit der Funktion der Veränderung der Situation. Dazu gehört beispielsweise die Suche nach weiteren Informationen, direkte Handlungen oder das Unterlassen von Handlungen.

Im Sinne weiterer Informationssuche lassen sich hier Fortbildungen sowie Supervisionsangebote anführen, um die Frage des jeweiligen Handlungsbedarfes besser erkennen zu können. Erzieherinnen und Erzieher stellen aber auch wichtige Vermittlungspersonen dar. Sie vermitteln nicht nur zwischen den Kindern und den Eltern und ihren Kindern, sondern können auch für Eltern das Bindeglied darstellen für Angebote bzgl. weiterer Hilfen. Daher ist es wichtig, dass Erzieherinnen und Erzieher ausreichend darüber informiert sind, welche weiteren Hilfen regional zur Verfügung stehen, da dies sehr stark variieren kann. Für jüngere Kinder z. B. existiert seit 2007 das Nationale Zentrum Frühe Hilfen (NZFH). Im Rahmen des Zentrums wurden bisher zehn Modellprojekte realisiert, erprobt und wissenschaftlich evaluiert. Die Anzahl an Angeboten bzgl. Früher Hilfen in der Frühprävention ist gestiegen, wobei die Fülle an Angeboten nicht wissenschaftlich überprüft wurde, so dass keine Angaben zu den Wirkungen gemacht werden können (vgl. Taubner et al., 2013). Die von Taubner et al. (2013) durchgeführte Metaanalyse zur Wirksamkeit präventiver Früher Hilfen in Deutschland ergab, dass die acht eingeschlossenen Projekte kleine positive Effekte auf die Symptombelastung der beteiligten Mütter hatten, keinen Effekt jedoch auf die mütterliche Kompetenzentwicklung und das soziale Unterstützungserleben. Insgesamt stellen die Autoren jedoch die positiven Ergebnisse heraus und schlussfolgern, dass die Ergebnisse der Metaanalyse einen wichtigen Beitrag zur Evidenzbasierung Früher Hilfen liefern.

Elternarbeit

Eine weitere Aufgabe, bei der Handlungsbedarf besteht, ist die Zusammenarbeit mit den Eltern. Der Begriff Elternarbeit bzw. »Erziehungspartnerschaft« verdeutlicht nach Prott (2007) nicht ausreichend die komplexen und vielfältigen Verbindungen zwischen Eltern und Erzieherinnen bzw. Erziehern. Prott benennt daher 12 Prinzipien der Zusammenarbeit mit den Eltern, in denen er im 12. Prinzip schlussfolgert, dass bei einer mangelnden Mitarbeit seitens der Eltern zunächst ein Reflektionsbedarf auf Seiten der Institution bestehen sollte. Dies unterstreicht jedoch noch einmal, die Verantwortung für eine zufrieden stellende Zusammenarbeit auf Seiten der Erzieherin bzw. des Erziehers, die die Elternarbeit dementsprechend häufig als kritisch bewerten (vgl. Khan, 2007); so wurden oftmals zu hohe Anforderungen der Eltern und Zweifel an ihrer Kompetenz auf Erzieherinnen und Erzieher Seite benannt. Nach Khan (2007, S. 44) bestehen die Aufgaben der Erzieherin/des Erziehers in der »Betreuung, Versorgung und Pflege der Kinder, wozu auch der Kontakt mit den Eltern gehört«. Der Umgang mit den Eltern ist für die Erzieherin bzw. den Erzieher nicht zu umgehen, weswegen eine Verbesserung der problemorientierten Stressbewältigung hilfreich sein könnte.

Rollenkonfusionen

Bei der Vielfalt der unterschiedlichen Rollen können jedoch Rollenkonfusionen auftreten. Daher ist Rollenklarheit bzw. Transparenz von Aufgabenverteilungen im Rahmen einer Einrichtung zu fördern und kann ein weiterer Aspekt in Bezug auf eine problemorientierte Stressbewältigung darstellen. Angelehnt an das »Modell des sozialen Problemlösens« (D'Zurilla & Goldfried, 1971) kann ein Problemlösetraining ebenfalls zur Verbesserung der problemorientierten Stressverarbeitung beitragen. Dies ist zudem relevant, weil eine vermeidende Problembewältigung mit dem zuvor beschriebenen Risikomuster B einhergeht, das ca. ein Drittel der Erzieherinnen und Erzieher aufwiesen. Hoffmann (2015b) beschreibt die von Fachkräften selbst gefundenen Lösungen auch als Chance, das Handlungswissen zu erweitern, besonders dann, wenn dieser Prozess durch Forschung begleitet und analysiert wird.

HALTUNG UND HALTUNGSÄNDERUNG

Im Rahmen der Beziehungsarbeit, die eine wesentliche Komponente der Arbeit von Erzieherinnen und Erziehern darstellt, ist eine Flexibilisierung von Haltung(en) relevant. Erzieherinnen und Erzieher sind maßgeblich an der Beziehungsgestaltung zu den Kindern und deren Eltern beteiligt (vgl. Glüer, 2012) und diese sollte im Rahmen von Supervision bzw. Fallsupervisionen regelmäßig Bestandteil reflexiver Betrachtungen sein. Unter der Haltung wird hier zunächst die subjektive Einstellung zum Kind verstanden. Insbesondere der Zusammenhang zwischen körperlicher und emotionaler Haltung sollte jedoch herausgehoben werden. So ist es gerade für Kinder wichtig, richtig angesprochen zu werden. Dafür ist es erforderlich, sich in die Augenhöhe des Kindes zu begeben und Blickkontakt zu suchen. Dies setzt für Erzieherinnen und Erzieher im Alltag jedoch eine permanent wechselnde körperliche Haltung voraus.

Im Gegensatz zur körperlichen Haltung ist der Begriff der pädagogischen Haltung bzw. professionellen pädagogischen Haltung jedoch theoretisch und empirisch weniger geklärt, wie Schwer und Solzbacher (2014) herausstellen. Im Rahmen einer Projektarbeit des Niedersächsischen Instituts für frühkindliche Bildung und Entwicklung (nifbe) versuchten sie sich dem Begriff der »professionellen pädagogischen Haltung« theoretisch auf der Basis der persönlichkeitspsychologischen PSI-Theorie Julius Kuhls (Theorie der Persönlichkeits-System-Interaktionen) sowie praktischen Beispielen zu nähern. Nach der Definition von Kuhl, Schwer und Solzbacher (2014) beinhaltet eine professionelle (pädagogische) Haltung Selbstkompetenzen, die eine wichtige personale Ressource darstellen.

Auch wenn der Begriff der pädagogischen Haltung häufiger Bestandteil in Diskussionsforen zu sein scheint, bleibt die damit verbundene Frage der Operationalisierbarkeit und Lehrbarkeit (gerade im Kontext einer sich ständig verändernden Reformpädagogik und wechselnder struktureller Bedingungen, vgl. Hoffmann, 2015a) bisher weitgehend offen, wozu das im Projekt entstandene Buch neue Anregungen liefern möchte. Wie die Autoren betonen, sei Haltung in der Pädagogik zwar immer »implizit mitgedacht, aber eben nie expliziert« worden (Schwer & Solzbacher, 2014, S. 9). Dies ist umso erstaunlicher, weil eine professionelle Haltung auf eine besondere Form der Beziehungsgestaltung schließen lässt, die in anderen Kontexten deutlich ausführlicher erörtert wurde (z. B. im Rahmen der psychotherapeutischen Beziehungsgestaltung oder der Arzt-Patienten Beziehung). Diese Beziehungen lassen sich zwar nicht vergleichen, allerdings erscheint die Übertragbarkeit allgemeiner Strategien zum Aufbau personalen Vertrauens Ähnlichkeiten aufzuweisen im Hinblick auf Aspekte wie Verstehen, Akzeptieren, emotionale Wärme, Signalkongruenz, Respekt und Loyalität (vgl. Sachse, 2006, S. 36).

Abgesehen von einer durchgängigen professionellen Grundhaltung lassen sich ebenfalls Haltungsänderungen im Hinblick auf die Beziehungsgestaltung anführen. Neben dem Beziehungsaufbau tritt die Thematik der Haltung im Rahmen der Beziehungsgestaltung z. B. dann in den Vordergrund, wenn Inkongruenzen (emotionale und kognitive Dissonanzen) auftreten. Inkongruenzen können z. B. auftreten, wenn sich Informationen widersprechen und unterschiedliche Informationen vom Kind und den Eltern vorliegen. Erzieherinnen und Erzieher stehen dementsprechend in einer Zwischenposition. Emotionale Inkongruenzen können sich z. B. ergeben, wenn Informationen über das Kind nicht mit der emotionalen Reaktion der Erzieherinnen und Erzieher übereinstimmen. So zeigen Kinder mit Lern- bzw. Gedächtnisschwierigkeiten manchmal z. B. ein Kompensationsverhalten, indem sie nicht erinnerte Inhalte mit Fantasiegeschichten auffüllen. Dies kann auch ein Ausdruck der Aufmerksamkeitssuche sein. Bei kleineren Kindern wiederum gehört dies zum »normalen« Verhaltensrepertoire. Liegen jedoch keine weiteren Informationen über das Kind vor, können manche Verhaltensweisen schwer einzuordnen sein. Hilfreich können daher Situationsanalysen und das Einholen weiterer Informationen sowie Fortbildungen sein. Eine Veränderung der Haltung kann daher durch weitere Informationen entstehen. Als »professionelle Haltung« beschreiben Kuhl et al. (2014, S. 109) daher die Unterscheidung zwischen einer persönlichen Erstreaktion, die akzeptiert werden sollte in Verbindung mit einer »gut entwickelten Zweitreaktion«.

Ein weiterer Aspekt, der mit einer Haltungsänderung im pädagogischen Kontext in Verbindung gebracht wird, ist der Wechsel von einer defizitorientierten Sichtweise der Kinder zu einer stärker ressourcenorientierten Perspektive. Während der Vergleich mit Normen und Normierungen eine defizitorientierte Sichtweise beinhaltet, die für die Feststellung von Schwierigkeiten wichtig bleibt, ist neben der Förderung von möglichen Beeinträchtigungen die Aktivierung und Förderung von Ressourcen für die Entwicklung von Selbstwirksamkeit zentral. So schildern z. B. Eltern von Kindern mit ADHS sowie Erzieherinnen und Erzieher oder Lehrerinnen und Lehrer oft deren Probleme in sozialen Situationen, während die oftmals vorhandene Kreativität und der ausgeprägte Gerechtigkeitssinn seltener beschrieben werden. Dies erscheint gerade im Hinblick auf Herausforderungen wie die Umsetzung des Inklusionskonzepts wichtig. Eine Verbesserung der Beziehungsgestaltung (zu den Kindern, Kollegeninnen und Kollegen und Eltern), die den Aspekt der Haltung aufgreift, sollte daher im Rahmen einer psychosozialen Gesundheitsförderung eingeschlossen werden und könnte in einer Erweiterung des Angebots von Fallsupervisionen und Rollenspielen bestehen. Zudem können Methoden zur Steuerung der kognitiven Bewertung (vgl. z. B. Kaluza, 2005, 2011) angewandt werden. Relevant ist daher oft eine Veränderung auf gedanklicher Ebene.

SELBSTFÜRSORGE

Neben der ressourcenorientierten Sichtweise im Hinblick auf die Kinder (vgl. Fröhlich-Gildhoff et al., 2008), ist diese bezüglich einer Erweiterung der Widerstandsressourcen sowie des Kohärenzgefühls (vgl. Antonovsky, 1979) auch für Kita-Mitarbeiterinnen und Kita-Mitarbeiter relevant. Unter der Selbstfürsorge werden daher Maßnahmen verstanden, die auf eine Stärkung bzw. Regulation des Wohlbefindens abzielen. Lutz (2007) greift die beiden zentralen Begriffe der Fürsorge und Selbstfürsorge auf, die beide den Begriff der »Sorge« beinhalten. »Sorge« kann sich sowohl auf andere als auch auf die eigene Person beziehen und beinhaltet positive und negative Aspekte. Neben der negativen Konnotation des »sich Sorgen Machens« im Hinblick auf Befürchtungen wird im positiven Sinn »Sorge« als »sich um das eigene Wohlergehen sorgen« verstanden. Dies beinhaltet, sich um sich selbst (und andere) zu kümmern. Selbstfürsorge wird daher als erlernte Selbststeuerungskompetenz zur Förderung der individuellen Ressourcen betrachtet und steht auch in Zusammenhang mit Genusserleben. Ressourcen können nochmals unterteilt werden in personale und soziale Ressourcen. Während personale Ressourcen die individuellen und psychosozialen Eigenschaften einer Person umfassen, die sich aus Handlungsmustern, persönlichen Fähig- und Fertigkeiten sowie Kräften zusammensetzen, beziehen sich soziale Ressourcen auf die sozialen Beziehungen einer Person, die bei Belastungen aktiviert werden können, um diese zu bewältigen. Die Bewältigung belastender Situationen wird maßgeblich von der Ausbildung der genannten Ressourcen beeinflusst (vgl. Faltermaier, 2005). Zur Stärkung personaler Ressourcen wird neben der Stärkung des Selbstwertgefühls und der Selbstwirksamkeit eine palliativ-regenerative Stressbewältigung in Form von Entspannungsmethoden und körperlicher Aktivität (vgl. Kaluza, 2005, 2011) hervorgehoben. Die positiven Auswirkungen körperlicher Aktivität und ausgeglichener Ernährung auf die körperliche und psychische Gesundheit spielen daher in Bezug auf ein selbstfürsorgliches Verhalten eine große Rolle. Selbstfürsorge kann aber neben der Schaffung eines Ausgleiches zur Arbeit auch Engagement zur Verbesserung der Arbeitsbedingungen umfassen. Daher bezieht sich Selbstfürsorge allgemeiner auf eine Umsetzung bzw. Realisation persönlicher Bedürfnisse. In diesem Sinne beinhalten Maßnahmen zur Gesundheitsförderung hinsichtlich der Selbstfürsorge vielfältige Angebote, die insgesamt das Ziel einer Stärkung des Wohlbefindens beinhalten.

Selbstfürsorge bedeutet für den Beruf der Erzieherin bzw. des Erziehers, dass neben der Fürsorge für die Kinder auch die eigene Fürsorge stärker in den Vordergrund rücken sollte. Gerade Berufe im sozialen Bereich gehen möglicherweise mit der Gefährdung einher, in der Fürsorge für andere die eigene Fürsorge zu vernachlässigen. In diesem Sinn beschreibt Lutz (2007) die Relevanz des Strategieerwerbs hinsichtlich selbstfürsorglicher Verhaltensweisen im Rahmen der Ausbildung zum Verhaltenstherapeuten. Diese Strategien, die u. a. vor späterer Überlastung schützen sollen, sind daher auch für die Ausbildung bzw. Fortbildung von Kita-Mitarbeiterinnen und Kita-Mitarbeitern einzubeziehen. Daher sollen im Folgenden Beispiele für die Umsetzung beschrieben werden.

Unter anderem beschreibt Lutz (2007) die Schaffung einer »hedonistischen Nische« als selbstfürsorgliche Strategie. Dies beinhaltet die Möglichkeit, eigene Gegenstände mit zum Arbeitsplatz bringen zu können und möglicherweise einen eigenen Bereich (z. B. Schreibtisch) gestalten zu können. Im Rahmen des Kita-Settings kann die Schaffung einer »hedonistischen Nische« dazu beitragen, eigene positive Emotionen zu stimulieren und für Momente bzw. in den Pausen zur Ruhe zu kommen. Gerade die häufigen Unterbrechungen im Alltag der Kita-Erzieherinnen und Kita-Erzieher erschweren die Möglichkeit, sich in Pausen ausreichend zu erholen. Dies ist insbesondere problematisch, wenn kein eigener Pausen bzw. Entspannungsraum für die Mitarbeiterinnen und Mitarbeiter zur Verfügung steht. Eine »hedonistische Nische« kann daher Erholungsprozesse beschleunigen. Auch Achtsamkeitsübungen könnten in dieser Hinsicht hilfreich sein (vgl. Michalak, Heidenreich & Williams, 2012), ebenso wie die Einführung von Ritualen eine Möglichkeit bieten, klarere Anfangs-, Pausen- und Beendigungsphasen zu etablieren.

Ein weiterer wichtiger Aspekt der Selbstfürsorge beinhaltet die ›selbstfürsorgliche Kommunikation‹. Eine selbstfürsorgliche Kommunikation umfasst die Reflektion der eigenen Selbstgespräche. Gerade im Beruf der Erzieherin/des Erziehers, indem die Kinder nicht für entstehende Probleme verantwortlich gemacht werden können, obliegt den Erzieherinnen und Erziehern eine hohe Verantwortung. Bei Schwierigkeiten kann dies mit einer negativen Selbstkommentierung einhergehen, zumal Erzieherinnen und Erzieher im Spannungsfeld der Erziehungsgemeinschaft mit den Eltern und daher in ihrer Arbeit permanent unter Beobachtung stehen. Das Erlernen einer selbstfürsorglichen Kommunikation kann daher positiven Einfluss auf die Selbstsicherheit und den Selbstwert haben. In diesem Zusammenhang sollte auch ein fürsorgliches Feedback als Bestandteil selbstfürsorglicher Strategien benannt werden, um personale Ressourcen zu stärken. Ein wichtiger Aspekt der Selbstfürsorge stellt auch der Genuss im Alltag dar. Dies ist insofern bei Erzieherinnen und Erziehern relevant, weil deren Bedürfnisse und das Genusserleben im Arbeitsalltag häufig zurückgestellt werden. Im Rahmen einer gemeinsamen Essenssituation unterbrechen Erzieherinnen und Erzieher oft ihre Mahlzeit oder essen schnell oder wenig, um den Kindern beim Essen helfen zu können. Auch das Mobiliar ist häufig auf die Kinder, jedoch nicht auf die Erwachsenen eingestellt, so dass unbequeme Haltungen bis hin zu Schmerzen die Folge sein können. Während sich strukturelle Aspekte – zum Beispiel das Mobiliar betreffend – auf eine verhältnisorientierte Gesundheitsförderung beziehen, umfasst die Frage des Genusserlebens im Alltag eine Veränderung des Verhaltens.

FAZIT UND ABSCHLIESSENDE BEMERKUNGEN

Neben den ausführlicher aufgeführten Aspekten bzgl. einer verhaltensorientierten Gesundheitsförderung sollte die verhältnisorientierte Gesundheitsförderung ebenso beachtet werden. Dies ist umso wichtiger, da das Setting Kita eine wesentliche Determinante für die Arbeitszufriedenheit darstellt. Mitarbeiterinnen und Mitarbeiter in Kitas schilderten neben den Belastungen in der UKE-Studie eine mittlere (vgl. Kliche et al., 2007) bis hohe Arbeitszufriedenheit (vgl. Khan, 2007). In der UKE-Studie von 2005 ergaben sich laut der Umfrage jedoch erhebliche Unterschiede der Arbeitszufriedenheit zwischen den einzelnen Kitas. Dies lässt darauf schließen, dass Aussagen nur eingeschränkt verallgemeinert werden können und das jeweilige Setting Kita einen erheblichen Einfluss auf die Arbeitszufriedenheit zu haben scheint. Daher sind Setting-Ansätze, die die Besonderheiten der jeweiligen Kita berücksichtigen, zur Verbesserung der Gesundheitsförderung zielführender.

Nach Zimmer (2002) ist der Kindergarten ein Ort, der es ermöglicht, einen ganzheitlichen Ansatz der Entwicklungs- und Gesundheitsförderung umzusetzen. Dies umfasst eine verhältnis- und verhaltensorientierte Gesundheitsförderung. Während dies für die Kinder umfassend beschrieben wird, ist dem hinzuzufügen, dass auch die Kita-Mitarbeiterinnen und Kita-Mitarbeiter in ein ganzheitliches Konzept der Gesundheitsförderung involviert sein sollten. Neben dem Einbezug in Gesundheitsförderungsprogramme für Kinder sollten Erzieherinnen und Erzieher bzw. das gesamte Kita-Personal als eigenständige Gruppe Beachtung finden. Kita-Mitarbeiterinnen und Kita-Mitarbeiter sind Multiplikatoren der Gesundheitsförderung der Kinder, haben Einfluss auf die Förderung der Gesundheitsressourcen der Eltern und sollten daher auch selber in ihren Gesundheitsressourcen gefördert werden. Dies ist ein relevantes Thema hinsichtlich einer ›gesunden Führung‹. Führungskräfte können durch ihr persönliches Führungsverhalten einen deutlichen Einfluss auf die Gesundheit der Mitarbeiterinnen und Mitarbeiter ausüben. Von den Führungskräften wird die Gesundheitsförderung der Mitarbeiterinnen und Mitarbeiter allerdings nicht als zentrale Aufgabe angesehen (vgl. Gregersen, Vincent-Höper & Nienhaus, 2014). In diesem Sinn sollte die Thematik der Gesundheitsförderung am Arbeitsplatz Kita unbedingt Bestandteil der Ausbildung von Kita-Mitarbeiterinnen und Kita-Mitarbeitern sowie Kita-Leitungen sein.

4. Anti-Stress-Training für Fachkräfte in Kindertageseinrichtungen

EVELYN SCHWIER & JÜRGEN SCHWIER

EINLEITUNG

Die wiederkehrenden Belastungssituationen und der Arbeitsdruck in der Kindertagesstätte stellen für die Erzieherinnen und Erzieher einen gesundheitlichen Risikofaktor dar. Die beruflichen Tätigkeiten in frühkindlichen Bildungseinrichtungen sind dabei durch eine besondere Beanspruchungs- und Belastungsstruktur gekennzeichnet, die sich sicherlich mit einem Mehr an Gelassenheit sowie einem sowohl achtsamen als auch besonnenen Umgang mit den alltäglichen Anforderungen erfolgreicher und individuell befriedigender bewältigen lassen. Neben den sich unmittelbar aus der alltäglichen Handlungspraxis in der Kindertageseinrichtung ergebenden Beanspruchungen – mitsamt der unregelmäßigen und mitunter ungeregelten Pausenzeiten – und den sich hieraus unter Umständen ergebenden gesundheitlichen Beschwerden, spielt sicherlich auch der in der öffentlichen Wahrnehmung von Erzieherinnen und Erziehern nach wie vor vorherrschende »Defizit- und Kompetenzdiskurs« (Betz, 2013, S. 266-267) eine Rolle. Die gesellschaftlichen Erwartungen bezüglich der Kompetenzen von Fachkräften in Kindertagesstätten sind im letzten Jahrzehnt stark angestiegen, was auf Seiten des Fachpersonal nicht selten zu einen anhaltenden Professionalisierungsdruck mitsamt einer Fortbildungs-Endlosschleife führen kann. Kurz: Wer als Fachkraft in einer Kindertageseinrichtung tätig ist, setzt sich unweigerlich Stressoren aus und muss lernen, mit Stress umzugehen.

Vor diesem Hintergrund besteht in Kindertageseinrichtungen ein erheblicher Bedarf an präventiven Maßnahmen zur Gesundheitsförderung (vgl. Kap. 3), die eine »verhaltenspräventive Kompetenzvermittlung« (Kliche, 2008, S. 105) intendieren, sich in den Berufsalltag integrieren lassen sowie das Personal vor allem für Selbstfürsorge und Achtsamkeit sensibilisieren. Wenn man Gesundheit als ein dynamisches und gestaltbares Konzept begreift (vgl. Gogoll, 2004), liegt es beispielsweise nahe, den Fachkräften in der Einrichtung praktische Hilfestellungen für einen positiven Umgang mit berufsbedingtem Stress zu geben und ein entsprechendes Handlungswissen anzubahnen. Stress wird dabei als ein vermittelnder Prozess verstanden, »der die Beziehung zwischen den Belastungsdimensionen und den Charakteristika der Individuen beschreibt« (Hampel & Petermann, 2003, S. 8). Vor diesem Hintergrund umfassen Trainingsprogramme zur Stressbewältigung in der Regel mehrere Bausteine, die beispielsweise von der Schulung der Stresswahrnehmung bis zur Anbahnung von Stressbewältigungskompetenzen reichen. Die folgenden Ausführungen konzentrieren sich in diesem Zusammenhang auf die gezielte Nutzung von Pausen für die Erholung und die Stressreduktion.

Bevor exemplarisch einzelne Elemente und Umsetzungsformen eines solchen Anti-Stress-Trainings dargestellt werden, bedarf es jedoch zunächst einiger knapper Ausführungen zu den Begriffen der Selbstfürsorge und der Achtsamkeit. Mit Blickrichtung auf das Personal in Kindertageseinrichtungen steht Selbstfürsorge – wie in Kapitel 3 bereits erläutert – für selbstgewählte Maßnahmen zur Stärkung des Wohlbefindens und des Selbstwertgefühls, was ausdrücklich auch Formen des Genusserlebens im beruflichen Alltag der Fachkräfte einschließt. Übungen zur Selbstfürsorge sollen also dazu beitragen, dass man bei aller Sorge für die Anderen auch auf sich selbst aufpasst, sich seiner Bedürfnisse bewusst bleibt und sich bewusst Zeit für sich nimmt (z. B. für Entspannungsübungen oder eine Bewegungspause). An dieser Stelle deutet sich an, dass Selbstfürsorge nicht nur eine Kompetenz, sondern eine innere Haltung beschreibt:

> »Als entwickelte Kompetenz umfasst die Selbstfürsorge ein Repertoire verschiedener Praktiken, zwischen denen eine Person wählen und die sie je nach Situation und Erfolgsaussicht modifizieren kann. Arbeitsplatzbezogene Selbstfürsorgepraktiken sind so gesehen Varianten von Praktiken, die für die gesamte Lebensführung einer Person gelten« (Haubl & Voss, 2012, S. 7).

Selbstfürsorge ist also eine Daueraufgabe der Fachkräfte, die eben nicht im Vorbeigehen zu erledigen ist (weil zum Beispiel in der Kita gerade mal Ruhe einkehrt) und zugleich ein nahezu unverzichtbarer Bestandteil der beruflichen Identität in sozialen Berufen (vgl. Barnett & Cooper, 2009; Michalak, Heidenreich & Williams, 2012).

Als Haltung lässt sich Achtsamkeit unter anderem auf den Buddhismus und auf Meditationsformen zurückführen, weist jedoch ebenfalls Bezüge zur Psychotherapie auf (vgl. Germer, Siegel & Fulton, 2009). Die Praxis der Achtsamkeit ist nicht auf ein erstrebenswertes Ziel und/oder einen wünschenswerten somatischen Zustand gerichtet, sondern intrinsisch motiviert. Achtsamkeit meint zuallererst die Konzentration auf sich selbst und die inneren Vorgänge. Achtsamkeit wird daher häufig als besondere Form der Aufmerksamkeit beschrieben, die die Akteure bewusster wahrnehmen lässt, störende Kognitionen ausblendet, den Alltag gewissermaßen entschleunigt sowie sich auf das Erleben des Augenblicks einlässt. »Achtsamkeit ist Gewahrsein, das kultiviert wird, indem wir in andauernder und bestimmter Weise aufmerksam sind: mit Absicht, im gegenwärtigen Moment und ohne Beurteilung« (Kabat-Zinn, 2014, S. 13). Praktiken der Achtsamkeit können mit leiblich-affektiven Erfahrungen und einem tiefen Gefühl der Lebendigkeit einhergehen, wenn die Akteure ihr Kontrollmotiv für kurze Zeit aufgeben, einen Schritt aus dem (Berufs-)Alltag zurücktreten, ihren Körper spüren und unter günstigen Umständen ganz bei sich und der Übung sind. In diesem Sinne erinnert Achtsamkeit die Akteure daran, dass es auch unter den Arbeits- und Lebensbedingungen der modernen Gesellschaft zumindest für begrenzte Zeit möglich ist vom »Modus des Tuns zu einem Modus des Seins überzugehen« (Kabat-Zinn, 2014, S. 30-31).

Ein fortlaufendes Trainieren von Aufmerksamkeit und Gewahrsein kann Achtsamkeit zu einer persönlichen Ressource machen, die sich nachhaltig positiv auf Lebensqualität, Wohlbefinden und Stressresistenz auswirkt. Einen facettenreichen Einstieg in geführte Mediationsübungen zur Achtsamkeit bietet beispielsweise die dem Buch von Kabat-Zinn (2014) beiliegende Compact Disc. Anzumerken bleibt jedoch, dass man solche Übungen nicht in ermüdeten Zustand ausführen sollte.

Tab. 1: Entspannungs- und Bewegungsformen als Bausteine eines Anti-Stress-Trainings

Entspannung	**Bewegung**
Atemübungen	Balanceübungen
Phantasiereisen	Lockerungsübungen
Autogenes Training	Dehnübungen
Augenübungen	Kräftigungsübungen
Selbstmassage	Rhythmusübungen
Progressive Muskelentspannung	Jonglage
Yoga	Yoga

Die möglichen Elemente eines ganzheitlichen Trainingsprogramms zur Stressbewältigung für Fachkräfte in Kindertageseinrichtungen lassen sich aus unserer Perspektive idealtypisch den Feldern der Entspannung und der Bewegung zuordnen, wobei Yoga-Stellungen in beiden Bereichen vertreten sind (vgl. Tab. 1). Orientiert an dieser Unterteilung werden im Rahmen der folgenden Ausführungen verschiedene Übungen und Umsetzungsformen vorgestellt. Dabei sind ausschließlich Übungen ausgewählt worden, die auch für Anfängerinnen und Anfänger geeignet sind.

ENTSPANNUNG

Eine ruhige Umgebung ist für die Durchführung der folgenden Übungen von grundlegender Bedeutung. Der Ort und der für die Übungsphase vorgesehene Zeitraum sollten also so gewählt werden, dass Störungen, Ablenkungen und Unterbrechungen unwahrscheinlich oder ausgeschlossen sind. Die Übungen können in üblichen (Arbeits-)Pausen realisiert werden, da ein geschütztes Zeitfenster von zwei bis zehn Minuten für eine Übung ausreicht. Dabei gilt: »Wichtig ist nicht eine lange Übung, sondern das täglich wiederkehrende, hineinspürende Entspannen« (Ungerer, 2005, S. 240). Im Übrigen ist zu berücksichtigen, dass der subjektiv wahrgenommene Effekt einer Entspannungsübung nicht jeden Tag gleich, sondern von der Tagesform abhängig ist. Wichtiger als das Gefühl einer erfolgreichen oder weniger erfolgreichen Übungsdurchführung bleibt ohnehin der Umstand, dass man sich Zeit für sich selbst genommen hat.

Die Übungen können ferner sowohl im Sitzen als auch im Liegen stattfinden. Nachdem man eine Position gewählt hat, empfiehlt es sich, auf eine bequeme, nicht einengende Körperhaltung zu achten. Es ist ferner hilfreich, den im Alltag dominanten Sehsinn durch ein Schließen der Augen auszuschalten, wenn die Konzentration bei Übungen auf das (Hin-)Hören gelenkt werden soll (vgl. hierzu Zimmer, 2014a, S. 204).

Bei einer Position im Liegen sollte man möglichst auf dem Rücken liegen. Die Beine sind ausgestreckt nebeneinander, die Füße fallen locker nach außen, die Arme liegen seitlich nicht zu dicht neben dem Körper und die Handflächen zeigen nach oben. Falls man sich für eine sitzende Position entscheidet, ist es ratsam, einen Stuhl mit Rückenlehne als Sitzgelegenheit zu nutzen. Die/der Übende setzt sich aufrecht hin. Die Füße stehen dabei parallel auf dem Boden, und die Hände liegen jeweils locker auf einem Oberschenkel.

Übung 1: Atemmeditation

Mittels Atemübungen lenkt man seine Aufmerksamkeit auf das Spüren der kompletten Phase des Ein- und Ausatmens, darauf wie der Atem in den Körper ein- und wieder ausströmt:

»Sie schließen die Augen, atmen tief ein und aus –
Geräusche, die Sie hören, nehmen Sie wahr – Sie stören nicht –
Ihre Gedanken lassen Sie wie Wolken an sich vorüberziehen – spüren Sie Ihren Atem – Sie atmen ein – und aus – ein – und aus – ein – und aus –
Richten Sie ihre Aufmerksamkeit auf die Körperteile, die von Ihrer Atmung betroffen sind – spüren Sie, wie die Luft in Ihre Nasenlöcher fließt – den Rachen passiert – die Bronchien durchwandert und in die Lungenflügel strömt –
Richten Sie Ihre Aufmerksamkeit auf Ihren Körper – Welche Körperteile bewegen sich? Dehnt sich der Brustkorb beim Einatmen? Oder wölbt sich der Bauch nach außen? Spüren Sie hin – Wo bewegt sich Ihr Körper noch? Sind es die Nasenflügel – Sind es die Schultern? –
Beobachten Sie, welche Phase länger ist: die Phase des Einatmens oder die Ausatemphase? – Lassen Sie den Atem fließen –
Kommen Sie nun zum Ende der Übung –
Ballen Sie ihre Hände zu Fäusten, recken und strecken Sie sich, öffnen Sie Ihre Augen und atmen tief ein und aus.«

Übung 2: Phantasiereise

»Es ist Sommer – Du liegst am Strand – es ist angenehm warm – Du spürst die Sonnenstrahlen auf Deinem Körper – ein wohliges Gefühl – Du atmest tief ein und aus – Die ersten Vögel ziehen gen Süden – ihre Fluggeräusche verklingen langsam in der Ferne – Du fühlst dich wohl – Du atmest ein und aus –
Du streichst mit deinen Fingern über den warmen, weichen Sand –
Du hörst die Wellen des Meeres, wie sie sanft im Rhythmus ans Ufer gleiten – auf und ab – auf und ab – gleich Deiner Atmung: ein und aus – ein und aus –
Du bist ruhig – eine große Ruhe ist in Dir –
Die Dämmerung zieht herauf – Du atmest tief ein – reckst und streckst Dich – gähnst – rekelst dich.«

Beim Erzählen von Phantasiereisen sind der Phantasie im wahrsten Sinne des Wortes keine Grenzen gesetzt, in ihrem Rahmen ist ein Aufsuchen unterschiedliche Räume (Boulevards, Parks, Wiesen, Wälder, Seen usw.) oder ein Besuch fremder (Märchen-)Welten möglich. Phantasiereisen können selbstverständlich auch ohne eine Erzählerin/eines Erzählers in der Vorstellung der/des Übenden stattfinden. Letztendlich kreisen Phantasiereisen um Ruhe, Schwere, Wärme und dienen der Entspannung (vgl. auch Müller, 1990).

Übung 3: Autogenes Training

Das Autogene Training ist eine Methode der Entspannung von innen her und kann in liegender Stellung (Boden, Bett), aber auch in sitzender Position (Stuhl, Hocker) stattfinden. Anfänger*innen können sich bei den ersten Versuchen auch auf den ersten Teil des Autogenen Trainings beschränken, da es einiger Übung bedarf, die Wärme der Extremitäten zu spüren. Falls man das Autogene Training vor dem Einschlafen praktiziert, sollte die Übung mit dem Warmwerden der Beine beendet werden.

Teil 1: »Du liegst auf dem Boden (sitzt auf dem Stuhl) – Du atmest ganz ruhig und gleichmäßig – Geräusche nimmst Du wahr – sie stören Dich nicht – Gedanken ziehen wie Wolken vorüber – Dein rechter Arm ist ganz schwer – Dein rechter Arm ist ganz schwer – Dein linker Arm ist ganz schwer – Dein linker Arm ist ganz schwer – Beide Arme sind ganz schwer – Beide Beine sind ganz schwer – Beide Beine sind ganz schwer – Deine Arme und Beine sind ganz schwer.«

Teil 2: »Dein rechter Arm ist ganz warm – Dein rechter Arm ist ganz warm – Dein linker Arm ist ganz warm – Dein linker Arm ist ganz warm – Beide Arme sind ganz warm – Deine Beine sind ganz warm – Deine Beine sind ganz warm – Deine Arme und Beine sind ganz warm – Du atmest tief ein und aus – ballst die Hände zu Fäusten – rekelst und streckst Dich – du öffnest Deine Augen.«

Übung 4: Augenübung

Augenübungen lassen sich unkompliziert in den Berufsalltag einbinden, da sie nur wenig Zeit in Anspruch nehmen. Es ist auch sinnvoll, Augen- und Atemübungen miteinander zu verbinden, wobei die Augenübung den Auftakt bilden sollte. Bei einfachen Übungen öffnet man die Augen und schaut abwechselnd nach links und rechts bzw. nach oben und unten bzw. man lässt die Augen kreisen und wiederholt die Übung mehrere Male. Die folgende Übung trainiert zum einen die Augenmuskulatur und zum anderen entspannt sie die hinteren Kopfmuskeln im Halswirbelbereich:

»Setzen Sie sich entspannt auf einen Stuhl – Sie blicken geradeaus – Richten Sie abwechselnd Ihren Blick von rechts oben nach links unten, ohne dabei den Kopf zu bewegen – führen Sie dieses mindestens zehnmal hintereinander durch – nun schauen Sie von links oben nach rechts unten – dies führen Sie ebenfalls zehnmal hintereinander durch.«

Übung 5: Selbstmassage

Diese Übung kann sowohl munter machen als auch der Entspannung dienen:

»Bei einer Massage halten Ihre Finger ständig Kontakt mit dem zu massierenden Körperteil. Achten Sie darauf, nur so viel Druck auszuüben, wie Ihnen angenehm ist. Berühren Sie mit je einem Ihrer Mittelfinger Ihre seitliche Nasenwurzel und streichen Sie langsam senkrecht nach oben über Ihre Stirn – Bewegen Sie kreisförmig mit einem sanften Druck Ihre Mittelfinger rechts bzw. links über Ihre Augenbrauen zur rechten bzw. linken Schläfe – massieren Sie Ihre Schläfen eine Weile und wandern Sie weiter zu den Ohren hin Richtung Ohrläppchen – benutzen Sie nun zusätzlich die Zeige- und Ringfinger und streichen Sie langsam nach hinten unten Ihre Nackenmuskulatur aus. Abschließend ziehen Sie mit Daumen, Zeige- und Mittelfinger die rechte und linke oberen Ohrmuschel nach außen hin, wobei Ihre Finger entlang des Ohrmuschelrands hinabwandern.«

Übung 6: Progressive Muskelentspannung

Die Progressive Muskelentspannung nach Jacobson (1990) ist einerseits ein eigenständiges Therapieverfahren, lässt sich andererseits aber auch ohne therapeutischen Anspruch und ohne Anleitung im Rahmen selbstinitiierter Übungsprozesse als Entspannungstechnik einsetzen. Eine regelmäßige Praxis der progressiven Muskelentspannung kann sich unter anderem bei Stressbelastungen, Kopf- und Rückenschmerzen positiv auswirken.

»Sie liegen auf einer Matte bzw. sitzen auf einem Stuhl. Spannen Sie nun Ihre rechte Faust für einige Sekunden an und spüren Sie, wie sich diese anfühlt. Anschließend lösen Sie die Anspannung und machen das Gleiche mit der linken Faust. Nun spannen Sie Ihren rechten Arm so fest wie möglich für zehn Sekunden an und lösen Sie anschließend die Anspannung wieder. Spüren Sie einen Unterschied zwischen den beiden Armen? Keine Sorge, es ist auch nicht ungewöhnlich, wenn Sie keinen Unterschied spüren. Nun spannen Sie den linken Arm so fest Sie können für zehn Sekunden an und lösen auch diese Anspannung wieder. So können Sie nach und nach alle Muskelgruppen Ihres Körpers anspannen und wieder entspannen. Für die progressive Muskelentspannung des gesamten Körpers benötigen Sie ca. vierzig Minuten. Mit der Zeit werden Sie feststellen, dass Ihnen eine Körperentspannung zunehmend leichter fallen wird.«

Übung 7: Yoga-Stellungen

An dieser Stelle ist es schon aus Platzgründen nicht möglich, auf die Philosophie des Yoga, die Bandbreite seiner klassischen und modernen Ausrichtungen sowie die verschiedenartigen Asanas (= Stellungen) einzugehen. Die ganzheitlich angelegte Praxis des Yoga geht nach eigenem Anspruch über Körperübungen hinaus und zielt auf ein leib-seelisches Gleichgewicht, wobei wiederkehrend die Achtsamkeit in der Übungspraxis betont wird (vgl. hierzu Feuerstein, 2009; Wörle & Pfeiff, 2012, S. 7-13). Mögliche gesundheitsfördernde Wirkungen werden nicht selten darauf zurückgeführt, dass die Praxis des Yoga mit der Übernahme von Selbstverantwortung einhergeht:

> »Wenn wir Yoga üben, übernehmen wir wieder einen Teil der Verantwortung für unser Wohlbefinden. Dadurch wächst unser Gefühl, etwas tun zu können und einer gesundheitlichen Störung oder einer Krankheit nicht so ausgeliefert zu sein. Dazu kommt, dass wir jedes Mal, wenn wir geübt haben, mit uns zufrieden sind, weil wir geschafft haben, was wir uns vorgenommen haben« (Trökes & Grunert, 2008, S. 9).

Aus dem Blickwinkel der zuvor zitierten Autor*innen können derartige Prozesse des fortlaufenden Übens zur Ausbildung eines positiveren Selbstbildes beitragen, das wiederum auf längere Sicht das subjektive Wohlbefinden und den Gesundheitszustand der jeweiligen Person günstig beeinflusst.

Im Folgenden werden zwei entspannende Körperstellungen vorgestellt, die man auch ohne Einbettung in ein komplettes Yogaprogramm einnehmen kann: Bei der »Stellung des Kindes« kniet man sich auf die Yogamatte. Man setzt sich auf die Fersen, die Beine sind gespreizt, die Stirn berührt vorne den Boden und die Arme liegen seitlich locker neben dem Körper. Alternativ kann die Stirn auch auf den zu übereinanderliegenden Fäusten geballten Händen abgelegt werden.

Bei der zweiten Stellung legt sich die/der Übende der Länge nach in Bauchlage auf die Matte. Die Hände bilden ein Kissen für den Kopf, indem beide Handflächen übereinander gelegt werden. Die Füße fallen locker nach außen und die beiden großen Zehen berühren sich.

BEWEGUNG

Das Sich-Bewegen ist ein Grundphänomen des menschlichen Lebens und der Mensch ist als biologisches Wesen auf Bewegung angelegt (vgl. Zimmer, 2014a, S. 19). Bewegung kann das Wohlbefinden fördern und bei hinreichender Intensität sowie Regelmäßigkeit gesundheitspräventive Wirkungen entfalten. Die durch eine Vielzahl von Studien nachgewiesenen positiven Effekte von Bewegung betreffen so eine Ökonomisierung der Atmung, die Normalisierung des Blutdrucks, eine Stärkung des Immunsystems, eine Zunahme an Muskelmasse, die Ausbalancierung des Fettstoffwechsels, die Leistungsfähigkeit des Gehirn, eine Reduktion des Risikos von Herz-Kreislauf-Erkrankungen sowie der mit dem Alterungsprozess verbundenen Rückbildungsprozesse von Knochen und Knorpeln (vgl. Bös & Pratschko, 2009, S. 43-48; Blair, La Monte & Nichaman, 2004).

Im Medium der Bewegung finden unausweichlich Dialoge zwischen Mensch und Welt statt. Unser Körper steht in ebenso eigenartigen wie immanenten Bedeutungsbeziehungen zur Welt und über das Sich-Bewegen werden Bezüge zu Phänomenen der Welt hergestellt (vgl. Kap. 7). In diesem Zusammenhang unterscheidet Scherler (1990, S. 396-398) die personale, die materiale und die soziale Bedeutung der Bewegung (vgl. Kap. 1). Aus naheliegenden Gründen akzentuieren die mit Blickrichtung auf ein Anti-Stress-Training ausgewählten Übungen die personale Bedeutung von Bewegung, bei der der eigene Körper als »Spiegel des psychischen Erlebens« (Fischer, 2010b, S. 118) mitsamt der sensorischen Rückmeldungen im Mittelpunkt steht.

Hinsichtlich der Anbahnung einer bewegten Lebensführung und einer dauerhaften Einbettung von Bewegungsübungen in den Berufsalltag ist es allerdings hilfreich, Gemeinsamkeiten mit anderen herzustellen, also beispielsweise die Übungen regelmäßig zusammen mit einer Kollegin/einem Kollegen oder mehreren Kolleg*innen zu realisieren.

Übung 8: Balanceübungen

»Stellen Sie sich hüftbreit auf einen festen Untergrund (Fußboden, dünne Matte usw.) – die Füße sind parallel – die Knie leicht gebeugt – der Körper ist aufrecht – die Schultern sind entspannt, leicht nach hinten unten – stellen Sie sich vor, an Ihren Fußsohlen wachsen Wurzeln in den Boden – schließen Sie die Augen – bewegen Sie sich mit ihrem Oberkörper langsam vor und zurück bzw. zur Seite – kommen Sie langsam wieder in Ihrer Mitte zur Ruhe – prüfen Sie, ob das Gewicht gleichmäßig auf Ihren Fußsohlen verteilt ist – öffnen Sie Ihre Augen – heben Sie den rechten Fuß an und führen Sie aus dem Gelenk heraus mehrere Kreisbewegungen durch – halten Sie Ihre Balance – lassen Sie den Fuß in die andere Richtung kreisen – spreizen und krallen Sie abwechselnd ihre Zehen – setzen Sie den Fuß wieder ab – führen Sie mit dem linken Fuß die gleichen Bewegungen durch – setzen Sie den linken Fuß ab – überprüfen Sie Ihren stabilen Stand – heben Sie ihren rechten Fuß erneut – schwingen Sie das ganze Bein vor und zurück – atmen Sie und halten Sie Ihre Balance – schwingen Sie das Bein so hoch wie möglich – stellen Sie das Bein ab – führen Sie die gleiche Bewegung mit dem linken Bein durch – danach stellen Sie den Fuß hüftbreit neben den rechten Fuß – achten Sie auf eine leichte Beugung Ihrer Knie – schließen Sie die

Augen und spüren nach, ob Ihr Gewicht auf den Fußsohlen gleichmäßig verteilt ist – nun können Sie Ihre Augen wieder öffnen.«

Übung 9: Lockerungsübungen

Lockerungsübungen sind jeweils auf bestimmte Muskelgruppen (zum Beispiel Nacken- und Rückenmuskulatur) gerichtet und können Verspannungen vorbeugen bzw. Verspannungen lindern.

»Legen Sie sich auf die Matte und strecken Sie die Beine im 90 Grad-Winkel nach oben – beschreiben Sie mehrmals Kreise mit Ihren Füßen, mal rechts, mal links herum bzw. entgegengesetzt – winken Sie mit den Füßen – nun schütteln Sie die Beine kräftig aus, während die Beine weiterhin nach oben zeigen – heben Sie auch Ihre Arme in die Luft und schütteln Sie Arme und Beine kräftig aus – anschließend legen Sie behutsam Beine und Arme auf der Matte ab – atmen Sie tief ein und aus – spüren Sie in Ihrem Körper nach.«

Übung 10: Dehnübungen

Dehnübungen zielen hauptsächlich auf eine Entspannung bzw. Erwärmung der Muskulatur und wirken sich positiv auf die Beweglichkeit aus.

»Stellen Sie sich aufrecht hin – stellen Sie die Füße hüftbreit und parallel auseinander – die Knie sind leicht gebeugt – richten Sie den Kopf 45 Grad nach links und bewegen Sie den Kopf in Richtung des Schlüsselbeins – spüren Sie ihren Nacken – nun richten Sie den Kopf nach rechts, indem Sie einen Bogen nach oben beschreiben – bewegen Sie ebenfalls den Kopf zum Schlüsselbein – wiederholen Sie mehrmals langsam diese Bewegung – anschließend stellen Sie Ihre Beine weiter auseinander – streichen Sie mit der linken Hand am linken Oberschenkel hinab – ihr Oberkörper neigt sich nach links – achten Sie darauf, dass sich ihre rechte Hüfte nicht dreht – stellen Sie sich vor, dass Sie zwischen zwei großen Wänden stehen – ziehen Sie nun den rechten Arm seitlich über den Kopf und strecken sie ihn soweit es geht – versuchen Sie den linken Arm noch tiefer am Bein hinab gleiten zu lassen – Sie spüren eine Dehnung Ihrer rechten Körperseite – halten Sie diese Stellung mindestens zwanzig Sekunden – richten Sie sich langsam wieder auf – führen Sie die gleiche Bewegung zur rechten Seite durch – schließen Sie Ihre Beine – nehmen Sie einen stabilen Stand ein – anschließend lockern Sie Ihren Körper einmal durch – lassen Sie ihre Schultern in beide Richtungen kreisen – wackeln Sie mit Ihrer Hüfte und kommen dann zur Ruhe.«

Dehnübungen können auch im so genannten Vierfüßlerstand ausgeführt werden, bei dem man sich auf den Boden kniet, die Arme senkrecht durchstreckt, die Hände unter den Schultern aufsetzt und in Richtung Boden blickt.

»Begeben Sie sich in den Vierfüßlerstand – machen Sie einen Katzenbuckel und atmen Sie gleichzeitig tief ein – ziehen Sie Ihren Bauchnabel Richtung Rücken – nun bewegen Sie Ihren Körper in die entgegengesetzte Richtung und atmen dabei aus – der Bauch bewegt sich zum Boden hin – ziehen Sie Ihren Kopf in den Nacken – Wiederholen Sie diese Bewegungsabfolge mehrmals langsam und gleichmäßig und achten Sie auch auf Ihre Atmung – bleiben Sie im Vierfüßlerstand – Ihr Rücken und Ihr Kopf bilden eine Gerade – strecken Sie nun den linken Arm nach vorne aus und das rechte Bein so weit es geht nach hinten in die Höhe – halten Sie diese Stellung für einen Moment – atmen Sie – spüren Sie die Dehnung – führen Sie nun den Arm und das Bein wieder zum Boden und strecken nun den rechten Arm und das linke Bein aus – halten Sie Ihr Gleichgewicht und atmen Sie – begeben Sie sich wieder in die Ausgangsstellung – nehmen Sie die Stellung des Kindes (siehe Übung 7) ein oder legen Sie sich auf den Rücken und erholen sich.«

Übung 11: Kräftigungsübungen

Mittels Kräftigungsübungen sollen bestimmte Muskelgruppen gestärkt werden, wobei häufig mit dem eigenen Körpergewicht als zu überwindenden Widerstand geübt wird. Im Folgenden werden zunächst (a) eine Übung für die Arm- und Brustmuskulatur und anschließend (b) eine Übung für die Bauchmuskulatur vorgestellt:

(a) »Stellen Sie sich hüftbreit und eine Armlänge entfernt vor eine freie Wandfläche – beugen und heben Sie die Arme im rechten Winkel - stützen Sie sich mit den Händen an der Wand ab – nun beugen Sie die Arme und strecken sie wieder durch – Sie atmen beim Beugen der Arme ein und beim Strecken der Arme wieder aus – führen Sie diese Übung solange Sie können durch.«

(b) »Legen Sie sich in Rückenlage auf die Matte – stellen Sie die Füße hüftbreit auf die Matte – stellen Sie sich vor, Sie ziehen sich an einem Tau, das sich zwischen Ihren Beinen befindet, hoch – Sie greifen das imaginäre Tau und kommen langsam Wirbel für Wirbel in die Sitzposition – lassen Sie das Tau nicht los – Sie wandern Wirbel für Wirbel wieder hinab auf die Matte – wiederholen Sie diese Übung vier Mal – versuchen Sie jedes Mal noch langsamer sowohl in die Sitzposition als auch in die Liegeposition zu gelangen.«

Übung 12: Rhythmusübungen

»Sie schalten rhythmische Musik ein und laufen im Takt der Musik auf der Stelle – die gebeugten Arme schwingen leicht neben dem Körper mit – allmählich heben Sie die Knie beim Laufen auf der Stelle immer höher, und die Arme schwingen stärker mit – die Schultern sind entspannt – Sie machen einen Schritt nach rechts und tippen mit der linken Fußspitze neben den rechten – nun gehen Sie einen Schritt nach links und tippen mit der rechten Fußspitze neben den linken – nun klatschen Sie in die Hände, sobald der Fuß neben den anderen aufsetzt – nach einigen Wiederholungen laufen Sie ein paar Mal auf der Stelle – nun gehen Sie mit rechts einen Schritt nach vorn und tippen mit dem anderen Fuß neben den rechten – heben Sie dabei die Arme nach vorne – dann gehen Sie mit links einen Schritt zurück und tippen mit dem rechten Fuß – heben Sie nun Ihre Arme nach oben – verbinden Sie die Vor- und Rückwärtsbewegungen mit den Seitwärtsbewegungen – zur Steigerung gehen Sie nun immer zwei Schritte nach rechts und links – um sich zwischendurch zu sammeln, gehen Sie auf der Stelle. Zum Abschluss stellen Sie sich hüftbreit mit leicht gebeugten Knien hin – drehen Sie Ihren Oberkörper um die eigene Achse hin und her – lassen Sie die Arme locker mitschwingen.«

Die skizzierte Rhythmusübung kann nicht nur zur Schulung der motorischen Koordination, sondern auch zur Vorbeugung von Osteoporose beitragen.

Übung 13: Jonglage

Das Jonglieren mit Chiffontüchern – die in den meisten Kindertageseinrichtungen ohnehin vorhanden sind – ist ein ebenso einfacher wie freudvoller Einstieg in die Bewegungskunst der Jonglage. Der Dialog mit den langsam fliegenden und relativ großen Chiffontüchern unterstützt ein elementares Verständnis der Bewegungsabläufe beim Jonglieren, das sukzessive auf ein Manipulieren der schnell fliegenden Bälle, Keulen oder Ringe vorbereitet. Ein Wechsel zu diesen schneller fliegenden Gegenständen kann nach einiger Zeit sicherlich reizvoll sein, ist aber nicht zwingend. Solange man das Jonglieren mit Tüchern als entspannend, unterhaltsam und/oder stressmindernd erlebt, macht es unmittelbar Sinn, weiter mit Chiffontüchern zu jonglieren.

»Legen Sie drei Tücher bereit – fassen Sie mit der rechten Hand ein Tuch am Rand an und schwingen den Arm senkrecht nach oben in die Luft – lassen Sie das Tuch erst los, wenn sich die Hand über Kopfhöhe befindet – fangen Sie mit der anderen Hand das Tuch auf und lassen es erneut wieder in die Höhe gleiten und fangen es nun mit der rechten Hand auf – nun nehmen Sie ein zweites Tuch in die andere Hand – werfen Sie nun kurz hintereinander ihre Tücher in die Luft und fangen Sie jeweils mit der anderen Hand das geworfene Tuch auf – nach mehrmaligen Wiederholungen nehmen Sie das dritte Tuch dazu und werfen kurz hintereinander die Tücher in die Luft – Sie ergreifen anschließend ein Tuch aus der Luft, um es dann wieder in die Höhe zu werfen – achten Sie darauf , das Tuch möglichst nach oben zu werfen, da es Ihnen sonst schwerfallen wird die Tücher nacheinander aufzufangen.«

Übung 14: Yoga-Stellungen

Yoga ist bereits im Rahmen der Übungen zur Entspannung vorgestellt worden, beinhaltet als ganzheitliche Praxis jedoch ebenfalls ein umfangreiches Repertoire an Bewegungsübungen, wofür exemplarisch die beiden nachfolgend beschriebenen Asanas (= Yoga-Stellungen) zur Stärkung der Rückenmuskulatur stehen können. Es empfiehlt sich, die beiden Asanas (a) »Upavistha Konasana« (= im Winkel sitzen) und (b) »Shalabhasana« (= der Vogel) nacheinander auszuführen, da es sich einerseits um eine Vorbeuge- und andererseits um eine Rückbeugestellung handelt:

(a) »Sie setzen sich auf die Matte und richten Ihren Oberkörper gerade auf – Sie sitzen auf den Sitzhöckern – zur Unterstützung können Sie sich ein Kissen oder Handtuch unter den hinteren Teil des Gesäßes legen – Sie spreizen die gestreckten Beine – die Füße sind geflext – Sie spüren eine Dehnung der Oberschenkelinnenseiten – legen Sie Ihre Hände an die Innenseite ihrer Beine – nun beugen Sie sich vom unteren Rücken (der Lendenwirbelsäule) ausgehend Ihren Oberkörper soweit wie möglich nach vorne zwischen die Beine – das Kinn zeigt dabei zum Boden – die Hände wandern dabei weiter in Richtung Füße – zur Intensivierung der Vorbeuge kann Ihnen eine/ein Kolleg*in durch einen sanften Druck mit der Hand einen Impuls in den unteren Rücken geben – durch vorsichtiges Wippen mit dem Oberkörper versuchen Sie noch tiefer zu kommen – achten Sie darauf, einen geraden Rücken zu behalten – atmen Sie in die Dehnung der Beine und des unteren Rückens – Sie können sich auch durch das Greifen an den Füßen weiter nach unten zum Boden hinziehen – zum Abschluss der Übung richten Sie sich auf, greifen von außen in Ihre Kniekehlen und schaukeln langsam mit gebeugtem Rücken auf der Matte auf und ab – Ihre Wirbelsäule wird massiert – legen Sie sich der Länge nach hin und entspannen.«

(b) »Sie begeben sich in die Bauchlage und legen die Arme seitlich neben den Körper – die Handflächen liegen auf der Matte – die Fußrücken liegen auf der Matte – Sie ziehen die Schulterblätter zusammen – der gesamte Rücken ist angespannt – strecken Sie Ihre Beine gerade aus – der Oberkörper hebt von der Matte ab – Sie heben ebenfalls Ihre sich berührenden Beine von der Matte – der gesamte Körper ist angespannt – nun heben Sie die Arme – die Arme berühren nicht den Oberkörper – drehen Sie die Handflächen nach außen – beide Daumen zeigen in die Luft – stellen Sie sich vor, sie fliegen wie ein Vogel durch die Luft – halten Sie die Asana eine Weile – atmen Sie – am Ende lösen Sie die Rückbeuge – die Beine und Arme sinken achtsam zum Boden – bilden sie ein Kissen mit den Händen und legen Ihren Kopf darauf – die großen Zehen berühren sich – entspannen Sie.«

Ausblick

Die vorgestellten Übungen stellen lediglich eine Annäherung an den Möglichkeitsraum von Entspannung und Bewegung im Berufsalltag dar. Vor diesem Hintergrund spricht einiges dafür, dass sicherlich nicht jede einzelne Übung von jeder Fachkraft als entspannend und/oder subjektiv gewinnbringend erlebt wird. In diesem Sinn gilt es auszuprobieren, welche Übungen bzw. Übungskombinationen mit den eigenen Bedürfnissen, Vorerfahrungen und Handlungspräferenzen am Besten in Einklang zu bringen sind. Eine Zusammenstellung mehrerer nacheinander zu absolvierenden Entspannungs- und Bewegungsübungen zu einem – an der individuell verfügbaren Pausenzeit orientierten – eigenen Programm ist ohnehin wünschenswert. Dieses Trainingsprogramm sollte mindestens zwei- bis dreimal pro Woche – optimal wäre ohne Zweifel täglich – praktiziert und bei Bedarf variiert werden. Ein solches Programm dient ausschließlich der Förderung bzw. Erhaltung des subjektiven Wohlbefindens, es geht eben gerade nicht um fortlaufende Steigerungen des Schwierigkeitsgrades oder der Optimierung der Bewegungsausführung.

Wer subjektiv das Gefühl hat, dass ihm die Zeit für solche Entspannungs- und Bewegungseinheiten fehlt oder wem diese Übungen schlicht keine Freude bereiten, sollte alternativ zumindest häufig mit den Kindern und Kolleg*innen lachen, denn Lachen wirkt fast immer zuverlässig gegen Stress.

5. Spielen und Spiele in der frühen Kindheit

JÜRGEN SCHWIER

EINLEITUNG

Wenn sie sich selbst überlassen werden, spielen Kinder jeden Alters mit Begeisterung, Ausdauer und Hingabe. Das Spielen ist dabei einerseits ein wichtiges Medium der (früh-)kindlichen Entwicklung und andererseits lassen sich den Spielen unterschiedliche gesellschaftliche Funktionen zuschreiben. Unter den soziokulturellen Rahmenbedingungen der Gegenwartsgesellschaft scheint dem Phänomen Spiel unter anderem eine zentrale Bedeutung für die Bewegungssozialisation sowie für die Entwicklung der Körper- und Bewegungskarriere zuzukommen. Spielaktivitäten können so zur altersangemessenen Ausbildung konditioneller und koordinativer Fähigkeitskomplexe (Ausdauer, Beweglichkeit, Gewandtheit, Kraft und Schnelligkeit) beitragen sowie die Antizipations-, Reaktions- und Wahrnehmungsfähigkeit schulen.

Es kann ferner angenommen werden, dass im Spiel auch Interaktionsprozesse wirksam werden, die die Individuation und Identitätsbildung der Heranwachsenden beeinflussen sowie letztlich deren Einbindung in die sie umgebende Kultur vorantreiben. Spielend begegnen Kinder alltäglich den Anderen, die sie als Spielkameraden, Mitspieler*innen, Gegenspieler*innen, Schauspieler*innen oder Spielverderber*innen kennenlernen. Die Heranwachsenden erfahren des Weiteren, dass mit unterschiedlich strukturierten Spielen (z. B. Ballspiele, Puppenspiele, Rollenspiele, Raufspiele, Wasserspiele) auch unterschiedlichen Erfahrungen verbunden sein können.

Vor diesem Hintergrund kann die Thematisierung von Spielen und Spielaktivitäten in den unterschiedlichen Bereichen der frühkindlichen Bildung kaum überraschen. Nicht zuletzt Zimmer (2006b, 2013, 2014) hat wiederkehrend auf die besondere Rolle des Spielens in der aktiven Erziehung aufmerksam gemacht.

Spielen erscheint aus diesem Blickwinkel als eine entwicklungsfördernde Form der Selbsttätigkeit, die gerade in einer Zeit veränderter Aufwachsbedingungen – Stichworte: Verhäuslichung des Kinderspiels, Verinselung der Aktivitäten, Pädagogisierung und Mediatisierung des Kinderlebens – an Bedeutung gewinnt. Bevor die Merkmale und Strukturen des Spiels sowie seine Ausprägungsformen in der frühen Kindheit dargestellt werden, erscheint es zunächst sinnvoll, die Begriffe Spiel und Sport voneinander abzugrenzen.

SPIEL UND SPORT

Grundsätzlich kann sicherlich festgestellt werden, dass das Spiel einen Bereich menschlicher Erfahrung und Handelns bezeichnet, der weit über den Sport hinausweist. Der moderne Sport versucht notwendigerweise Handlungssituationen eindeutig zu regeln, während Spielen immer die Mehrdeutigkeit der Situation impliziert. Das Verhältnis von Sport und Spiel wird daher in den unterschiedlichen Kontexten des Handball-, Fußball-, Basketball- oder Volleyballspielens jeweils neu ausbalanciert. Es wird beispielsweise beim spontanen Kicken von Kindern auf einer Wiese anders hergestellt als bei einem regulären Fußballspiel in einer vom Verband organisierten Liga. Man könnte auch sagen, die gesamte Welt des Sports ist immer nur ein kleiner Teil der auf unserem Planeten vorfindbaren Spielwelten. Während es sich beim Sport um ein kulturell geformtes und normiertes Bewegungskonzept handelt, kann das Spiel als ein menschliches Grundbedürfnis angesehen werden, wobei allerdings eingeräumt werden muss, dass in komplexen Kulturen dem Spiel eine zunehmende Bedeutung zuerkannt wird und das Spiel selbst wesentliche Merkmale der jeweiligen Kultur reproduziert (vgl. Sutton-Smith, 1978).

Das Spiel erweist sich sowohl als eine Funktion des (kulturellen) Lernens als auch der individuellen Entwicklung. In dieser Sicht lässt sich das Spiel als in und durch Lernprozesse erworbenes Verhalten und zugleich als dem Subjekt quasi innewohnender Entwicklungsmechanismus begreifen. Das sich bewegende Kleinkind greift beispielsweise spielend nach den Dingen seiner Umwelt, erprobt nachfolgend das Werfen und Fangen verschiedener Dinge, womit in gewisser Hinsicht die Voraussetzung für die spätere Teilhabe an den Sportspielen geschaffen wird (vgl. Schwier, 2008).

Der Sport bildet eine spezifische Sonderwelt, in der Erfahrungsmöglichkeiten und Verhaltensspielräume durch die den jeweiligen Sport konstituierenden Regeln und Rituale begrenzt werden. Das Spiel stellt hingegen eine offene und lustbetonte Kommunikationsform dar. Dabei kann angenommen werden, dass das wesentliche am Spiel das ist, was man nicht sehen kann: die Strukturiertheit der Subjekt-Objekt-Beziehungen. Dem Spiel ist daher ein adaptives Potenzial eigen, das für die Entwicklung der menschlichen Kompetenzen fruchtbar gemacht werden kann (vgl. Sutton-Smith, 1973, S. 42-43; Schwier & Kolb, 2005).

In diesem Sinn würde sich das Spiel vom Sport vor allem durch das Spektrum der möglichen materialen, personalen und sozialen Erfahrungen unterscheiden. Das Spiel ist letztlich grenzenlos und bleibt sowohl für die Anwendung bereits beherrschter Handlungsmuster als auch die Erprobung innovativer Strategien offen. Mit Wittgenstein lässt sich vor diesem Hintergrund festhalten, dass das Spiel ein Begriff mit verschwommenen Rändern ist:

»Wie würden wir denn jemandem erklären, was ein Spiel ist? Ich glaube, wir werden ihm Spiele beschreiben, und wir könnten der Beschreibung hinzufügen: ›das, und Ähnliches nennt man Spiele‹. [...] Wir kennen die Grenzen nicht, weil keine gezogen sind« (Wittgenstein, 1984, S. 279).

Grundsätzlich spricht ferner einiges dafür, dass in diesem Sinn zwischen den Phänomenen Spiel und Sport eine Familienähnlichkeit (im Sinne von Wittgenstein) besteht, die im sportlichen Wettkampfspiel in besonderer Weise zum Ausdruck kommt. Eine enge Verwandtschaftsbeziehung von Sport und Spiel ist darin zu sehen, dass sie es dem Akteur ermöglichen, seine Kompetenzen in einem freigewählten Handlungsrahmen zu erproben sowie seine Expressivität und seine Emotionen auszuleben.

MERKMALE DES SPIELS UND DES SPIELENS

Über die Grundmerkmale des Spiels besteht in der (sport-)wissenschaftlichen Debatte seit längerem eine weitgehende Übereinstimmung, obwohl die entsprechenden Ansätze zum Teil unterschiedliche Begrifflichkeiten verwenden. Die folgenden Ausführungen orientieren sich an der Terminologie von Callois (1982, S. 12-17), der sich wiederum auf Huizinga (1956) bezieht. Das Spiel reduziert für diese beiden Autoren die Komplexität und Undurchsichtigkeit der Wirklichkeit und ist grundsätzlich eine (a) freie, eine (b) ungewisse, eine (c) vom Alltag abgetrennte, eine (d) unproduktive, eine (e) geregelte bzw. eine (f) fiktive Betätigung.

a) Die Freiwilligkeit der Teilnahme ist für das Spiel unabdingbar, man kann eben nicht wirklich zum Spielen gezwungen werden. Spiel findet nur statt, »wenn die Spieler Lust haben zu spielen und sei es auch das anstrengendste [...]

Spiel« (Callois, 1982, S. 12). Das Spiel stellt also einen um seiner selbst willen angestrebten Handlungsraum dar, der den Akteuren eine Befriedigung ihrer aktuellen Handlungsbedürfnisse und die lustvolle Erfahrung einer unmittelbaren Tätigkeitsfreude ermöglicht. Schon Kleinkinder können im Spiel aufgehen, vollständig in die Aktivität eintauchen, intensive Rückmeldungen über die eigenen Fähigkeiten erhalten, einen lustbetonten Zugang zur (Bewegungs-)Kultur finden und dabei spielend ein Gefühl von Initiative und Verursachung erleben.

b) Die prinzipielle Offenheit des Ausgangs ist ein zweites Merkmal des Spiels. Gerade für Kinder scheinen die – oftmals nur schwer auszuhaltende – Ungewissheit und das damit verbundene Risiko des Scheiterns eine durchaus entwicklungsfördernde Dimension des Spielerlebens zu sein. Spiele konfrontieren die Akteure in vielfältiger Form mit deutlichen Herausforderungen und stellen ein relationales Verhältnis zwischen der Erlebniswelt des Subjekts und der Umwelt her. Im Rahmen dieses Wechselspiels ist das spielende Subjekt mit einem Gegenüber verknüpft, das seinerseits mit dem Spieler spielt. Der Akteur muss innerhalb der jeweiligen (Regel-)Grenzen unmittelbar eine »freie Antwort« (Callois, 1982, S. 14) finden und erfinden. Durch die Widerstände und Reaktionen, die das eigene Tun bei dem/den anderen auslösen, wird der Akteur zur selbstbewussten Auseinandersetzung mit der Spielsituation angeregt, andererseits bleibt deren erfolgreiche Bewältigung offen. In der Unbestimmtheit des Handlungsverlaufes und der Unvorhersehbarkeit des Ausgangs liegt nach Mead (1973, S. 219) ein dem Spielkontext eigenes Moment der Selbstvergewisserung begründet.

c) Spiele sind drittens eine abgetrennte Betätigung, sie finden in einer Sonderwelt statt, die klar von der Lebenswelt und ihren normativen Vorgaben (z. B. im Hinblick auf Sicherheitsstandards) zu unterscheiden ist. Spiele besitzen ferner ihre eigene Zeit und ihren eigenen Raum.

d) Durch spielerische Aktivität wird idealtypisch nichts geschaffen, was außerhalb der Spielwelt von Bedeutung ist. Spielen ist in diesem Sinn eine unproduktive Betätigung, die sich mehr oder weniger selbst genügt.

e) Da in Spiele kulturelle Vorstellungen und Konventionen hineinwirken erscheint das Spiel als eine geregelte Aktivität. Nach Huizinga (1956) bildet das Spiel einen Gegenpart zur gewöhnlichen Welt, wobei ein Spiel im eigentlichen Sinne nur dann möglich ist, wenn sich alle daran beteiligten Akteure an die jeweiligen Regeln halten:

»Jedes Spiel hat seine eigenen Regeln. Sie bestimmen, was in der zeitweiligen Welt, die es herausgetrennt hat, gelten soll. Die Regeln eines Spiels sind unbedingt bindend und dulden keinen Zweifel. [...] Sobald die Regeln übertreten werden, stürzt die Spielwelt zusammen. Dann ist es aus mit dem Spiel« (Huizinga, 1956, S. 18).

f) Aufgrund des allen Teilnehmern bewussten Als-Ob-Charakters des Tuns ist das Spiel ferner eine fiktive Betätigung, deren Unwirklichkeit und Sonderweltlichkeit erst hingebungsvolles Spielen stimuliert.

Wenn diese Merkmale beim Spielen in der Kita wirksam werden sollen, geht es zunächst darum die Spielsituationen möglichst offen und prozessorientiert zu gestalten. Nicht das Ergebnis, sondern der Verlauf und die Handlungsqualität des Spielens stehen im Vordergrund (siehe Abschnitt 3). Die Erzieherinnen und Erzieher übernehmen – nachdem sie ein Spiel initiiert haben – eine vorwiegend beratende Rolle, beobachten aufmerksam das Geschehen, bestärken die Spielfreude der Kinder und greifen dann entschieden ein, wenn die Gefahr eines Spielabbruchs (z. B. Konflikte, Überforderung, Langweile) besteht. Das Spielen benötigt im Allgemeinen ein offenes Zeitfenster, es dauert solange bis der Spielreiz erschöpft ist. Wichtig ist ferner die Gewährleistung eines entspannten Feldes, was vor allem »für nicht sicher gebundene und für belastete Kinder enorm wichtig ist, weil diese sich andernfalls wohl kaum auf ein Spiel einlassen können« (Hauser, 2013, S. 43).

SPIEL ALS HANDLUNGSRAUM

Das Spiel erscheint als ein um seiner selbst willen aufgesuchter Handlungsraum, der den Akteuren eine Befriedigung ihrer persönlichen Handlungsbedürfnisse und zugleich die Erfahrung einer unmittelbaren Tätigkeitsfreude verspricht. Spielen kann daher als eine exemplarische Form autotelischer Aktivität betrachtet werden. Mit dem Begriff autotelisch (von griechisch auto = selbst, eigen und telos = Ziel, Zweck) kennzeichnet Csikszentmihalyi (1985, 1990) Tätigkeiten, die vom Handelnden persönliches Können und eine gewisse Anstrengung erfordern, von ihm aber nicht wegen zu erwartender äußerer Belohnungen ausgeübt werden, sondern ihre Belohnung in sich selber tragen.

Das Spiel kann durchaus jene autotelischen Erlebnisse vermitteln, die Csikszentmihalyi als »Flow-Experience« beschrieben hat. In Flow-Situationen geht der Akteur gewissermaßen ganz im eigenen Tun auf, wobei unter anderem die (Selbst-)Reflexivität vollständig in den Hintergrund tritt und das Zeiterleben erheblich eingeschränkt ist. Darüber hinaus werden die (Spiel-)Ziele, die eigenen Bewegungshandlungen sowie die entsprechenden Rückmeldungen in ihrer Gesamtheit als eindeutig erlebt: Die Spieler wissen unmittelbar, was zu tun ist bzw.

mit welchen weiteren Handlungsschritten sie auf die Rückmeldungen zu reagieren haben (vgl. Csikszentmihalyi, 1985, S. 171-172).

Der Begriff Flow kennzeichnet also ein ganzheitliches Lebensgefühl bei dem die Trennung von Handlung und Selbst zeitweise aufgehoben wird und der Akteur sich in der Situation als kompetent erlebt:

»In der Schwebe zwischen Angst und Langeweile ist das autotelische Erleben eines des völligen Aufgehens des Handelnden in seiner Aktivität. [...] In einer solchen Situation kann eine Person die jeweils nötigen Fähigkeiten voll ausschöpfen und sie erhält dabei klare Rückmeldungen auf ihre Handlungen. [...] Er (der Akteur; J.S.) erlebt den Prozess als ein einheitliches Fließen von einem Augenblick zum nächsten, wobei er Meister seines Handelns ist« (Csikszentmihalyi, 1985, S. 58-59).

Spiele lassen sich in dieser Perspektive immer auch als Flow-Aktivitäten begreifen. Spielerische Aktivität ist daher gerade im Prozess des Aufwachsens kein überflüssiger Luxus im Leben der Menschen, sondern eine ernste Tätigkeit. Die Pointe besteht aber darin, dass wir den Spielkontext um seiner selbst willen und nicht wegen irgendwelcher Profite aufsuchen.

»Werden sie sich selber überlassen suchen Kinder mit der Unvermeidlichkeit eines Naturgesetztes Flow-Situationen auf. Sie handeln ohne Unterlass, wenn sie ihre Körper, Hände und Gehirne einsetzen können, um Rückmeldungen zu gewinnen, die ihre Kontrolle der Umwelt anzeigen. Sie hören erst dann auf, wenn die Herausforderungen erschöpft sind, oder wenn sie mit ihrem Können am Ende sind« (Csikszentmihalyi, 1985, S. 227).

Die Unvorhersehbarkeit und die Risiken der Spieltätigkeit lassen eine Spannung entstehen, die spielerisch ausbalanciert werden muss. Herausforderungen begegnen den Spielern als zu lösende Probleme, im Wettkampf, als Risiko, als Überraschungsgehalt oder in Gestalt des Unbekannten. Eine Bedingung für flow-orientiertes Spielen ist jedoch, dass die Handlungssituation eine subjektiv angemessene Herausforderung darstellt, also den Akteur weder unter- noch überfordert: Einerseits muss eine erfolgreiche Aufgabenbewältigung möglich sein (sonst tritt Angst oder Aufgabenverweigerung auf), andererseits muss der Ausgang offen sein (sonst wäre die Tätigkeit langweilig).

Spielend kann ein Akteur Handlungsfähigkeiten und Dispositionen entdecken und realisieren, die ihm zuvor nicht bewusst waren. Das Spiel ist ein Handlungsraum, in dem unter günstigen Umständen ein Gleichgewicht zwischen den Aufgabenanforderungen und den Kompetenzen des Individuums besteht. Im Spiel ist man weitestgehend von den Zwängen zur Selbsterhaltung und der Notwendigkeit zur strategischen seiner Interessen befreit. Spielen begünstigt ein Experimentieren mit riskanten und unkonventionellen Verhaltensakten, da ein eventuelles Scheitern im Spiel für die wirkliche Lebenswelt folgenlos bleibt. Spielen drängt aus den Sicherheiten heraus und sucht immer wieder die Ungewissheit und das Risiko. Spielen bedeutet daher auch, sich an die eigenen Grenzen und an die Grenzen der gegebenen Situationsdefinitionen heranzutasten und diese gegebenenfalls zu überschreiten.

Die Vorteile des Probehandelns im Spielkontext können unter anderem dazu führen, dass Heranwachsende Schwierigkeiten und Konflikte, die sie in lebensweltlichen Interaktionszusammenhängen erfahren haben, dort aber noch nicht bewältigen konnten, in ein Spiel transformieren:

> »Wenn sie spielen, mögen die Spieler die Auseinandersetzung weitertreiben; sie haben aber nicht die aus einem solchen Verhalten sonst täglich entstehenden Konsequenzen zu tragen und können im Voraus sicher sein, dass sie, selbst wenn sie dieses Mal auch verlieren mögen, doch ein anderes Mal das Spiel neu beginnen können« (Sutton-Smith, 1978, S. 43).

Im Verlauf des Spielens kann es also zu einer Synthese von Gegensätzen des Alltagslebens kommen, wobei vor allem die Gegensätze von Ordnung und Unordnung, Gelingen und Misslingen sowie Annäherung und Zurückweisung thematisiert werden. Kinder entfalten und trainieren so spielend ihre Handlungskompetenzen.

Das Spiel bildet ein Medium für Entwicklungs- und Lernprozesse, die zur Bewältigung der aktuellen kognitiven, interaktiven oder motorischen (Umwelt-) Anforderungen und Konflikte führen können. Es besteht daher hinreichend Grund für die Annahme, dass Kinder die für ihre jeweilige Entwicklungsstufe charakteristischen Konflikte, Schwierigkeiten und Aufgabenstellungen in ihre Spiele hineinlegen (vgl. Krappmann, 1983, S. 112). Wenn die im Prozess des Spielens thematisierten Probleme und Widersprüche durch die Aktivitäten und Handlungsmuster des Kindes nicht gelöst werden können, kann dies zur Ausbildung neuer Problemlösungsstrategien führen, die sich zunächst im Spiel selbst bewähren müssen, um dann unter Umständen auf Situationen in der Alltagswirklichkeit (Familie, Kindergarten usw.) übertragen zu werden. Im Vorschulalter kann alles »zum Spiel werden, die Umgebung wird spielend erkundet, Neues und Ungewohntes erforscht, Gegenstände in ihrer Bedeutung umfunktioniert« (Zimmer, 2013, S. 11). Das Spiel unterstützt also individuelle Lern- und Entwicklungsprozesse, da kulturelle, interpersonale und personale Konflikte im Spiel auf eine neue Ebene gehoben und einer Synthese zugeführt werden können

(Integration). Und diese Synthese der zuvor antagonistischen Positionen kann erneut als These dienen, die einen möglichen Entwurf zukünftiger Lebenssituationen darstellt (Innovation). Beim Spiel Vater-Mutter-Kind kann man verstehen lernen, warum die Mutter in einer genau festgelegten Situation eine bestimmte Verhaltensweise zeigt. Und man kann alternative Reaktionen auf das Verhalten der Mutter mit den Spielgefährten – ohne Sanktionsgefahr – erproben.

SPIELEN UND ENTWICKLUNG

Die Bedeutung des Spiels und des Spielens für die Entwicklung der kognitiven Kompetenzen ist nicht zuletzt von Piaget (1975, 1999) hervorgehoben worden, der im Spiel eine Möglichkeit zur subjektiven Aneignung von Wirklichkeit und damit auch zur Differenzierung und Erweiterung der intellektuellen Fähigkeiten sieht. Piaget integriert das Spiel in seine Theorie der kognitiven Entwicklung, in dem er es auf die – den Prozess der interaktiven Auseinandersetzung des Individuums mit der Umwelt kennzeichnenden – Aspekte der Assimilation und der Akkommodation bezieht, wobei für ihn »erfolgreiche Bildung und nachhaltiges Lernen v. a. im frühen Kindesalter an Eigenaktivität und Handeln bzw. an Bewegung geknüpft sind« (Bahr et al., 2012, S. 103). Der Begriff der Akkommodation bezeichnet die Tendenz des Heranwachsenden zur Anpassung seiner Aktivitäten an die Struktur der Objekte bzw. Situationen seiner Umwelt. Nachahmung und Vorstellungsbild sind so beispielsweise durch ein Übergewicht der Akkommodation charakterisiert. Assimilation meint demgegenüber die Integration neuer Objekte, Situationen und Beziehungen in bereits bestehende mentale Strukturen und Schemata, die durch die Assimilation verändert werden. Assimilation bedeutet, dass das Kind versucht, subjektiv neuartige Objekte und Situationen an seine aktuelle Strukturiertheit anzupassen und ihnen Bedeutung zuzuerkennen (vgl. Piaget & Inhelder, 1977, S. 12).

Durch seine assimilatorische Aktivität stellt das Kind Verbindungen zwischen den eigenen Handlungen und den Spielobjekten her. Die häufige Wiederholung von praktischen, auf das Spielobjekt gerichteten Verhaltensweisen führt beispielsweise dazu, dass diese Handlungen zu Schemata werden. »In diesem Sinne konstituiert das Spiel den extremen Pol der Assimilation der Wirklichkeit an das Ich, wobei es als Assimilator etwas von der schöpferischen Phantasie hat, die der Motor des späteren Denkens und selbst der Vernunft bleiben wird« (Piaget, 1975, S. 208). Spiele stimulieren die Selbstausbildungsprozesse der Kinder, da diese spielend naive Handlungstheorien ausbilden, die es ihnen ermöglichen, die Welt aus dem Blickwinkel der eigenen Bedürfnisse und Interessen zu begreifen.

Nach Piaget (1975) können in der Entwicklung bis zur Entfaltung der formalen Operationen drei Spieltypen unterschieden werden. Die Übungs-, Symbol- und Regelspiele stehen dabei in einem Zusammenhang mit dem jeweils erreichten Stand der kognitiven Kompetenz. Die Übungs- oder Funktionsspiele der sensomotorischen Stufe werden mit dem Aufbau des Vorstellungsbildes durch das Symbolspiel weitgehend ersetzt, an dessen Stelle dann im fortschreitenden Prozess der Differenzierung das Regel- und Konstruktionsspiel tritt.

Die Übungs- und Funktionsspiele der frühen Kindheit sind auf die gegenständliche Wirklichkeit gerichtet. Die Spielhandlungen beziehen sich vor allem auf den eigenen Körper, dessen Funktionen und auf Objekte der Nahumwelt (z. B. Bälle, Bauklötze). Motorische und sensorische Erfahrungen werden in und durch Übungsspiele zu Verhaltensschemata koordiniert, die wiederum im Spiel angewendet werden. Die Umwelt liefert dem Kind ständig neue Gelegenheiten, Gegenstände und Situationen, die es entdecken, erkunden und manipulieren kann, um diese dann in Übungsspielen über »variierende Bewegungswiederholungen« (Kolb, 2005, S. 23) auf der Grundlage der eigenen Bedürfnisse zu transformieren.

Mit dem Aufbau des Vorstellungsbildes verinnerlicht sich das Übungs- zum Symbolspiel. Das Kind ist nun in der Lage, sich ein abwesendes Subjekt oder Objekt bildlich vorzustellen. In Symbolspielen versuchen die Kinder, den Gegenständen oder den Beziehungen eine neue Bedeutung zu geben, wobei die Beziehung zwischen dem Symbol und dem Bezeichneten durchgängig subjektiv bleibt. Die vom Kind konstruierten Spielsymbole sind Ausdruck seines individuellen Erlebens der Wirklichkeit:

> »Symbolic play [...] is a more interesting and constructive response, in which the children are concerned with assimilation to a greater extent than with accommodation. They accept from the environment what appeals to their fancy and disregard what is beyond their interest or comprehension. [...] It provides them with a world of actions, symbols and images where they can feel free and at home« (Furth, 1980, S. 66).

Typische Formen des Symbolspiels sind die Rollenspiele, in denen die Kinder versuchen abwesende oder fiktive Personen, Objekte oder erfahrene Interaktionszusammenhänge symbolisch darzustellen sowie Ereignisse aus der Lebenswelt im Spiel noch einmal zu erleben. Symbolspiele sind eine erste Form der Auseinandersetzung mit Interaktionspartnern, mit Interaktionsmustern und Rollenattributen (z. B. Vater-Mutter-Kind), wobei es sich allerdings um subjektive

Assimilationen handelt (vgl. Piaget, 1975, S. 171). Symbolspiele werden zwar häufig von mehreren Kindern gemeinsam gespielt, doch überwiegt dabei das parallele Spielen. Die Kinder agieren eher nebeneinander als miteinander, jedes mehr oder weniger den eigenen Vorstellungen folgend, in sein eigenes Spiel vertieft.

Das Regelspiel setzt ein bestimmtes Niveau an sozialer Reziprozität und Intersubjektivität voraus. Die Kinder erkennen nun, dass die Objekte und Personen ihrer Lebenswelt unabhängig von ihnen existieren. Die Entfaltung des Regelspiels basiert also auf einer Differenzierung der Begriffswelt der Heranwachsenden, das heißt unter anderem auf der sich entwickelnden Fähigkeit vorgegebene Regeln als verbindlich anzuerkennen und nach ihnen zu handeln. Sind Übungs- und Symbolspiele Formen der reinen Assimilation der Wirklichkeit an das Ich, so stellt das Regelspiel eine Balance zwischen der assimilatorischen Aktivität und den Anforderungen der sozialen Welt her.

»Kurz, die Regelspiele sind sensomotorische Kombinationsspiele (Laufspiele, Murmel- oder Ballspiele) oder intellektuelle Kombinationsspiele (Kartenspiele, Schach), und zwar mit einem Wettstreit zwischen Individuen« (Piaget, 1975, S. 185).

Im Rahmen von Regelspielen wird die spielerische Assimilation durch soziokulturelle Normen reguliert und mit den Erfordernissen sozialer Reziprozität in Beziehung gesetzt. Der Heranwachsende erwirbt in und durch Regelspiele schrittweise ein Regelbewusstsein – als Bewusstsein von der Existenz intersubjektiv verbindlicher Vereinbarungen und Normen -, das es ihm ermöglicht seine Handlungen gemäß der Regeln zu strukturieren, auf die Handlungen der Mit- und Gegenspieler zu beziehen und denkbare Handlungsabläufe zu antizipieren bzw. zu steuern (vgl. Piaget, 1975, S. 183-185). Darüber hinaus haben die Heranwachsenden nun eine gemeinsame Erfahrungsgrundlage und ein geteiltes Verständnis für das jeweilige Spiel.

Auch wenn die von Piaget beschriebenen Strukturtypen des Spiels nur begrenzt geeignet sind, die komplexe Struktur des Spielens angemessen abzubilden (u. a. weil Dimensionen wie Spiellust, Vergnügen, Expressivität unterbelichtet bleiben), verdeutlichen seine Studien doch eindringlich die Bedeutung des Spiels in dem Prozess der Entwicklung (sozial-)kognitiver Kompetenzen.

SPIEL UND SPIELEN IN DER KITA

Der zentrale Bezugspunkt des Spielens und der Spielerziehung in frühkindlichen Bildungseinrichtungen ist das sich entwickelnde Kind. Vielfältige angeleitete und selbstgestaltete Spielaktivitäten sowie breite Spielerfahrungen sollen schon im frühen Kindesalter die Entfaltung einer allgemeinen Spielfähigkeit anbahnen. Es geht dabei um eine Bereitstellung von herausfordernden Spiel- und Lerngelegenheiten, die die Eigenaktivität der Kinder begünstigen und die Erfahrungen des selbstbestimmten Handelns stimulieren. Ausgehend von der Annahme, dass Lernen in der frühen Kindheit vorwiegend bewegtes Erfahrungslernen ist, können – durchaus in Anknüpfung an die vorangehenden Ausführungen – im Kita-Bereich die übergeordneten Formen des (a) Funktions- und Bewegungsspiels, des (b) Bau- und Konstruktionsspiels, des (c) Fantasiespiels und des (d) Regelspiels unterschieden werden, die im Verlauf der Entwicklung idealtypisch nacheinander auftreten. Diese Spielformen dominieren zwar in bestimmten Altersstufen, bleiben aber auch in späteren Abschnitten der Kindheit und des Jugendalters als Praktiken erhalten (vgl. Zimmer 2014a, S. 102). Die Trennlinie zwischen den vier Spielformen ist des Weiteren nicht starr, sondern eher durchlässig: Varianten des Fangens können beispielsweise Bewegungs- aber auch Regelspiele sein.

Tab. 1: Formen des Spiels im Vorschulalter (nach Zimmer, 2014a, S. 102)

Formen des Spiels	erscheinen im Alter von
Funktionsspiele	0-2 Jahren
Konstruktionsspiele	2-4 Jahren
Fantasie- und Rollenspiele	2-6 Jahren
Regelspiele	etwa 5/6 Jahren

Funktionsspiele

Beim Funktionsspiel steht die Lust am Tun im Mittelpunkt, das Kleinkind freut sich daran, mit seinem motorischen Handeln etwas zu bewirken und probiert aus, wozu es schon in der Lage ist (etwas zu sich heranziehen, strampeln, etwas mit dem Fuß umstoßen usw.). Unter günstigen Umständen geht das Kind beim Funktionsspiel – ähnlich wie bei der »Flow-Experience« (siehe Abschnitt 3) ganz in der Aktivität auf und erlebt sich als handlungsfähig, was wiederum zur Wiederholung des Spiels reizt. Dies gilt in vergleichbarer Weise auch für die frühen Bewegungsspiele (u. a. Fangen, Jagen, Raufen, Schaukeln, Springen, Klettern oder Spiele mit Bällen). Da Bewegungsspiele im Vorschulalter nahezu täglich praktiziert werden, unterstützen sie nicht zuletzt die Entwicklung eines breiten Bewegungsrepertoires, die motorische Leistungsfähigkeit und den Aufbau einer sicheren Orientierung im Wohnumfeld. (vgl. Hauser, 2013, S. 88). Innerhalb gewisser Grenzen stellen die alltäglichen Funktions- und Bewegungsspiele in Kita, Elternhaus und im Freien durchaus einen Schutzfaktor für die Gesundheit im Kindesalter dar.

Beispiel 1: Einführung Zwerg und Riese

Ein Riese fängt mit Riesenschritten die Zwerge. Er darf sich aber nur bewegen, wenn die Erzieherin bzw. der Erzieher »Riesenschritte« auf dem Tamburin klopft. Bei den schnellen Trippelschlägen dürfen die Zwerge in jede Richtung fliehen (Mattenberge, Sprossenleiter, Turnbänke usw.). Gefangene Zwerge werden zu Riesen.

- Erklärung: Den Kindern die Spielidee nahebringen, Strategien vorstellen: Wie kann ich fliehen?
- Raum: Anfangs in der halben Halle spielen.
- Bewegungsausführung: den Unterschied zwischen langen und kurzen Trippelschritten spüren: Macht möglichst wenig Schritte (Riesen), macht möglichst viele kleine Schritte (Zwerge).
- Rhythmus: Erzieherin bzw. Erzieher läuft als »Oberzwerg« oder »Riesenriese« mit der Gruppe und schlägt die beiden Rhythmen mit dem Tamburin. Kurze Pause beim Wechsel der Rhythmen.
- Reagieren: Beim Ende des jeweiligen Rhythmus wie eingefroren an Ort und Stelle stehen bleiben. Wenn dies allen Kindern gelingt, den Rhythmus immer schneller wechseln.
- Zwerge und Riesen in zwei Gruppen: Beide Gruppen laufen im Wechsel. Sobald der Rhythmus sich ändert, bleiben alle Gruppenmitglieder sofort stehen.

Objekt- und Konstruktionsspiele

Die Objekt- und Konstruktionsspiele setzen zumeist im Alter von ein bis eineinhalb Jahren ein und umfassen das mehr oder weniger geschickte Hantieren mit Objekten, das (Nach-)Bauen mit Sand, Klötzen oder Legosteinen sowie das Zeichnen und Malen. »Eigentlicher Ausgangspunkt ist die Objektpermanenz, die es dem Kind ermöglicht, ein Objekt im Gedächtnis zu behalten, auch wenn es im Moment nicht wahrgenommen werden kann« (Hauser, 2013, S. 117). Das oft im Medium der Bewegung stattfindende Spielen mit Objekten (wie Bällen, Schachteln, Bauklötze, Sandkästen, Stofftiere) stimuliert materiale Erfahrungen, die ein

Begreifen der materialen Umwelt anbahnen und gleichzeitig mit einem Ausleben von Bewegungsfreude sowie mitunter auch dem Erleben von Enttäuschungen oder Momenten des Scheiterns einhergehen.

Beispiel 2: Spiel mit Bauklötzen

Bauklötze liegen am Boden verstreut. Die Kinder bewegen sich zunächst möglichst vielseitig um und über die Bauklötze.

- Auf Bauklötze setzen, Füße auf den Boden, Füße vom Boden abheben, Füße in die Höhe strecken.
- Zwei Kinder versuchen Bauklötze auf unterschiedliche Arten zu transportieren (mal möglichst einfach, mal besonders kompliziert).
- Bauklötze in eine Reihe legen, darauf balancieren, auf allen vieren die Reihe überqueren, über die Reihe springen, Steigerung mit einer Doppelreihe von Bauklötzen.

Fantasie- und Rollenspiele

Im Rahmen von Fantasie- und Rollenspielen setzen sich Kinder einerseits mit Ereignissen aus ihrem Lebensalltag auseinander, die zu Zweit oder in der Kleingruppe nachgespielt und kreativ bearbeitet werden. Andererseits tauchen sie spielerisch in fremde Welten ein, entwerfen sich selbst als jemand Anderes und erfinden realitätsferne Spielfiguren. Ein typisches Merkmal des Fantasiespiels »ist das Benutzen konkreter Materialien oder das Hervorbringen von Als-ob-Handlungen und Als-ob-Situationen [...] So steht die an die Wange gehaltene flache Hand bei seitlich geneigtem Kopf für das eigene Schlafen. Fantasiespiel kann Replicagebrauch, Nachahmungshandlungen, irreale Spielideen, Metagespräche u. a. m. umfassen« (Hauser, 2013, S. 93).

Beispiel 3: Mein Lieblingstier

Die Kinder sitzen im Kreis und präsentieren sich nacheinander ihr Lieblingstier. Ein Kind geht in die Kreismitte und stellt die Bewegungen, die Geräusche und/oder das Äußere seines Lieblingstiers dar. Wenn die anderen Kinder das Tier erkannt haben, kommt das nächste Kind an die Reihe.

Beispiel 4: Räuber und Gendarm

Zum Einstieg wird eine Geschichte erzählt: Eine Geschichte von den schnellen Gendarmen, die die flinken Räuber jagen. Dann werden eine Räuber- und eine Gendarmengruppe gebildet, die jeweils Markierungsbänder/Trainingsleibchen in unterschiedlichen Farben tragen. Zum Einstieg bewegen sich alle frei im Raum und wenn ihre Farbe gerufen wird, laufen sie schnell zu einer Hallenlängswand. Im nächsten Schritt stehen Räuber und Gendarmen jeweils aufgereiht an einer Breitseite der Halle. Jeder Gendarm hat die Aufgabe einen bestimmten (ihm gegenüber stehenden) Räuber zu fangen. Auf ein akustisches Zeichen (es wird die Farbe der Räuber gerufen) laufen die Räuber zur gegenüberliegende Breitseite, während jeder Gendarm den ihm zugeteilten Räuber zu fangen sucht. Berührt ein Räuber die gegenüberliegende Hallenbreitseite, ist er in Sicherheit. Variation: Jeder Gendarm kann jeden beliebigen Räuber fangen und gefangene Räuber verstärken die Gendarmentruppe.

Regelspiele

Regelspiele tauchen circa im fünften/sechsten Lebensjahr in der Handlungspraxis der Kinder auf und verlangen von ihnen die Spielhandlungen an feststehenden Spielregeln und nicht beliebig veränderbaren Handlungsverläufen auszurichten (siehe Abschnitt 4). Bei den Vorschulkindern besteht dabei die entwicklungsbedingte »Tendenz, Spielregeln als Zwangsregeln zu betrachten, die von Erwachsenen eingesetzt werden und unantastbar sind« (Zimmer, 2014a, S. 105). Der Heranwachsende lernt im Regelspiel die Rollen der verschiedenen Mit- und Gegenspieler gleichzeitig einzunehmen, aufeinander zu beziehen und seine Spielhandlungen auf der Basis der Regeln zu entwerfen. Der ballführende Fußballspieler muss, wenn er erfolgreich agieren will, beispielsweise erkennen, welches Verhalten von den ihn bedrängenden Gegenspielern zu erwarten ist. Er muss wissen, welches Abspiel die Mitspieler erwarten und er muss selbst in umkämpften Situationen darauf verzichten den Ball mit der Hand zu spielen oder den Gegenspieler zu rempeln. Und er muss die jeweils situationsangemessene Spielhandlung (Pass, Torschuss) auch technomotorisch umsetzen können. Für Mead (1973, S. 193-201) besteht in diesem Zusammenhang eine entwicklungslogische Pointe des Regelspiels (game) darin, dass die Kinder die Qualifikation zur Koordinierung der Spielhandlungen auf der Grundlage intersubjektiv geteilter Regeln in der spielerischen Interaktion selbst ausbilden. Den Vorschulkindern fällt es allerdings noch schwer, die übergeordnete Spielidee, die Auslegung der Regeln und die geeigneten Strategien der Zielerreichung in der aufregenden Wettkampfsituation im Blick zu behalten.

Beispiel 5: Minigolfspiel

An der Längsseite der Halle/des Sportplatzes/der Rasenfläche sind Ziele markiert (Hütchen, Kegel, Malstäbe, Frisbeescheiben usw.). Die Kinder versuchen aus einer vereinbarten Distanz mit möglichst wenig Versuchen mit einem Ball das Ziel zu treffen.

- Die Kinder erproben unterschiedliche Bälle.
- Zwei Kinder einigen sich auf eine Distanz sowie auf eine Trefftechnik (Werfen, Rollen usw.) und versuchen das Ziel mit möglichst wenigen Versuchen zu treffen: Wer gewinnt?
- Variieren der Abstände, Einbau von zu überwindenden Hindernissen usw.
- Die Kinder entwerfen ihre eigene Minigolfanlage (mehrere Bahnen), legen ihre Golfregeln fest und spielen ein Turnier.

Beispiel 6: Prellball

Zwei Mannschaften stehen sich in einem durch eine Mittellinie geteilten Spielfeld gegenüber. Der Ball muss so geworfen werden, dass er in der eigenen Spielfeldhälfte einmal aufkommt, bevor er die Mittellinie überquert. Der Ball darf in der gegnerischen Hälfte nur zweimal den Boden berühren, bevor ihn ein Kind dieser Mannschaft fängt und in Richtung gegnerische Hälfte prellt.

- Statt der Mittellinie können Kästen als Hindernisse genutzt werden.
- Die Kinder erproben unterschiedliche Bälle.
- Das Kind, das den Ball gefangen hat, muss nicht selbst prellen, sondern kann zu einer Mitspielerin/einem Mitspieler passen.
- Der Ball darf nur einmal in der anderen Hallenhälfte aufkommen.

FAZIT

Beim Spielen in der Kita geht es im Wesentlichen um eine Verschränkung von explorativer, kooperativer und komparativer Funktion. Die Kinder sollen Dinge und Situationen in Bewegung erkunden (explorative Funktion), vom parallelen (Einzel-)Spiel zum Miteinander-Spielen gelangen (kooperative Funktion) und auch das Gegeneinander beim Wetteifern kennenlernen, bei dem sie quasi eine Doppelrolle als Mit- und Gegenspieler übernehmen (komparative Funktion). Die Zielperspektive der aktiven Erziehung besteht darin, dass die Kinder ihre individuellen Spielfähigkeiten entfalten (z. B. Spielverständnis), spielerische Fertigkeiten erwerben (z. B. Werfen und Fangen) sowie die Spielaktivitäten als spannend, subjektiv lohnend und befriedigend erfahren. Der damit verbundene Prozess des Übergangs vom frühkindlichen Einzelspiel mit Gegenständen zum Gruppen- bzw. Mannschaftsspiel erfordert zudem eine zeitaufwändige Unterstützung durch die Erzieherinnen und Erzieher. Wesentliche Prinzipien der Spielerziehung in frühkindlichen Bildungseinrichtungen sind dabei:

(a) die Förderung der Selbsttätigkeit der Kinder
(b) die Vielfalt der Spielformen und deren Variation durch die Kinder,
(c) die Vernetzung von verschiedensten Spiel- und Bewegungssituationen sowie
(d) die Verknüpfung von verinselten Spielräumen (Freiflächen im Stadtteil, Park, Spielplätze, Sportareale, Wald, Wiese usw.).

Grundsätzlich kann davon ausgegangen werden, dass die Kinder die mehrmalige Wiederholung von Spielen bzw. Spielsituationen schätzen und von sich aus signalisieren, wenn der Reiz des konkreten Spiels nachlässt und die Einführung einer neuen Spielform bzw. eine Variation der Regeln oder des Schwierigkeitsgrades wünschenswert ist (vgl. Hubrig, 2010, S. 145-146). Die Erzieherinnen und Erzieher sollten daher das Spielen aufmerksam beobachten, den Fähigkeiten der Kinder vertrauen und diesen zugleich Sicherheit geben (vgl. Borggräfe, 2010, S. 157), mitunter aber auch – nicht nur aus motivationalen Gründen – am Spielgeschehen aktiv und engagiert teilnehmen.

6. Ein Exkurs zum Spielen – das Rollwagen-Spiel

JAN ERHORN & JÜRGEN SCHWIER

EINLEITUNG

Im Rahmen des BMBF-Projekts »Bewegungsräume mit Kindern erkunden und nutzen« sind in den Flensburger Stadtteilen Neustadt und Nordstadt mehrere Sportbündnisse mit Kindertageseinrichtungen konzipiert, durchgeführt und evaluiert worden (vgl. Erhorn & Schwier, 2015). Ein Teilprojekt in einer lokalen Kita beinhaltete den Aufbau einer Bewegungsbaustelle, die den Heranwachsenden im Rahmen offener Bewegungsangebote zur freien Verfügung stand. Studierende eines interdisziplinären Projektseminars der Europa-Universität Flensburg haben den Prozess der Aneignung dieser Bewegungsbaustelle durch die zwei- bis sechsjährigen Kinder über Videoaufnahmen dokumentiert, um unter anderem die sozialen Interaktionen der Kinder und ihr auf die Bewegungsbaustelle bezogenes Spielverhalten angemessen untersuchen zu können. Als ein in gewisser Hinsicht durchaus exemplarisches Beispiel für das Spielverhalten der Kita-Kinder wird im Folgenden eine Spielsituation mit einem Rollwagen vorgestellt und diskutiert.

DIE SPIELSITUATION

Leon: [entdeckt einen Rollwagen und hält sich an ihm fest] »Schieben« [lacht und bewegt den Wagen dabei. Er steigt in den Kasten des Rollwagens hinein und erkundet diesen von innen durch Dreh- und Sprungbewegungen] »Jaaa« [bis er sich hinsetzt und das Loch entdeckt] »Und wieder raus« [Er krabbelt zur Hälfte raus]

Tim: [kommt hinzu und versucht in den Wagen einzusteigen]
Leon: [bemerkt Tims Versuch und macht eine Handbewegung]
Tim:[erneuter Versuch des Einsteigens]
Leon: »Nein« [setzt sich wieder in den Kasten]
Tim: [geht wieder]
Anna: [kommt hinzu und beobachtet Leon]
Josha: [kommt hüpfend und lachend zum Wagen]
Leon: »Schieben« [sitzt im Wagen] »Schieben«
Anna und Josha: [drehen den Wagen und fangen an zu schieben]
Alle Kinder: [lachen gemeinsam]
Leon: »Aaaaaahhhhhh«
Anna und Josha: [Schieben Leon]
Tim: [beobachtet die drei, läuft hinterher und wendet sich wieder ab]
Anna und Josha: [verharren in ihrer Bewegung. Der Wagen stoppt.]
Leon: unverständliche Lautfolge [macht Rüttel- und Wackelbewegung.]
Anna und Josha: [schieben den Wagen wieder zurück, drehen den Wagen, wobei über Joshas Fuß gerollt wird]
Josha: »Au« [schiebt gemeinsam mit Anna weiter, stoßen mit dem Wagen jedoch gegen einen Kasten] »Autsch«
Anna: [verlässt den Wagen, geht zum Kasten und schiebt diesen aus dem Weg.]
Josha: [hält auch an und guckt auf seinen Fuß]
Leon: »Nochmal« wieder unverständliche Laute [macht dabei Rüttelbewegungen, steht auf und springt im Kasten]
Anna: [läuft am Rollwagen vorbei und verlässt das Spiel]
Leon: [setzt sich wieder]
Josha: [macht einen Sprung, schiebt Leon zur Seite und verlässt auch das Spiel. Dabei schaut er sich zweimal auf den Fuß]
Leon: [steht auf] »Tollda« [steigt aus dem Wagen aus] »Joda, Joda, Joda, willst Du?« [hält den Wagen fest, lacht und springt auf und ab]
Tim: [kommt zum Rollwagen gelaufen und beginnt mit dem Einsteigen]
Anna: [hat Tim beobachtet und geht auch zum Rollwagen] »Nein ich, nein iii-ich« [macht dabei Handbewegungen]
Leon: [geht um den Rollwagen herum]
Tim: [setzt sich hin]
Anna und Leon: [schieben Tim]
Tim: »ah die unterfällt« [steht auf] »die unterfällt«
Anna und Leon: [schieben wieder in die andere Richtung, danach vor und zurück]

Leon: [verlässt das Spiel und klettert auf einen Kasten]

Anna: [geht um den Wagen herum und wieder zurück]

Tim: [versucht rückwärts aus dem Loch des Wagens zu klettern]

Anna: [beobachtet Tim und hält den Wagen fest. Sie geht weiter um den Wagen herum und fast Tim an den Kopf] »Mit dem Kopf« [dabei fasst sie sich selbst nochmal an den Kopf]

Tim: [guckt Anna an, dreht sich im Wagen und klettert mit dem Kopf voran aus dem Loch des Wagens]

Josha: [kommt angelaufen und steigt in den Wagen]

Anna: [will in den Wagen einsteigen, nimmt ihren Fuß wieder heraus und schiebt Josha.]

Josha: [setzt sich hin und lacht.]

Anna: [stoppt das Schieben] sagt etwas Unverständliches zu Josha, Josha gibt Antwort [versucht erneut zu schieben, steht dann aber auf und guckt in den Kasten] »Ich schieb nicht wieder ... Raus«

Josha: [steckt den Kopf durchs Loch. Dreht sich dann wieder um und guckt Anna an]

Anna: [geht um den Katen herum und schaut Josha dabei an] »ich wieder rein. Jetzt ich«

Josha: [beobachtet Anna und bleibt im Kasten sitzen]

Anna: [verlässt den Spielschauplatz]

Josha: [steht auf, bewegt den Wagen hin und her und steigt durch das Loch aus dem Wagen]

Anna: [läuft zum Wagen, schaut durch das Loch hinein und steigt ein] »Schieben... Schieben ... Ich möchte auch«

Josha: [kommt angelaufen und schiebt sie]

Lena: [kommt angelaufen] »ich möchte auch«

Josha und Lena: [schieben gemeinsam (außerhalb des Sichtbereiches)]

Anna: [steigt aus dem Wagen heraus]

VERSUCH EINER INTERPRETATION

Was ist beim Spielen mit dem Rollwagen passiert? Die Aktivitäten der Kinder lassen sich zunächst mit der Rahmendefinition von Callois (1982, S. 12-17) in Einklang bringen, der zufolge Spielen eine freie, ungewisse, unproduktive, geregelte bzw. fiktive Betätigung ist (vgl. Kap. 5). Das Spielen mit dem Rollwagen ist ferner intrinsisch motiviert – im Sinne von Csikszentmihalyi (1985) – und wird von Anna, Lena, Leon, Josha und Tim um seiner selbst willen praktiziert (vgl. Kap. 4.3). Weiterhin kann festgehalten werden, dass jede Handlung für die Kinder einen Bedeutungsgewinn darstellt und sie somit in der Interaktion mit den anderen Kindern und den Objekten über Eigenaktivität ihre Kompetenzen entfalten: »Entwicklung erfolgt wesentlich über die Eigenaktivität des Kindes in der Interaktion mit Personen und Gegenständen« (Ohrt, 2006, S. 146). Zu Beginn der Szene tritt Leon in das Geschehen ein, macht durch ein Lachen seine Freude deutlich und erkennt die Eigenschaften des Rollwagens, insbesondere die Möglichkeit ihn durch das eigene Handeln in Bewegung zu versetzen bzw. durch den Raum zu rollen. Sein Explorationsverhalten in Bezug auf den Wagen lässt erkennen, dass dieser ein unbekannter Gegenstand für Leon ist und seine Neugier weckt. Nachdem er die Rolleigenschaft des Objektes in Erfahrung gebracht hat, setzt er seine Erkundungsaktivität fort. Dabei entdeckt er, dass der Kasten auch zum Hineinklettern genutzt werden kann, dies führt er letztlich aus. Dort angekommen versucht er das Objekt durch Sprünge und Drehungen in Bewegung zu setzen.

Diese Handlungen bereiten Leon offensichtlich Freude (»Jaaa!«). Als er sich hinsetzt entdeckt er mit dem Loch eine weitere Eigenschaft des Objektes, die ihm bestimmte Bewegungshandlungen nahelegt, die er in der Folge nutzt, indem er aus dem Wagen herausschaut. Gleichzeitig kommentiert er selbst sein Tun (»und wieder raus«). Nicht zuletzt die anhaltende Erkundungs- und Betätigungsbereitschaft von Leon lenkt in der Folgezeit auch das Interesse anderer Kinder auf den Gegenstand (vgl. auch Hauser, 2013, S. 78). So wird Tim durch die Beobachtung von Leons Treiben aufmerksam und er versucht selbst – wie zuvor Leon – in den Wagen einzusteigen. Dieser Versuch wird von Leon bemerkt und sowohl nonverbal durch eine Handbewegung als auch verbal (»Nein«) unterbunden.

Diese Szene signalisiert, dass die anderen Kinder nicht weiter nur eine Beobachterrolle einnehmen, sondern aktiv in das Geschehen am Rollwagen einsteigen wollen. Allerdings wird das Objekt zunächst von Leon als persönlicher Besitz gedeutet und gegen die Nutzung durch die anderen Kinder verteidigt. In dieser Phase des Spiels weist Leon dem Rollwagen subjektive Valenz (Wertigkeit) zu, da dieser Gegenstand für ihn attraktive Handlungsmöglichkeiten bietet und er nicht bereit ist den Wagen zu teilen bzw. abzugeben. Leon hat aufgrund der subjektiven Valenz die Grundbedingungen für das Handeln erlernt, jedoch stellt die subjektive Valenz ein Hindernis für gemeinsame Gegenstandsbezüge und gemeinsame Interaktionen dar (vgl. Oerter, 2011, S. 26-28). Außerdem machen beide Kinder eine soziale Erfahrung, da sich Tim gegenüber Leon unterordnet und Leon dementsprechend seinen Willen durchzusetzen vermag. Im Übrigen weiß Leon anscheinend, dass sein Verhalten sich auf das der anderen Kinder auswirkt, was durchaus als ein Indiz für Selbstrepräsentation interpretiert werden kann.

Mit dem Eintritt von Anna und Josha ins Spielgeschehen beginnt ein Übungsspiel, zu dessen Beginn Leon klar seine Erwartungen äußert (»Schieben ... Schieben«). Daran ist erkennbar, dass Leon gegenüber dem Wagen eine objektive Valenz entwickelt hat. Aufgrund seiner vorherigen Exploration hat er die objektive Handlungsqualität erfasst. Da Anna und Josha sofort anfangen zu schieben, kann angenommen werden, dass sie die objektive Handlungsqualität durch Beobachtungen ebenfalls aufgenommen haben (vgl. Oerter, 2011, S. 25-39). Das Übungsspiel und die objektive Valenz sind nur durch gemeinsame Interaktion möglich (»drehen den Wagen und fangen an zu schieben«).

Der Aufbau objektiver Valenz von Gegenständen ist dabei ein wichtiger Aspekt der Spielentwicklung. Das Übungsspiel wird nach Piaget (1975) als lustvolles Einüben von Verhaltensschemata bezeichnet (vgl. Kap. 5). Es unterstützt materiale Erfahrungen, stärkt die Wirksamkeitsmotivation und wird von der unmittelbaren Tätigkeitsfreude getragen (alle Kinder: lachen gemeinsam). Das Rollwagen-Spiel ist für die Kita-Gruppe offensichtlich emotional besetzt: »Größten Erfolg sichern positive Emotionen aus erfolgreichen Problem- und Aufgabenbewältigungen« (Fischer, 2008, S. 177).

Allerdings deutet sich im weiteren Verlauf des Schiebespiels ein Übergang von dem Übungsspiel zu einem Rollenspiel an, da Leon durch »Rüttel- und Wackelbewegungen« seine Unzufriedenheit mit dem Anhalten des Rollwagens artikuliert. Mit der sofortigen Wiederaufnahme des Schiebens nehmen nun Anna und Josha die ihnen von Leon zugeschriebene Rolle als Schieber an. Leon sieht sich in der Situation offenkundig in der Rolle des Fahrers. Die Kinder haben letztlich einen gemeinsamen Gegenstandsbezug entwickelt und eine soziale Erfahrung gemacht (vgl. Renner, 2008, S. 91-95). Außerdem wird durch das Lachen sowie die spontanen Rüttel- und Wackelbewegungen die Spiellust bzw. Spielbegeisterung sichtbar (vgl. Hauser, 2013, S. 84-86).

Für Kinder ab dem zweiten Lebensjahr steht ferner das – über Ausprobieren gesteuerte – Kennenlernen von Ursache und Wirkung im Vordergrund. In diesem Beispiel zeigt sich das Erlernen von Ursache und Wirkung in Bezug auf die Eigenschaften des Rollwagens, denn ein Rollwagen ist kein stabiler Gegenstand, der sich leicht hin und her bewegen lässt. Die Eigenschaften des Rollwagens werden von jedem Kind im Verlaufe des Spielgeschehens erprobt und ansatzweise gefestigt. In diesem Prozess sind ebenfalls die entsprechenden motorischen Fertigkeiten relevant: Es erfordert schlicht ein gewisses Maß an motorischen Grundfertigkeiten um einen Rollwagen sicher zu schieben, zu lenken bzw.

zu stoppen, wobei sich die Fertigkeiten auch auf den Einstieg und sicheren Stand im Rollwagen beziehen.

Manche Bewegungsabläufe weisen jedoch noch gewisse motorische Ungenauigkeiten auf (schieben den Wagen wieder zurück, drehen den Wagen, wobei über Joshas Fuß gerollt wird). Da sowohl Anna als auch Leon diesem Unfall keine weitere Aufmerksamkeit schenken, spricht einiges für eine erst schwach ausgeprägte Empathie bei beiden Kindern. Empathie entwickelt sich um das dritte Lebensjahr herum und kann nur empfunden werden, wenn Heranwachsende bestimmte Situationen am eigenen Körper erfahren und ein Konzept ihrer selbst entfaltet haben (vgl. Haug-Schnabel & Bensel, 2004, S. 31). Da Leon und Anna die Äußerung »Au« von Josha im weiteren Handlungsverlauf nicht weiter berücksichtigen, ist davon auszugehen, dass sie entweder noch keine Erfahrung mit dem Überrollen eines Fußes gemacht haben und sich dementsprechend nicht in Josha hineinversetzen können oder aber das Geschehen schlicht nicht wahrgenommen haben.

Das weitere Spielgeschehen lenkt den Blick auf den sozialen Charakter des Spiels mit dem Rollwagen (»Tollda« [steigt aus dem Wagen aus] Joda, Joda, Joda, willst Du?«). Da der Spielreiz für Leon erst einmal weitgehend erschöpft ist, versucht er weitere Akteure für eine gemeinsame Aktivität am Rollwagen zu gewinnen. Als Erster kommt Tim zum Wagen gelaufen und versucht sofort einzusteigen. Mit der gleichen Zielsetzung erreicht Anna knapp hinter ihm das Spielgerät (»Nein ich, nein iiiich«). Anna geht einem Konflikt aber aus dem Weg und lässt sich auf einen Kompromiss ein (Anna und Leon: [schieben Tim]). Diese Art der Bewegungsaktivität bietet so vielfältige Gegebenheiten soziale Erfahrungen zu machen (vgl. Arzberger & Erhorn, 2013). Des Weiteren machen die Kinder während des Spielens soziale Erfahrungen, in dem sie sich gegenseitig Hilfe geben (Tim: [versucht rückwärts aus dem Loch des Wagens zu klettern]; Anna: [beobachtet Tim und hält den Wagen fest. Sie geht weiter um den Wagen herum und fast Tim an den Kopf] »Mit dem Kopf« [dabei fasst sie sich selbst nochmal an den Kopf]; Tim: [guckt Anna an, dreht sich im Wagen und klettert mit dem Kopf voran aus dem Loch des Wagens]). Da den Kindern unter Umständen sprachliche Fähigkeiten und Ausdrucksmöglichkeiten fehlen, nutzen sie ihre Körpersprache, wobei sie die Ebene der Metakommunikation weiter ausbauen. Anna verbindet hier schon die verbale Äußerung (»Mit dem Kopf«) mit einer gleichzeitigen nonverbalen Geste (dabei fasst sie sich selbst nochmal an den Kopf). Sie verknüpft also verbale und nonverbale Kommunikation, was als Metakommunikation zusammengefasst wird (vgl. Andresen, 2008, S. 123-134).

Die Metakommunikation gilt wiederum als eine wesentliche Voraussetzung für ein funktionierendes Rollenspiel (vgl. Renner, 2008, S.111-118). Beim Rollwagen-Spiel wechseln die Kinder jeweils nach kurzer Zeit wiederholt die Positionen, in dem ein Kind im Wagen sitzt und zwei Kinder schieben bzw. ein Kind schiebt. Der ständige Rollenwechsel zwischen Geschobenen und Schiebenden signalisiert einerseits eine eher geringe Ausprägung der Aufmerksamkeit. Andererseits kommt es im Rollenspiel mehrfach zu Wiederholungen der Verhaltensschemata, welche durch die Rotation von Geschobenen und Schiebenden kenntlich gemacht wird. Dem voran geht das Erlernen der Bewegungsformen des Schiebens, Stoppens und Lenkens, wobei ohne erkennbares Spielziel das reine Funktionieren im Zentrum steht. Jede Bewegungserfahrung der Spielenden ist unmittelbar auf ihren Körper und ihre subjektiven Assimilationen (vgl. Piaget, 1975, S. 171) bezogen. Der Motor derartiger spielerischen Lernprozesse sind die Neugierde und die kindliche Aktivität (vgl. Fischer, 2008, S. 177), deshalb sind die Heranwachsenden in solchen Selbstausbildungsprozessen erwartungsvoll, lebendig, motiviert und überaus engagiert. Sie sind in solchen Spielen letztendlich ganz bei sich und bei der Sache.

7. Bewegung als Dialog zwischen Mensch und Welt

JÜRGEN SCHWIER

EINLEITUNG

Die frühe Kindheit, die frühkindliche Bildung und damit auch die Bewegungserziehung in frühkindlichen Bildungseinrichtungen sind in den letzten zwei Jahrzehnten erheblich aufgewertet worden. Mit Verweis auf anthropologische und entwicklungstheoretische Argumente wird in diesem Zusammenhang der Bewegung und dem Spiel in der Kita ein hoher Stellenwert zuerkannt. Auch weil die Bedeutung der Bewegung in den ersten Lebensjahren noch größer als in späteren Lebensphasen ist (vgl. Zimmer, 2013, S. 588), bilden Bewegung und Spiel aus diesem Blickwinkel wesentliche Ausgangspunkte für die kindliche Entwicklung und darauf bezogene (Selbst-)Bildungsprozesse.

Das Sich-Bewegen und Spielen wird dabei zunächst als ein Teilbereich der lebensweltlichen Praxis begriffen, in der die Kinder durch ihre konstruktive Auseinandersetzung mit sozial vorgegebenen und informellen Handlungskontexten sowie vor dem Hintergrund ihrer biogenetischen Anlagen spiel- und bewegungsbezogene Erfahrungen machen, die wiederum das künftige Bewegungs- und Spielverhalten mitbestimmen und zum Aufbau von Sinnorientierungen beitragen. Durch derartige Konstruktions- und Aneignungsprozesse bildet sich im Lebenslauf eine persönliche Geformtheit dieser »Entwicklungslinie der Gesamtbiographie« (Baur, 1989, S. 116-121). Das Bewegungs- und Spielhandeln von Subjekten im lebensgeschichtlichen Kontext lässt sich allerdings nicht objektiv erfassen, als symbolisch vermitteltes biographisches Handeln muss es vielmehr von seinen situationsabhängigen Bedeutungsgehalten in komplexen Handlungsfeldern her interpretiert werden.

DAS DIALOGISCHE BEWEGUNGSKONZEPT

Vor diesem Hintergrund haben Gordijn et al. (1975) mit dem dialogischen Bewegungskonzept eine entsprechende Lehre des menschlichen Sich-Bewegens begründet, deren Reichweite die niederländische Autorengruppe explizit auf die Bewegungserziehung begrenzt. Dieser phänomenologische Ansatz ist von Tamboer (1985) im Sinne eines relationalen Körperbildes – »image of the relational body« – weiter ausgearbeitet worden. Den Ausgangspunkt der Argumentation bildet dabei die Kritik an dem in funktionalen Bewegungslehren dominierenden »substanziellen« Körperbild, das auf einer Trennung von Mensch und Welt, von Körper und Geist basiert (vgl. Tamboer, 1988, S. 442-445). Diese Sichtweise eines isolierbaren und quasi umweltlosen Körpers scheint nach Tamboer (1985, 187-190) kaum geeignet, um die Relationszusammenhänge zwischen Mensch und Welt zu erfassen. Es muss daher durch eine relationale Konzeption der Leiblichkeit ergänzt werden, da bei der anthropologischen Bestimmung des Menschen von einer unhintergehbaren Verschränkung des Zur-Welt-Seins und des In-der-Welt-Seins auszugehen ist. Das substanzielle Körperbild ist dadurch gekennzeichnet, dass es den menschlichen Körper als eine isolierte Einheit begreift und damit sowohl soziale Kontexte als auch subjektive Erfahrungs- und Wahrnehmungskategorien ausblendet. Bewegung erscheint dann als reine Orts- und Lageveränderung eines physikalischen Körpers in der Zeit und nicht als eine ganzheitliche Handlungs- und Ausdrucksform.

Der Begriff des relationalen Leibbildes umschreibt demgegenüber eine Position, die eine direkte – nicht durch den Geist vermittelte – Intentionalität des Körpers unterstellt. Der Körper steht also in inhärenten Bedeutungsbeziehungen zur Welt. Das Sich-Bewegen ist als Handlung intentional, zielgerichtet, zugleich kulturell geprägt und kann dann als dialogisches Wechselspiel zwischen Mensch und Welt in jeweils gegebenen Bewegungssituationen gedeutet werden. »The image oft the relational body articulates the connectedness of body and world. In this image actions appear as ways of knowing the world in action« (Tamboer, 1988, S. 439). Einerseits steht der Mensch durch seine Leiblichkeit schon immer in einem Bezug zur Welt, andererseits bezieht er sich mittels Bewegung auf etwas in der Welt. Über sein Bewegungshandeln befragt das Kind die umgebende Welt der Bedeutungen sowie Phänomene und versucht eine Übereinstimmung zwischen den eigenen Intentionen und der wahrgenommenen Situation herzustellen. Die internen Relationszusammenhänge, das körperliche »In-der-Welt-Sein« (im Sinne von Merleau-Ponty, 1966, S. 464) ermöglichen es dem Heranwachsenden, die originären Eigenschaften der Bewegungsumwelt zu erkunden, im tätigen Umgang mit dem Gegenüber dessen Widerstände zu erleben und sich durch das eigene leiblich fundierte Handeln Bewegungsbedeutungen zu erschließen (vgl. auch Trebels, 1992).

Der Zusammenhang und die Verbundenheit von Mensch und Welt werden durch das Sich-Bewegen subjektiv erfahrbar. Im Dialog mit der bewegungsrelevanten Umwelt – unabhängig davon, ob sich Bewegungen auf Objekte oder Subjekte beziehen – werden motorische Aktionen zu bedeutungsvollen Handlungen (z. B. über Angebote zum Greifen, zum Tasten oder zur Schulung des Gleichgewichtssinns). Diese Bewegungsbedeutungen sind in ein Netzwerk subjektiver, sozialer und objektiver Bedeutungszusammenhänge eingebettet:

»By relations of meaning is meant [...] that the environment is not to be considered a neutral outer world but a world which refers to the intentionality of the acting person, an intentionality which, conversely, implies a reference to that world. [...] Thinking, feeling, speaking and moving, for example, concern, as modalities of ›being in the world‹, specific ways in which the whole human being can be related to the world« (Tamboer, 1988, S. 452).

Das Sich-Bewegen ist eine der elementaren Formen, in denen der Mensch der Welt begegnet. Die Welt motorischer Bedeutungen – im Sinne von Gordijn et al. (1975) – kann ein Kind im Rahmen seiner Entwicklung nur durch handlungsvermittelte Dialoge mit der Bewegungsumwelt entdecken. In dieser Sicht sind Bewegungshandlungen ein Weltverstehen in Aktion, wobei die subjektiven Intentionen des Kindes, die bewegungsrelevante Situation und die verfolgte Bewegungsbedeutung essenzielle Bestanteile dieser Handlungen sind. Die Erfahrung des eigenen Körpers und der Aufbau eines individuellen Bewegungsrepertoires setzen den tätigen Umgang mit der (Lebens-)Welt voraus.

»Betrachten wir die Welt aus der Perspektive des Kindes, so geschieht die Welterschließung über den Körper und die Bewegung. Bewegungserfahrungen sind immer unmittelbar auf den Körper bezogen; als Bewegungserlebnisse sind sie von der Persönlichkeit des Kindes nicht zu trennen. Sie bilden geradezu die kindliche Identität« (Fischer, 2008, S. 174).

Eine entwicklungslogische Lesart des dialogischen Bewegungskonzepts stimmt weitgehend mit der dialektischen Perspektive von Baur (1988, 1989) überein. Das Kind entwickelt seine Bewegung in der aktiven Auseinandersetzung

»mit den in verschiedenen Handlungskontexten vorfindlichen und durch das eigene Handeln mitkonstituierten sozial-ökologischen Gegebenheiten. [...] Es erwirbt organische, körper- und bewegungsbezogene [...] Erfahrungen, die es fortlaufend in sein Persönlichkeitssystem integriert, mit den schon vorgängig erworbenen Erfahrungen verbindet und damit seine organischen Kapazitäten, seine körper- und bewegungsbezogenen Kompetenzen und Orientierungen weiterentwickelt« (Baur, 1988, S. 377).

In diesem Zusammenhang stellt das Bewegungsspiel – gerade auch in der frühen Kindheit – einen zentralen Handlungsbereich dar. Spielend kann das Kind den eigenen Körper als Handlungsgelegenheit erfahren und im Sich-Bewegen eine Brücke zu den Anderen und dem Anderen entdecken.

Motorische Bedeutungen werden in Subjekt-Objekt-Beziehungen realisiert, indem das Kind sich bewegende Akteure und/oder bewegte Objekte befragt (vgl. Kap. 6: Rollwagenspiel) und die der Situation innewohnenden Anforderungen und Sinngebungen durch seine Bewegungstätigkeit zu beantworten sucht. Bewegungshandlungen zielen als eine Form des »knowing the world in action« (Tamboer, 1985, S. 546) darauf ab, eine Übereinstimmung zwischen den eigenen Intentionen, der wahrgenommenen Umwelt und den bewegungsbezogenen Sinngebungen herzustellen. Das Sich-Bewegen passt sich einerseits an die durch die jeweiligen Bewegungsanlässe und -aufgaben vorgegebenen situativen Bedingungen an, andererseits werden diese Bewegungsbilder in die persönlichen Intentionen eingeordnet. »Die intentionale Leiblichkeit ist eine Daseinsweise, in deren Rahmen ich antwortend bei den Dingen wie auch den Menschen bin und meinen Körper als Objekt überschreite« (Gordijn et al., 1975, S. 17; zitiert nach Tamboer, 1979, S. 17). Das fußballspielende Kind nimmt beispielsweise die Mit- und Gegenspieler*innen, den Spielraum und den sich bewegenden Ball als etwas wahr, auf das er seine Bewegung beziehen muss. Die fortgesetzte Befragung der Handlungsgelegenheit Fußball ist dabei auf die subjektive Entfaltung des gesamten spielerzeugenden Bedeutungssystems gerichtet. Der Dialog mit der bewegungsrelevanten Umwelt stimuliert die assimilatorische und akkommodative Aktivität – im Sinne von Piaget (vgl. Kap. 5) – des Heranwachsenden, der sich bemüht die, außerhalb seiner selbst liegenden, motorischen Bedeutungen handelnd zu begreifen.

Bewegungsentwicklung ist für Gordijn et al. (1975) und Tamboer (1979, 1985) ein Prozess der zunehmenden qualitativen und quantitativen Ausdehnung des Dialogs zwischen Mensch und Welt:

»Es gilt zu lernen, im Sich-Bewegen einen persönlich optimalen Dialog mit der Welt zu finden und die Welt der motorischen Bedeutungen so zu entdecken, daß die Vertiefung und Ausdehnung dieser Welt durch das Subjekt selbst bewirkt wird« (Tamboer, 1979, S. 18-19; vgl. Tamboer, 1985, S. 396-397).

Im Verlauf der dialogischen Interaktionen mit der sozialen und objektiven Welt konstruiert der sich bewegende Mensch eine »persönlich-situative Geformtheit« (Gordijn et al., 1975) von Bewegungsbedeutungen. Die dynamisch-interaktiven Prozesse, in denen das Subjekt die Welt der motorischen Bedeutungen im Tun befragt und beantwortet, können jedoch unterschiedlich strukturiert sein. Im Rekurs auf Gordijn et al. (1975) unterscheidet Tamboer (1979, S. 17) drei Formen des Kennenlernens von Bewegungsbedeutungen, die er als direkte, erlernte und erfinderische Überschreitung der Grenze zwischen Mensch und Welt kennzeichnet.

Direkte Überschreitung

Die direkte Überschreitung ist das Ergebnis einer Grenzüberschreitung, die auf der vorreflexiven Intentionalität des menschlichen Leibes beruht. Diese Gewissheit des eigenen Leibes spiegelt sich quasi in den Erfahrungen mit der Umwelt (vgl. auch Merleau-Ponty, 1966, S. 274-275). Die Umwelt konfrontiert das Kind mit unbekannten Gegenständen und Handlungsgelegenheiten, die es entdecken und manipulieren kann. Durch spontane, imitierende und ungeordnete Bewegungshandlungen erkundet das Kind die subjektiv neuen materialen und sozialen Qualitäten der Spielobjekte, Spielpartner und Bewegungsanlässe. Bälle werden zum Beispiel als etwas erfahren, dass man rollen, werfen, fangen, mit dem Fuß führen und schießen kann. Den Ball kann man einem Anderen zuwerfen und mit dem Ball kann man etwas/jemanden abwerfen. Den Ball kann man möglichst weit und/oder zielgenau werfen. Die jeweilige Bedeutung des Balles für das Kind offenbart sich in den undurchdachten motorischen Handlungen, die es am und mit dem Ball ausführt.

Die direkte Zugangsweise ermöglicht grundlegende Erfahrungen am und mit dem eigenen Körper. Im Dialog mit der Bewegungsumwelt antwortet das Kind unmittelbar mit dem, was der Körper ohne vermittelnde Reflexion schon weiß. Diese Einheit von Kennen und Können führt dazu, dass der Zusammenhang von Mensch und Welt als unproblematisch erlebt wird:

> »Die Einheit mit der Welt wird am eigenen Leib erfahren. [...] Die Grenzen, die ich im Zuge meiner Bewegung [...] erlebe, sind keine Grenzen meines Körpers als Objekt, sondern Begrenzungen, welche die Außenwelt oder meine eigene Zielsetzung meinem Bewegungshandeln setzen« (Gordijn et al., 1975, S. 17; zitiert nach Tamboer, 1979, S. 17).

Erfahrungen im Sinne der direkten Überschreitung werden durch offene und variable Bewegungsangebote bzw. Bewegungssituationen begünstigt. Vor diesem Hintergrund hat Tamboer (1979) selbst auf die Relevanz von Scherlers (1975)

Konzept der materialen Erfahrung für die Bewegungserziehung hingewiesen (vgl. Kap. 1). Dieses Konzept unterstellt, dass im Vorschulalter eine gezielte Förderung materialer Erfahrungen notwendig ist, da die informellen, ungesteuerten Lern- und Erfahrungssituationen die Entwicklungspotenziale des Kindes nicht hinreichend ausschöpfen. Des Weiteren besteht eine Aufgabe der vorschulischen Bewegungserziehung im weitgehenden Ausgleich möglicher frühkindlicher Benachteiligungen aufgrund defizitärer Anregungsmilieus und Erfahrungsräume. Der Erwerb materialer Erfahrungen ist dabei für Scherler auch im pädagogischen Kontext an ein Arrangement konkreter Lernsituationen gebunden, mit denen sich die Kinder auf der Basis ihrer Handlungsinteressen und -bedürfnisse selbsttätig auseinandersetzen:

> »Es erscheint daher vorteilhaft, materiale Erfahrung didaktisch nicht als inhaltlich bestimmbares Resultat objektbezogener Handlungen, sondern als situationsgebundenen Prozeß aufzufassen. Erfahrung aktualisiert sich nämlich nicht nur in einem durch externe Leistungen definierten Verhalten, sondern auch in dem entdeckenden und quasi-experimentellen Charakter eines auf neue Erfahrungen gerichteten Handelns« (Scherler, 1975, S. 139).

Der nach wie vor aktuelle Ansatz von Scherler (1975) betont die Bedeutung der Bewegung als Medium materialer Erfahrung, weist aber zugleich darauf hin, dass materiale Erfahrung über reine Bewegungserfahrung hinausweist und immer auch mit sozialen und leiblichen Erfahrungen einhergeht. Konkrete Bewegungsformen (Ballspiele, Klettern, Laufen, Springen, Werfen usw.) bieten also lediglich die situativen Gelegenheiten für Prozesse materialer Erfahrung, bilden aber nicht deren Kern.

Erlernte Überschreitung

Bewegungsbedeutungen, die ein Ergebnis sozio-kultureller Auslegungsprozesse sind (z. B. sportliche Wettkampfspiele) und durch soziale Absprachen (u. a. Spielregeln und technomotorische Handlungsmuster) geformt werden, können durch die präreflexive Intentionalität des Körpers nicht beantwortet werden. Die (Re-)Konstruktion und Kontextualisierung konventioneller Bewegungsbilder und institutioneller Handlungen (z. B. Sprungwurf im Handball, Flop im Hochsprung) ist an Lern- und Übungsprozesse gebunden, die über die im Zuge der direkten Überschreitung möglichen Bewegungserfahrungen hinausweisen. Der erlernten Überschreitung liegt eine »bildformende Intentionalität« (Gordijn et al., 1975) zugrunde. Das Kind erfährt Subjekte, Objekte und Sinngebungen der vorgefundenen Bewegungswelt als etwas unabhängig von ihm Existierendes, auf das es seine eigenen Bewegungshandlungen beziehen muss. Dem Heranwachsenden wird durch sprachliche und/oder audiovisuelle Instruktionen ein Bewegungsbild vermittelt, dem es zu entsprechen sucht. Die Welt der motorischen Bedeutungen wird vom Lernenden

»nicht mehr problemlos, z.B. ohne Übung beantwortbar, sondern als ein zu überwindender Widerstand erfahren. [...] Bei dieser bildgestaltenden Lernphase entwickelt sich eine Spannung zwischen Körper als Objekt und Leib als Subjekt« (Tamboer, 1979, S. 18).

Im Unterschied zur direkten Überschreitung muss der Heranwachsende eine reflexive Einstellung zur vorgefundenen Bewegungsumwelt (u. a. zur Welt der sportlichen Regelspiele) einnehmen, um – im Rahmen der erlernten Geformtheit – eine adäquate Lösung der sich ihm stellenden Bewegungsprobleme zu finden. Dies impliziert eine, sich im Dialog mit der symbolischen Spielwelt vollziehende, Dezentrierung der gesamten leibzentrischen Perspektive in Richtung auf das sozial vorgegebene Bewegungsbild, auf die Eigenschaften des Spielobjekts (Basketball, Handball, Rugbyball, Puck) und die Perspektive der Interaktionspartner (Mit- und Gegenspieler*innen). Der vom Handelnden gemeinte Sinn muss auf die faktischen Kontextbedingungen und das bedeutungshaltige Verhalten der Anderen bezogen werden.

Die bildformende Intentionalität des Lernenden ist jedoch nicht nur auf den Erwerb einzelner sportmotorischer Bewegungsformen gerichtet. Sie bezieht sich gleichzeitig auf das Bedeutungssystem, das diese Bewegungsbilder hervorbringt. Die angemessene Realisierung einer Spielhandlung und die Integration des Bewegungsverhaltens des Einzelnen in die Gesamtbewegung des Spiels setzen beispielsweise voraus, dass der Spieler die generalisierte Perspektive der anderen übernehmen kann (vgl. Kap. 5). Ein Akteur, der sich mit einem Sportspiel konfrontiert sieht, ist zunächst nicht in der Lage, das eigene Sich-Bewegen und die Bewegungsaktivitäten der anderen Spieler*innen sowie des Balls zu antizipieren und in ein Gesamtsystem einzuordnen. Die Bewegungshandlungen des Akteurs beziehen sich eher auf einzelne Teilaspekte des Interaktions- und Sinnzusammenhangs.

Die Fähigkeit, situationsgerecht zu handeln und das regelgeleitete Gesamtgeschehen als Einheit zu erleben, entwickelt sich durch Lernprozesse, in deren Verlauf auch bereits erworbene Bewegungserfahrungen umstrukturiert werden. Im Prozess der erlernten Überschreitung der Grenze zwischen Mensch und sozial vordefinierter Bewegungswelt konstruiert das Individuum jene bewegungsstrukturellen Handlungsschemata, die es ihm ermöglichen, in Spiel und Sport auftretende instrumentelle und kommunikative Bedeutungen in – den situativen

Bedingungen angemessene – Bewegungshandlungen umsetzen zu können. Die durch die erlernte Überschreitung erfolgende Aneignung von konventionellen Bewegungsbildern führt zur Wiederherstellung des »Einheitserlebnisses« (Gordijn et al., 1975, S. 37-39) von Mensch und Welt. Die Welt der motorischen Bedeutungen erschließt sich dem Heranwachsenden durch ihren Gebrauch, das Wissen entfaltet sich im Tun. Der sich-bewegende Mensch kann sich nun flexibel auf die bewegungsrelevante (Sport-)Umwelt einstellen und wird sich gleichzeitig der »Relativität« (Gordijn et al., 1975, S. 39) der vorgefundenen Bewegungsbedeutungen bewusst.

Erfinderische Überschreitung

Nicht zuletzt Tholey (1984) hat schon vor mehr als drei Jahrzehnten darauf hingewiesen, dass einer postkonventionellen Relativierung der Welt existierender Sachverhalte und normativ geregelter interpersonaler Beziehungen im Verlauf der motorischen Ontogenese und des Bewegungslernens unter Umständen die zunehmende Variabilität von – ursprünglich starren – Bewegungsformen entsprechen könnte,

> »was sich nicht nur darin äußert, dass ihm (dem Sportler; J.S.) [...] unterschiedliche Bewegungsantworten zur Verfügung stehen, sondern auch darin, dass er auf völlig neue Situationen mit zuvor noch nicht ausgeführten Bewegungshandlungen situationsgerecht antworten kann« (Tholey, 1984, S. 23).

Die durch die erlernte Geformtheit erreichte Vertiefung des Dialoges zwischen Mensch und Welt ermöglicht also eine, auf der »schöpferischen Intentionalität« (Gordijn et al., 1975) des Subjekts basierende, erfinderische Überschreitung der Welt motorischer Bedeutungen.

Auf der Grundlage motorischer Lernprozesse, der damit verbundenen Erweiterung der Bewegungskoordination und des vielfältigen Gebrauchs konventioneller Bewegungsbedeutungen kann sich der Handelnde durch eine erfinderische Zugangsweise aus der Abhängigkeit von vordefinierten Bewegungsmustern lösen. Im leibhaftigen Dialog mit der zu bewältigenden Bewegungssituation entfaltet der Mensch die Fähigkeit zur innovativen Lösung von Bewegungsproblemen durch Modifikation, Neukonstruktion und (Re-)Kontextualisierung von Bewegungshandlungen, wobei dem schöpferischen Bewegungsverhalten eine eigenständige sinnliche Qualität zukommt. Solche Prozesse der Erfindung von Bewegungsformen sind häufig ein Ergebnis von Gruppenprozessen, wie bei der Entwicklung des Bicycle Motocross (BMX), des Skateboardens, Snow- oder Wakeboardings durch jugendliche Szenen. Gerade im Feld jugendlicher Trendsportszenen lässt sich ferner beobachten, wie fortlaufend neue Fahrfiguren und Tricks hervorgebracht und variiert werden (vgl. Schwier, 2011).

»Die einmalig persönliche Sinnfindung erlangt zentrale Bedeutung. Man verfügt erneut über seinen Körper, den man überschreitet. [...] Der Mensch kann der Welt nunmehr flexibel begegnen und sie – naturgemäß innerhalb gewisser Grenzen – nach eigenem Interesse erweitern und verändern« (Tamboer, 1979, S. 18; vgl. Tamboer, 1985, S. 402).

Die erfinderische Überschreitung konventioneller Bewegungsbedeutungen kann unter anderem durch die Wahrnehmung von Spielräumen stimuliert werden, die innerhalb der Interaktions- und Handlungsstrukturen sportlicher Bewegungsformen bestehen. Das Sich-Bewegen in Sport und Spiel ist in Handlungsserien eingebettet, die sich als dialogischer Prozess darstellen. So konfrontieren sportliche Wettkampfspiele die Akteure mit immer wieder neuen Bewegungs- und Interaktionsproblemen, die mitunter nur aufzulösen sind, wenn das Individuum die traditionell üblichen Bewegungsmuster kreativ überschreitet. Die jeweilige Einzigartigkeit und Unberechenbarkeit der in den ständig wechselnden Spielsituationen und -konstellationen zu bewältigenden Bewegungsaufgaben unterstützt in gewisser Hinsicht die Ausbildung eines individualisierten und variablen Bewegungsrepertoires.

Bewegungshandeln im Spiel impliziert daher immer das Element des Neuen und Schöpferischen; die Entfaltung innovativer Spielhandlungen, die über die erlernten Bewegungstechniken hinausweisen. Dabei ist die Funktion des Bewegungsspiels und des sportlichen Wettkampfspiels im Rahmen der Bewegungsentwicklung grundsätzlich dialektischer Natur: Während sich einerseits im Zuge des Bewegungslernens zunehmend eine sozialisierte Körperlichkeit ausbildet, die sich in der Fähigkeit bewährt, seinen Körper situationsangemessen in normativ geregelten Spielen und im Sport zu präsentieren, unterstützt die in den sportlichen spielen immanente Herausforderung zu kreativem Bewegungshandeln andererseits die Entfaltung einer subjektiven Leiblichkeit, die es dem Individuum ermöglicht, sich als unverwechselbare Personeinheit in sozialen Bewegungssituationen zu erfahren und ein Repertoire individuell geformter Spielhandlungen zu konstruieren. Bezogen auf das Handeln in Spiel und Sport verweist Tamboers (1985) Deutung des Bewegungshandelns als Weltverstehen in Aktion immer auch auf die Möglichkeit einer schöpferisch-innovativen Überschreitung der vorgefundenen Spielwelt.

AUSBLICK

Das dialogische Bewegungskonzept lässt sich für die Bewegungsförderung und Bewegungserziehung in frühkindlichen Bildungseinrichtungen fruchtbar machen, da es den Blick auf die Beziehung zwischen den konkreten Bewegungsaufgaben und dem sich-bewegenden Kind lenkt. Die Ausgestaltung der bewegungsgesteuerten Dialoge zwischen Kind und Umwelt werden durch die individuellen Handlungsmöglichkeiten des Kindes und die Anforderungen der Bewegungsangebote bestimmt. Rückmeldungen zu diesen Dialogen und eine Bewertung der entsprechenden Fähigkeiten bzw. Fertigkeiten liefern in dieser Lebensphase im Übrigen vorwiegend das Elternhaus und die Kita. Das Kind befragt beispielsweise die Spielgeräte und Bewegungsangebote mit seiner Bewegung, wobei das Ausprobieren im Zentrum steht. Im selbstgewählten Medium der Bewegung macht »das Kind Erfahrungen der eigenen Wirksamkeit, es erlebt sich als Verursacher von Effekten. Im Umgang mit Objekten und Bewegungsaufgaben ruft es eine Wirkung hervor und führt diese auf sich selbst zurück« (Zimmer, 2013, S. 595; vgl. auch Zimmer, 2014; S. 33-34). Dabei bildet der eigene Körper gewissermaßen die Grenze, die es im Prozess des Bewegungslernens in Abhängigkeit von der jeweiligen Handlungssituation auf verschiedenen Wegen zu überschreiten gilt. Der Ansatz verdeutlicht ferner, dass der Dialog zwischen Mensch und Welt im Medium der Bewegung spontan und ohne Schwierigkeiten gelingen kann (direkte Überschreitung), dass er in Auseinandersetzung mit den Widerständen der Sache erlernt werden kann (erlernte Überschreitung) oder schöpferisch-innovativ sein kann (erfinderische Überschreitung).

8. Bewegung in der frühen Kindheit

JAN ERHORN

EINLEITUNG

Insbesondere in der frühen Kindheit rückt, neben der Gesundheitsbedeutung, die Entwicklungsbedeutung von Bewegung ins Zentrum des Interesses. Im Rahmen dieses Kapitels werden nacheinander die Beziehung zwischen Bewegung und Entwicklung, die Bedeutung räumlicher Bedingungen für die Wechselbeziehungen von Bewegung und Entwicklung sowie die Aktionsformen, mit denen sich die Kinder mit den räumlichen Bedingungen auseinandersetzen, behandelt.

BEWEGUNG UND ENTWICKLUNG

Im Zusammenhang mit Bewegung und Entwicklung können zwei Zugänge unterschieden werden. Zum einen kann Bewegung als eine eigenständige Entwicklungsdimension betrachtet werden, die in bestimmten Abfolgen verläuft (vgl. Winter & Hartmann, 2007; Scheid, 2009; Michaelis, 2003). Zum anderen stellt Bewegung jedoch bereits zu einem sehr frühen Stadium der Entwicklung ein Medium dar, in dem auch andere Dimensionen der Entwicklung gefördert werden können (vgl. Dietrich, 2003, 2008; Zimmer, 2006a, 2014a). Beide Zugänge werden im Folgenden erläutert und elementare Bewegungsformen herausgestellt.

Die Bewegungsentwicklung des Kindes weist gewisse Regelmäßigkeiten auf, die sich in Form von Meilensteinen oder Grenzsteinen beschreiben lassen (siehe Kap. 1). Allerdings handelt es sich nicht nur um einen »spontanen Reifungsprozess«. Die vollen Potenziale des Kindes bilden sich erst in Auseinandersetzung mit den jeweiligen sozialen und materialen Gegebenheiten der Umwelt aus. Die Potenziale eines Kindes können daher unterschiedlich ausgeschöpft werden (Scheid, 2009, S. 281).

Nachdem die Kinder zunächst nur so genannte »Reflexbewegungen« und »ungerichtete Massenbewegungen« zeigen, beginnen sie im späten Säuglingsalter mit der Aneignung fundamentaler und elementarer Bewegungsformen. Die fundamentalen und die elementaren Bewegungsformen sollen im Folgenden näher betrachtet werden (vgl. Winter & Hartmann, 2007; Scheid, 2009).

Aus den fundamentalen Bewegungsformen (vgl. Tab. 1) entwickeln sich nachfolgend die elementaren Bewegungsformen (vgl. Tab. 2).

Tab. 1: Fundamentale Bewegungsformen (nach Scheid, 2009)

Fundamentale Bewegungsformen	**Erläuterung**
Greifen	Typische Entwicklungsfolge • Berühren des Gegenstandes mit den Fingern, • Greifen mit ganzer Handfläche und gestrecktem Daumen (planares Greifen), • Greifen mit gestrecktem Zeigefinger und opponiertem Daumen (»Pinzettengriff«), • Greifen mit gebeugtem Zeigefinger und opponiertem Daumen (»Zangengriff«). Mit etwa 5 Monaten gelingt eine erste Auge-Hand-Koordination.
Aufrechte Haltung	Typische Entwicklungsfolge • Bauchlage • Anheben des Kopfes und Stützen des Oberkörpers • Anziehen der Knie unter den Bauch (Kriechstellung) • Hochziehen an Gegenständen: Kriechen, Kniestellung, Stehen Mit etwa 6/7 Monaten stehen die Kinder mit Unterstützung, mit 10-12 Monaten frei mit Festhalten und mit 12-15 Monaten ohne Festhalten
Fortbewegung	Typische Entwicklungsfolge • Robben (etwa 8./9. Monat) • Krabbeln (etwa 9.-12. Monat) • Freies Gehen (etwa 11.-15. Monat)

Tab. 2: Elementare Bewegungsformen (nach Scheid, 2009)

Fundamentale Bewegungsformen	**Elementare Bewegungsformen**
Fortbewegung	Gehen, Laufen und Springen • Entwicklung von Varianten des aufrechten Gehens (etwa ab 18 Monaten): seitwärts, auf den Zehenspitzen, Tempovariation, Treppensteigen • Laufbewegungen (etwa zwischen 12.-24. Monat): laufen, anhalten, starten, Kurven laufen, Geschwindigkeit variieren • Springen (etwa zwischen 12.-24. Monat): Niederspringen, Schlussweitsprung, Überspringen von Hindernissen
	Klettern und Steigen • Klettern: Aufwärts- und Abwärtsklettern über geringe Höhen in der Krabbelposition (Ende des ersten Lebensjahres), Aufwärts- und Abwärtsklettern über hüfthohe Hindernisse (etwa 12.-24. Monat) • Steigen: Steigen mit Festhalten im Nachstellschritt, freies Steigen im Nachstellschritt, freies Aufwärtssteigen im Wechselschritt

Die elementaren Bewegungsformen werden zunächst in der beschriebenen Abfolge angeeignet. In der Folge werden sie weiterentwickelt:

- Die Bewegungsausführung verbessert sich deutlich;
- Bewegungen werden kraftvoller und raumgreifender;
- Die Bewegungsstruktur (Rhythmus, Kopplung, Elastizität) verbessert sich deutlich.

Bald sind die Bewegungsformen variabel verfügbar und können miteinander kombiniert werden. Dabei eignen sich die Kinder auch erste sportliche Bewegungsformen an (z. B. Purzelbaum, Radschlagen, Schießen von Bällen). Diese Entwicklungen gehen mit einer starken Verbesserung der koordinativen und konditionellen Fähigkeiten einher (Tab. 3).

Tab. 3: Motorische Fähigkeiten (vgl. Bös, 1987)

Fähigkeitsdimension	**Fähigkeiten**
Energetisch determinierte konditionelle Fähigkeiten	Kraft, Ausdauer, (Schnelligkeit)
Informationsorientierte koordinative Fähigkeiten	Koordination • Fähigkeit zur genauen Kontrolle von Bewegungen • Fähigkeit zur Koordination unter Zeitdruck

Im Kontext des in der Sportwissenschaft verbreiteten fähigkeitsorientierten Ansatzes wird in der Regel zwischen den energetisch determinierten konditionellen Fähigkeiten, wie Kraft oder Ausdauer, und informationsorientierten koordinativen Fähigkeiten, wie »koordinative Fähigkeiten zur genauen Kontrolle von Bewegungen« oder »koordinative Fähigkeiten unter Zeitdruck«, unterschieden. Im Grad ihrer Ausprägung wird das Maß für die motorische Entwicklung gesehen. Jedoch orientieren sich diese Fähigkeiten eng an den Anforderungen des Sports, weshalb häufig auch einschränkend von einer sportmotorischen Entwicklung oder gar von motorischer Leistungsfähigkeit gesprochen wird.

Die fundamentalen und elementaren Bewegungsformen stellen Meilensteine in der kindlichen Entwicklung dar, da sich die Kinder über diese neuen bzw. erweiterten Lebens- und Erfahrungsräume erschließen können. Bewegung sollte daher nicht nur als Entwicklungsdimension betrachtet werden, sondern in ihrer zentralen Bedeutung für die gesamte Persönlichkeitsentwicklung von Kindern. Im Medium der Bewegung tritt das Kind mit seiner Umwelt in Kontakt. Dabei erschließt es sich neue Lebensräume und macht Erfahrungen, die für seine Entwicklung von hoher Bedeutung sind. Im Wechselspiel von Wahrnehmung und Bewegung macht es Erfahrungen mit sich selbst und der Welt und kann gestaltend auf seine Umwelt einwirken (vgl. Abb. 1).

Über ihre Bewegung erkunden die Kinder die materialen Eigenschaften und die kulturellen Bedeutungen von Dingen und Gegenständen und erlernen bzw. verfeinern den Umgang mit ihnen. Außerdem treten sie mit erwachsenen Bezugspersonen und mit anderen Kindern in Kontakt. Dabei erlernen sie gemeinsam Aktivitäten nachzugehen und mit anderen Personen umzugehen (vgl. Dietrich, 2008; Zimmer, 2010).

Abb. 1: Bewegung als Medium der Entwicklung (nach Dietrich, 2008)

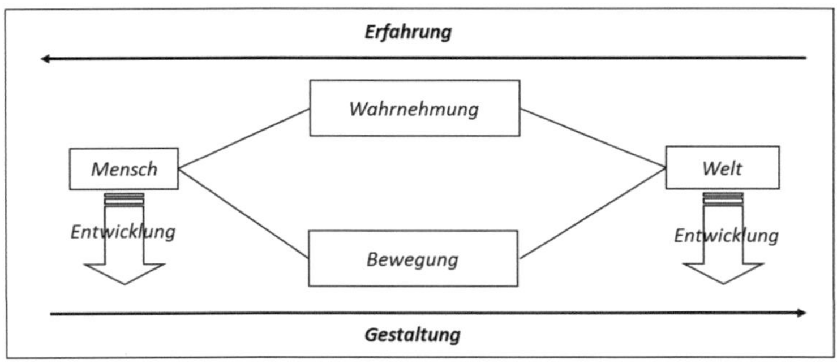

Materiale Erfahrung

Die Kinder lernen Gegenstände und andere Objekte durch eine motorische Auseinandersetzung kennen (vgl. Arzberger & Erhorn, 2013). Ihre verschiedenen Eigenschaften und ihr »Gebrauchswert« werden erkundet (siehe Abb. 2).

Hier erkundet der Junge beispielsweise verschiedene Holzelemente, auf die sowohl hinauf- und hineingekrabbelt werden kann als auch hinein- und hinausgeguckt werden kann. Dabei erkennen die Kinder, durch Beobachtung und Nachahmung auch die kulturelle Bedeutung der Objekte (als Wohnung, Höhle, Sitzgelegenheit etc.). Dies bildet eine wichtige Voraussetzung für die spätere Benennung und den Einbau in einfache Sätze. In der weiteren Auseinandersetzung mit den Objekten können die Kinder den Umgang mit diesen erlernen und sie ggf. zum Gegenstand eines Spiels machen. Die Fähigkeit zur selbständigen Fortbewegung ermöglicht ihnen die Erkundung neuer Räume mit neuen Objekten.

Abb. 2: Materiale Erfahrung (Kindertagesheim »zu den 12 Apostel«)

Soziale Erfahrung

Im Kontext der Erkundung und des Spiels mit Objekten begegnet das Kind anderen Personen (vgl. Arzberger & Erhorn, 2013). Dies können erwachsene Bezugspersonen, aber auch andere Kinder sein (siehe Abb. 3).

Nachdem zunächst nur erste Blicke ausgetauscht werden, richten sich die Aufmerksamkeit und das Interesse bald auch auf eine gemeinsame Sache. Es kann zu einer gemeinsamen bzw. koordinierten Tätigkeit kommen. Dies geschieht zunächst nonverbal, bei komplexeren Bewegungsaktivitäten später häufig durch eine verbale Verständigung. Dabei erkennen die Kinder die eigenen und die Interessen Anderer und müssen lernen sie miteinander abzustimmen. Die Bewegungsaktivitäten bieten zudem vielfältige Gelegenheiten für soziale Erfahrungen (im Mit- und Gegeneinander, im Streiten und Vertragen, im Nachgeben und Durchsetzen etc.).

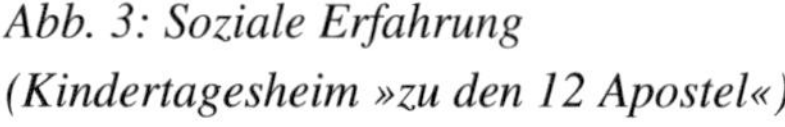

Abb. 3: Soziale Erfahrung
(Kindertagesheim »zu den 12 Apostel«)

Selbst-Erfahrung

In der motorischen Auseinandersetzung mit Objekten und anderen Personen macht das Kind Erfahrungen mit seinem Körper und mit sich selbst als Person (vgl. Arzberger & Erhorn, 2013).

Bewegung und körperbezogene Kompetenzen stellen daher zunächst den primären Zugriff dar, um Selbstwirksamkeitserfahrungen zu machen, was zu einer positiven Veränderung des Selbstkonzeptes beiträgt (vgl. Zimmer, 2006a). Die Selbstwirksamkeit

»...beinhaltet die subjektive Überzeugung, selbst etwas bewirken und verändern zu können. Dazu gehört die Annahme, selbst Kontrolle über die jeweilige Situation zu haben, sich kompetent zu fühlen und durch die eigenen Handlungen Einfluss auf die materiale und soziale Umwelt nehmen zu können« (Zimmer, 2006, S. 66).

Den Selbstwirksamkeitsüberzeugungen kommt eine hohe motivationale Bedeutung zu, da sie dazu führen, dass sich die Kinder vermehrt Neues und Unbekanntes zutrauen (vgl. Zimmer, 2006a, S. 67).

Abb. 4: Selbst-Erfahrung (Kindertagesheim »zu den 12 Apostel«)

BEWEGUNG UND RAUM

Das entwicklungsförderliche Potenzial der Bewegung steht in einer engen Beziehung zu den Gelegenheiten und Anregungen der Umgebung sowie der spezifischen Art und Weise der Auseinandersetzung des Kindes mit diesen Bedingungen. An dieser Stelle besitzt die Raumdimension einen hohen analytischen Wert. Die Bewegungen der Kinder und die damit verbundenen Erfahrungspotenziale stehen in einer engen Beziehung zur räumlichen Ordnung, welche die Kinder vorfinden. Diese tradierten räumlichen Ordnungen (Bewegungsräume, Sporträume, Spielplätze etc.), bei denen es sich oft um vorgängige Raumkonstruktionen anderer Personen (Erzieherinnen und Erzieher, Architektinnen und Architekten etc.) handelt, stehen in einer ermöglichenden Beziehung zu den Bewegungshandlungen der Kinder (vgl. Löw, 2001, S. 191-192).

So ermöglicht zum Beispiel eine Sprossenwand das Klettern oder eine Schaukel das Schwingen, ohne es allerdings zu determinieren. Die spezifische Deutung und Art der Nutzung liegt letztlich in den Händen der Kinder, auch wenn sie sich dabei natürlich an Vorbildern orientieren oder Aufforderungen von außen folgen. Aber nicht nur auf der materiell-dinglichen Ebene, sondern auch auf der personalen Ebene finden sich ermöglichende Ordnungen des Raumes, wie beispielsweise andere Kinder, Erzieher*innen, Eltern oder aber gerade ihre Abwesenheit. Neben ihrer Rolle als potenzielle Bewegungspartner*innen prägen sie die räumliche Ordnung auch durch eine von ihnen etablierte bzw. gewährleistete spezifische Regelstruktur (Verbote, Konventionen etc.) sowie in ihrer Rolle als Quelle von spezifischen Atmosphären (Sicherheit, Geborgenheit, Verunsicherung etc.). Der Raum besitzt in diesem Sinne spezifische Ausdrucksgehalte, Anmutungsqualitäten und Atmosphären (Kruse, 1990, S. 318).[1] Für das kindliche Bewegungsverhalten ist diese Gestimmtheit des Raumes von einer nicht zu unterschätzenden Bedeutung. So zeichnen sich unterschiedliche Bewegungsräume in der Kindertagesstätte, Bewegungsräume des Wohnumfelds, Sporträume oder Naturräume in der Regel durch sehr spezifische Atmosphären, Anmutungsqualitäten und Ausdruckgehalte aus, welche für spezifische Bewegungshandlungen entweder förderlich oder hinderlich sein können.

Die beschriebenen räumlichen Ordnungen und ihre Wirkungen sind zwar durchaus intersubjektiv wahrnehmbar, jedoch müssen sie von den Akteuren auf der Grundlage ihrer spezifischen Wissensbestände entschlüsselt werden, was von Löw (2001, S. 196ff) als »Syntheseleistung« bezeichnet wird. Gerade von Kindern werden Geräte und Materialien noch nicht in ihrer Eigenschaft als »Bewegungsding« und andere Personen noch nicht in ihrer Eigenschaft als Bewegungspartner*in erkannt. Diese Dinge müssen erst in Form von Erkundungen in Erfahrung gebracht werden. Auf der Grundlage einer spezifischen Synthese räumlicher Ordnungen an bestimmten Orten bringen die Kinder, ggf. gemeinsam mit ihren Erzieher*innen oder Eltern, durch ihre Handlungen bzw. Bewegungen Räume hervor, was Löw (2001) als »Spacing« bezeichnet. Die Kinder und erwachsenen Bezugspersonen bringen also im Wechselspiel von Wahrnehmung und Bewegung (vgl. v. Weizsäcker, 1997), auf der Grundlage einer bestehenden räumlichen Ordnung und einer spezifischen Syntheseleistung, ihre Bewegungsräume hervor.

Im Rahmen dieser Auseinandersetzung handeln die Kinder auf der Grundlage der vorhandenen räumlichen Ordnung und bringen durch ihre Handlungen wiederum Bewegungsräume hervor. Dabei können sich spezifische Erlebnisse und Erfahrungen einstellen.

1 Diese insbesondere im Rahmen phänomenologisch orientierter Raumkonzepte thematisierte Gestimmtheit des Raumes (Ströker, 1965; Bollnow, 2004; Kruse, 1974, 1990) steht zwar in keinem Kausalverhältnis zum Erleben, sie übt aber durchaus ihre Wirkung aus, indem er sich »mitteilt« bzw. »anspricht« (Ströker, 1965).

AKTIONSFORMEN

Für diesen produktiven Austauschprozess, in dessen Rahmen sich die Kinder mit der ihnen dargebotenen räumlichen Ordnung auseinandersetzen und ihre individuellen Bewegungsräume hervorbringen, können verschiedene Aktionsformen der Kinder differenziert werden. Im Kontext der Kita sind dies insbesondere das Erkunden, Üben und Spielen, welche im Folgenden vorgestellt werden.

Erkunden

> Die Kinder kommen gemeinsam mit ihren Betreuer*innen am Abenteuerspielplatz an und werden von einer Pädagogin und einem Pädagogen begrüßt. [...] In der Folge orientieren sich einige Kinder zu den Roll- und Fahrgeräten, während andere sich zum Sand- und Wasserbereich bewegen. Nach einer Weile verlässt ein Junge den Sand- und Wasserbereich und bewegt sich zu einer etwa einen Meter langen Leiter, die auf ein Ensemble von miteinander verbundenen Holzhütten führt. Er klettert die Leiter vorsichtig hinauf und verschafft sich einen ersten Überblick über das Arrangement. Als erstes entdeckt er eine »Kajüte«, die er über eine weitere Leiter erreicht und auf der sich ein Steuerrad befindet. Der Junge steigt vorsichtig hinauf, dreht am Steuerrad und guckt über den Rand der »Kajüte« auf die im Sand spielenden Kinder hinab und ruft »Cool!«. Daraufhin werden die Kinder auf ihn und sein tun aufmerksam. Als der Junge vorsichtig die Leiter wieder hinabsteigt, sich achtsam über eine Brücke zum nächsten Haus bewegt und hineingeht, besteigen vier weitere Kinder gemeinsam das Arrangement. Während das erste Mädchen die Leiter recht forsch besteigt, dreht sich der letzte Junge mit einem ängstlichen Gesichtsausdruck um und steckt die Finger in den Mund. Als das zweite Kind oben angekommen ist, deutet der Junge mit der ausgestreckten Hand auf die weiteren, zum Teil sehr schmalen Brücken, die in ungefähr zwei Metern Höhe über die Sandflächen verlaufen. Er beginnt mit ausgestreckten Armen über eine schmale Brücke zum nächsten Hause zu balancieren, was er sicher angekommen mit dem Ausruf »Cool!« untermalt. (Ausflug zum Abenteuerspielplatz 30.06.2014)

Im Rahmen der Aktionsform Erkunden bringen die Kinder unbekannte Gegebenheiten in Erfahrung. In dem Beispiel wird das Areal des Abenteuerspielplatzes bzw. das Gerätearrangement zum Gegenstand einer Erkundung gemacht. Erkundungen können sich auf Geräte und Materialien, Bewegungsaktivitäten oder Bewegungsorte richten.

Die Aktionsform Erkunden ist auf spezifische Bedingungen angewiesen, deren Kenntnis für Betreuungspersonen von hoher Bedeutung ist, um die Kinder in ihrer Entwicklung zu fördern.

Eine Bedingung des Erkundens ist das Vorhandensein von »Neuem« in der Umgebung. Die Kinder müssen zunächst mit unbekannten Gegebenheiten in Kontakt kommen, damit sie etwas Erkunden können. Somit hängt das Erkunden in hohem Maße von den Gelegenheiten ab, welche die Umwelt den Kindern bietet (vgl. Sutton-Smith, 1978, S. 62). Es stellt eine wichtige Aufgabe der Betreuungspersonen dar, den Kindern geeignete Erfahrungsräume bereitzustellen (siehe Kap. 9). In dem Beispiel wird ein Abenteuerspielplatz aufgesucht, der die Kinder zu Erkundungen herausfordert. Dabei orientieren sich die Kinder zunächst zu den eindeutiger in ihrer Funktion bestimmten Arealen des Sand- und Wasserbereichs sowie der Roll- und Fahrgeräte. Diese sind ihnen grundsätzlich bekannt, vermitteln ihnen ein Gefühl von Vertrautheit bzw. Sicherheit und sind somit leicht als Bewegungsraum zu deuten und zu nutzen. Das Ensemble der Holzhäuser ist in seiner Nutzungsstruktur für die Kinder hingegen weniger eindeutig und daher zunächst fremd. Es verwundert daher nicht, dass sich die Kinder diesem Areal erst etwas später und zum Teil äußerst zaghaft zuwenden. Allerdings sind gerade erkundete Gegenstände und Areale nicht immer gänzlich neu, zum Teil werden auch an bekannten Dingen neue Eigenschaften oder Nutzungsmöglichkeiten gesucht. Eine weitere Bedingung ist ein gewisses Maß an Neugier auf Seiten der Kinder. Fehlt die notwendige Neugier oder werden andere Aktivitäten als attraktiver eingeschätzt, bleibt das Erkunden aus. Die Begegnung mit unbekannten Gegebenheiten löst bei den Kindern also nicht automatisch Erkundungen aus. Der Neugier entgegen wirkt die Furcht vor dem Unbekannten. Zwar erfüllt die Furcht vor dem Unbekannten eine wichtige hemmende Funktion, schließlich birgt ungehemmtes Neugierverhalten auch Gefahren, jedoch kann ein zu hohes Maß an Furcht zu einer starken Einschränkung des Erkundungsverhaltens führen (vgl. Keller & Schneider, 1991, S. 32f.). Dabei zeigen sich zwischen den Kindern große Unterschiede. Während einige Kinder so neugierig sind, dass sie nicht nur sofort die vorhandenen Gegebenheiten untersuchen, sondern aktiv unbekannte Gegebenheiten suchen, lassen sich andere Kinder auch durch unbekannte Dinge nicht zu Erkundungen animieren. Fischer (2008) beschreibt das Phänomen folgendermaßen:

> »Erkunden bedeutet hochmotiviert sein, konzentriert und aufmerksam. Das Interesse des Kindes ist gerichtet. Im Erkundungsprozess ist das Kind leicht erregt; in freudiger Erwartung richtet es alle Sinne dem gewünschten Ziel entgegen, die Körperhaltung ist zugewandt. Seine Haltung ist forschend und experimentierend, wenn das Bekannte oder auch

Unbekannte lockt. Demgegenüber hält ein ängstliches Kind in seiner Erkundungsaktivität inne, ist eher (über-)vorsichtig, weil das Unbekannte bedrohlich wirkt. Seine Haltung ist zaghaft, bisweilen – ob des unsicheren Erfolgs – von Zweifeln durchdrungen« (S. 175).

So wird in dem Beispiel deutlich, dass die Initiative zunächst nur von einem Jungen ergriffen wird. Vorsichtig, aber ohne sichtbare Anzeichen von Ängstlichkeit wendet er sich dem unbekannten Arrangement zu. Die Auseinandersetzung erfolgt zunächst in Form eines Bewegungsdialoges, in dessen Zuge er den Auf- und Abstieg auf das Holzschiff bewältigt. Sein Ausruf »Cool!« richtet sich vermutlich an die anderen Kinder und soll darauf hinweisen, dass er etwas Attraktives entdeckt hat und es sich lohnt, den unbekannten Aufstieg auf sich zu nehmen. Die nachfolgenden Kinder unterscheiden sich im Grad der Ängstlichkeit deutlich, so dass einzelne Kinder mutig vorangehen und andere eher zögerlich nachfolgen.

Dabei wird deutlich, dass in der Gruppe der Kinder eine bestimmte Beziehungsstruktur vorherrscht: Einige Kinder entdecken Dinge für die Gruppe, andere Kinder folgen mutig nach und andere halten sich eher ängstlich zurück. Gerade die ängstlicheren Kinder erkunden die Situation zunächst durch Beobachtung der anderen Kinder. Nachdem die Situation nach Bewältigung durch die mutigeren Kinder an Unbekanntheit verloren hat, trauen sich auch die ängstlicheren Kinder die Bewältigung zu. Auf die Bewältigung einer unbekannten Situation reagieren die Kinder mit einem sichtbaren Ausdruck der Freude. Auf die emotionale Bedeutung von Erkundungen hat insbesondere Fischer (2008, S. 175) hingewiesen.

Die Erkundungen unterscheiden sich jedoch auch hinsichtlich der Beweggründe. So führt bereits Berlyne (1974) Erkundungen auf die Motive des Spannungsabbaus und Spannungsaufbaus zurück. Im Falle des Motivs des Spannungsabbaus hat ein unbekannter Gegenstand einen Spannungszustand ausgelöst, der durch die Erkundung wieder auf ein normales Maß reduziert werden muss. Fällt das Spannungsmoment hingegen stark ab, das heißt kommt bei den Kindern »Langeweile« auf, so können Erkundungen auch unternommen werden, um Spannung zu steigern. In diesem Sinne können Erkundungen auf einem Kontinuum mit den Polen Spannungsabbau und Spannungsaufbau verortet werden.

Im Rahmen des Erkundungsprozesses begeben sich die Kinder in eine vertiefte Auseinandersetzung mit dem Erkundungsgegenstand. Die Form der Auseinandersetzung kann – in Abhängigkeit vom Erkundungsgegenstand – variieren. Während Geräte und Materialien verstärkt durch eine motorische Auseinandersetzung in Erfahrung gebracht werden, geschieht dies bei Bewegungsaktivitäten in hohem Maße durch Beobachtung. Die Erkundung von Bewegungsorten erfordert hingegen in der Regel Beobachtungen und eine motorische Auseinandersetzung.

Üben

Spezifische Fertigkeiten werden von den Kindern nicht auf Anhieb angeeignet. Für diese Fertigkeiten ist ein mehr oder weniger systematischer Prozess des Könnenserwerbs notwendig. Dieser wird von den Kindern im Rahmen der Aktionsform Üben vollzogen. Die Aktionsform Üben ist also durch den Erwerb bzw. die Verbesserung eines spezifischen Könnens gekennzeichnet. Den Ausgangspunkt bildet i. d. R. der Entschluss, etwas können zu wollen, der aufgrund einer Diskrepanz zwischen dem, was man kann und dem, was man können will, getroffen wird (vgl. Bollnow, 1978).

Die Beweggründe der Kinder dafür können vielfältiger Natur sein. Da die Kinder spezifischen Fertigkeiten unterschiedlich hohe Bedeutungen beimessen, bestehen zum Teil beachtliche Differenzen in der Motivation, ein bestimmtes Können erwerben zu wollen. So haben einige Kinder nur ein sehr geringes oder überhaupt kein Interesse am Erwerb eines spezifischen Könnens, während andere Kinder sich immer weiter verbessern wollen und dafür spezialisierte Kontexte aufsuchen. Entsprechend unterschiedlich ist auch die Bereitschaft, den dafür notwendigen und anstrengenden Übungsprozess auf sich zu nehmen. So müssen die entsprechenden Bewegungsabläufe häufig wiederholt werden, damit die Kinder imstande sind das angestrebte Können tatsächlich zu erwerben (vgl. Goeldel, 1964). Während jedoch eine rein äußerliche Betrachtung den Eindruck erweckt, als würde ständig ein und dasselbe wiederholt werden, lassen Übungseifer und Lernfortschritt der Kinder erkennen, dass die Wiederholungen nicht komplett identisch sind (vgl. Ehni, 1982). Vielmehr handelt es sich um den Versuch einer immer besseren Lösung eines spezifischen Bewegungsproblems.

Die häufigen Wiederholungen verlangen nach einer ausdauernden Konzentration auf die Sache. Aber auch für den gesamten Übungsprozess bedarf es der Anstrengung und der Disziplin, wenn er bis zur Erreichung des angestrebten Könnens durchgehalten werden soll. Die Kinder stehen diesen Prozess in der Regel nur durch, wenn sie ein hohes Maß an Motivation besitzen und genau wissen, wofür sie die Anstrengungen auf sich nehmen. Häufig spielt dabei die spätere Präsentation des erworbenen Könnens eine wichtige Rolle. Bei ihren Übungsbemühungen werden die Kinder häufig von erwachsenen Personen auf motivationaler, emotionaler, motorischer und/oder kognitiver Ebene unterstützt (vgl. hierzu Kap. 10).

Abb. 5: Genetische Abfolge von Grundformen und Spiel (nach Dietrich & Landau, 1990)

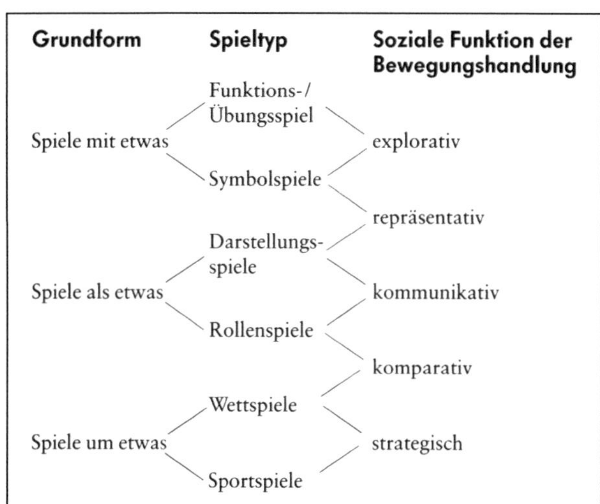

Spielen

Beim Spielen handelt es sich um eine besonders komplexe Aktionsform, der im Rahmen der kindlichen Entwicklung eine kaum zu überschätzende Bedeutung zukommt (vgl. Kap. 5). Die verschiedenen Erscheinungsformen des Spiels sind in der Literatur auf vielfältige Art und Weise klassifiziert worden (vgl. u. a. Callois, 1966; Huizinga, 1987; Oerter, 1997; Buytendyk, 1970). Die Unterscheidung der drei Typen Spielen mit etwas, Spielen als etwas und Spielen um etwas hat sich im Bereich der Sport- und Bewegungspädagogik bewährt (siehe Abb. 5; vgl. Dietrich, 1980; Erhorn, 2012a). Im Folgenden werden die drei Spielformen vorgestellt.

Spielen mit etwas

Drei Jungen heben einen Kasten an und schieben ihn in die Nähe des zweiten Kastens. Daraufhin wird ein Brett von den Kindern so befestigt, dass eine Brücke zwischen den beiden Kästen entsteht. Diese »Balancierstation« wird nun von vielen Kindern nacheinander durchlaufen: sie klettern auf den ersten Kasten hinauf, balancieren und steigen am zweiten Kasten wieder hinunter. Die kleinen Kinder bitten eine Erzieherin um Hilfe, die daraufhin einem jüngeren Mädchen beim Balancieren über die Brücke die Hand hält. Unterdessen tragen einzelne Kinder Materialien, wie zum Beispiel Bretter oder einen Reifen, durch den Bewegungsraum und versuchen diese zu größeren Aufbauten zusammenzufügen. Auf diese Weise entsteht an einem der Kästen eine Rampe zum Hinaufsteigen und am anderen Kasten eine »Rutsche« zum Hinunterrutschen. Kurz darauf beginnt ein Junge auf dem Brett zu springen und schnell von der einen zur anderen Seite zu rennen. Nachdem die größeren Kinder, die das Arrangement aufgebaut haben, sich anderen Dingen zuwenden, wird es von kleinen Kindern in Besitz genommen. Während einige Kinder über die »Brücke« krabbeln, lassen sich andere von einem Erzieher oder einer Erzieherin hinüberhelfen. Ein größerer Junge versucht unterdessen das Hindernis mit einem Lastwagenschlauch, den er vor sich her rollt, zu überwinden, was ihm mehrfach misslingt. Nach etwa 20 Minuten werden die »Rampen« abgebaut und der äußere Kasten mit weiteren Kästen verbunden und zu einer Höhle umgedeutet, in die drei Kinder hineinkriechen. (Bewegungsbaustelle, 14.05.2014)

Das Spielen mit etwas ist durch Bewegungen gekennzeichnet, die sich auf physische Gegenstände oder auf physikalische Phänomene (beispielsweise Schwerkraft, Fliehkraft, Beschleunigung) beziehen. Es setzt allerdings die Kenntnis von Spielgegenständen und von deren Nutzungsmöglichkeiten (siehe Erkunden) und das für die spezifische Nutzung notwendige Können (siehe Üben) voraus. Zudem sind die Kinder auf die entsprechenden sozialen und materiellen Bedingungen angewiesen.

Die verschiedenen Spiele mit etwas unterscheiden sich in ihren Voraussetzungen in erheblichem Maße. Auf der Grundlage der vorhandenen Bedingungen, dem Können und der eigenen Spielideen müssen die Kinder aus den gegebenen Spielgegenständen und ihren jeweiligen Nutzungsmöglichkeiten eine Auswahl treffen und durch eine spezifische Art und Weise der Nutzung in ein Spiel überführen, wobei zur Aufrechterhaltung der Spannung im Verlauf des Spiels häufig eine Variation der Nutzung unternommen wird (vgl. auch Sutton-Smith, 1978, S. 46-52). In dem Beispiel konstruieren die Kinder ihre eigenen Bewegungsräume. Wie Fischer (2010) ausführt, handelt es sich dabei um ein zentrales Merkmal der Bewegungsbaustelle: »Diese Bauelemente fordern die Kinder zu Konstruktionen und Kombinationen heraus, zu gemeinsamem Handeln, Transportieren, gegenseitigem Helfen und Planen« (S. 77). Durch direkt oder indirekt aufeinander bezogene Handlungen der Kinder entsteht ein Bewegungsarrangement aus zwei Kästen und einem Brett, welches zunächst von den Konstrukteurinnen und Konstrukteuren selbst und in der Folge auch von weiteren Kindern als Kletter- und Balanciergelegenheit gedeutet und genutzt wird. Dabei stehen die Kinder vor motorischen Herausforderungen (Klettern, Balancieren) und emotionalen Herausforderungen (sich etwas zutrauen und sich ggf. überwinden).

Als die Kinder die entsprechenden Bewegungserlebnisse bzw. damit verbundene Erfahrungen gemacht haben und der Aufforderungscharakter eines Bewegungsarrangements nachlässt, beginnen sie den Bewegungsraum zu variieren. Dies kann durch die Erweiterung des Arrangements (Anbau von »Rampe« und »Rutsche«), durch eine veränderte Nutzung (springen, rennen, Hindernis mit Ballast überwinden) oder durch Umbauen (zur Höhle umbauen) erfolgen. An dieser Stelle zeigt sich der fließende Übergang zum Spielen als etwas.

Bei den Spielen mit etwas kann es sich um sehr unterschiedliche Aktivitäten handeln. Sie können von den Kindern allein aufgrund des damit verbundenen Bewegungserlebnisses selbst unternommen werden. So ermöglicht der Umgang mit bestimmten Geräten, bzw. mit physikalischen Phänomenen, das intensive Erleben des eigenen Körpers sowie der auf ihn wirkenden Kräfte (zum Beispiel Beschleunigung, Schwerkraft, Fliehkraft). Neben diesem Erleben der Bewegung und des Körpers an sich bieten die Spiele mit etwas die Gelegenheit, die eigene Geschicklichkeit und das eigene Können zu erleben, was in einigen Spielen ins Zentrum gerückt wird.

Erwachsenen Bezugspersonen kommt in diesem Zusammenhang als Publikum bzw. als Spender von Anerkennung eine hohe Bedeutung zu. Das Können und die Geschicklichkeit können dabei an unterschiedlichen Bezugssystemen gemessen werden: In der Relation des eigenen Vermögens zum Vermögen anderer Kinder oder dem eigenen Vermögen im Verhältnis zum vormaligen Vermögen. In einigen Spielen mit etwas ist ein hohes Maß an Überwindung erforderlich, welches subjektiv als Wagnis erlebt und nach außen hin als Ausdruck von Mut verstanden werden kann. Während der Aspekt des Wagens eine starke Innen- bzw. Erlebnisorientierung aufweist, verweist der Aspekt der Präsentation auf eine ebenfalls stark ausgeprägte Außenorientierung. Weitere Differenzen zwischen Spielen mit etwas zeigen sich im Grad der Kreativität und Selbsttätigkeit. Während es sich bei vielen Spielen mit etwas lediglich um die Nutzung fertiger, häufig professionell gestalteter Spielgegenstände im tradierten Sinne handelt[2], erstellen die Kinder, wie in dem Beispiel, ihre Spielumwelt im »Bauen und Gestalten« hingegen selbst.

Spielen als etwas

Zwei Mädchen befinden sich in der Bewegungsbaustelle und gehen einer gemeinsamen Tätigkeit nach. Eines der Mädchen liegt auf einem Brett, welches von den beiden Kindern offenbar als eine Behandlungsliege gedeutet wird,

2 Allerdings können die Spielgegenstände zum Teil in einer von der tradierten Gebrauchsweise abweichenden Form genutzt werden.

> und wird von dem anderen Mädchen untersucht. Es entwickelt sich ein für die Interaktion zwischen »Ärztin« und »Patientin« typisches Frage-Antwort-Spiel, in dessen Rahmen die Ärztin den agierenden verantwortlichen und tonangebenden Part und die Patientin den auf die Fragen der Ärztin antwortenden Part einnimmt. Am Ende des Gespräches gibt die Ärztin der Patientin mehrere Verhaltensregeln auf und beide treten den Nachhauseweg an. Es schließt sich ein weiteres Spiel an, in dessen Rahmen das Mädchen, welches die Rolle der »Ärztin« inne hatte, die nachfolgende Aktivität festlegt (Springen) und dem anderen Mädchen ganz genau erklärt, wie es nachfolgend auf die Weichbodenmatte springen muss. Um die Vorgabe deutlich zu machen, macht sie die »korrekte« Art und Weise des Springens mehrfach vor und weist ihre Freundin darauf hin, dass sie sich wie beim Tauchen bewegen soll. Sie unterstreicht ihren Hinweis mit charakteristischen Tauchbewegungen. (Bewegungsbaustelle, 23.04.2011)

Das Spielen als etwas zeichnet sich dadurch aus, dass die Kinder bestimmte Spielrollen einnehmen. Diese stellen einen typischen Satz aus Eigenschaften und Verhaltensweisen dar, den sich die Kinder für die Dauer des Spiels versuchen zu eigen zu machen. Dafür wird ein gemeinsamer Spielrahmen geschaffen, der von den Kindern (ko-)konstruiert werden muss. Dabei orientieren sie sich häufig an Situationen aus dem Alltag (»Einkaufen beim Bäcker«, »Haare schneiden beim Friseur«, »Baby ins Bett bringen« etc.). Diese Spiele bieten vielfältige Anlässe für verbale und nonverbale Kommunikation. So inszenieren die Mädchen in dem Beispiel einen gemeinsamen Spielrahmen, in dem sie zunächst die Rollen der »Ärztin« und »Patientin« einnehmen und in der Folge ein vergleichbares Muster zwischen »Trainerin« und »Schülerin« wählen. Die Rollen werden neben typischen Bewegungen in hohem Maße durch sprachliche Handlungen ausgefüllt. Im Rahmen dieser Spielrollen nehmen die Kinder Positionen ein und Eigenschaften an, die sie im Alltag in dieser Form (noch) nicht besitzen. Die sich im Rahmen dieser Spiele ergebende Spielhandlung ist häufig überzeichnet, da die Kinder ihre Wahrnehmung medialer oder alltagsweltlicher Erfahrungen zur Grundlage der Inszenierung machen.

Die Spielrollen stehen mit der aus ihnen resultierenden Spielhandlung in enger Korrespondenz. Die Möglichkeiten der Kinder für die kreative Ausgestaltung der Spielrollen und der Spielhandlung variieren zwischen den verschiedenen Spielen als etwas stark. Während einige Spiele eine feste Regelstruktur und Rollendefinition aufweisen und somit den Handlungsspielraum der Kinder begrenzen, verfügen andere Spiele über keine bzw. keine expliziten Regeln und lediglich über noch zu entwickelnde Spielrollen und bieten ihnen daher einen großen Handlungsspielraum.

Die Spielhandlung spielt sich wiederum im Rahmen spezifischer Spielräume ab, wobei deren materielle und soziale Struktur die Spielhandlung zum einen ermöglichen muss, zum anderen aber auch von dieser Spielhandlung, in zum Teil sehr phantasievoller Art und Weise, überformt wird. Differenzen zwischen verschiedenen Spielen als etwas zeigen sich insbesondere in unterschiedlichen Graden an (Handlungs-)Offenheit und Komplexität. So orientieren die Kinder die Spielhandlung, die Spielrollen und den entsprechende Spielraum in einigen Spielen als etwas eng an den Vorbildern, die nachgeahmt werden. Die Kinder heben lediglich einzelne Aspekte hervor und passen die zentralen Motive an die gegebenen Bedingungen an.

Die Spielhandlung reduziert sich dabei häufig auf wenige wiederkehrende Situationen. Die Spielrollen sind zumeist auf einzelne Eigenschaften der Vorbilder zugespitzt und die Spielräume sind wenig ausdifferenziert. In anderen Spielen als etwas werden lediglich Situationen dramatisiert und auf diese Art und Weise Spannung erzeugt. Die Spielhandlung erstreckt sich lediglich über einen kurzen Zeitraum und besteht häufig in der Flucht vor imaginären Gefahren oder der Rettung aus gefährlichen Situationen, welche scheinbar plötzlich auftreten. Die Spielrollen und Spielräume sind entsprechend gering ausdifferenziert. Allerdings zeichnen sich diese Spiele durch ein hohes Maß an Offenheit aus, welche auf Seiten der Kinder nach einer gewissen Kreativität verlangt. So müssen Situationen des Alltags auf Anknüpfungspunkte für eine Dramatisierung des Geschehens hin untersucht und in eine spannende Spielhandlung überführt werden.

Im Rahmen komplexerer Spiele als etwas wird die Spielhandlung zwar zumeist durch mehrere, oft medial vermittelte Vorlagen inspiriert, diese werden jedoch nicht weitgehend übernommen, sondern zu einem neuen Ganzen zusammengefügt. Entsprechend verlangt auch die Ausgestaltung von Spielrollen und Spielräumen ein höheres Maß an Kreativität. Sie sind nicht vorgegeben, müssen aber in einem Passungsverhältnis zur Spielhandlung bzw. deren zentraler Geschichte stehen. Diese Spiele erstrecken sich über einen längeren Zeitraum, in dem Spielhandlung, Spielrollen und Spielräume eine hohe Ausdifferenzierung erfahren. Spiele als etwas können jedoch auch eine durch Regeln festgelegte Spielstruktur aufweisen, die den Handlungen der Kinder einen Rahmen setzt. So existieren festgelegte Spielrollen, in welche sich die Kinder einfügen müssen.

Spielen um etwas

> Ich gehe mit Cindy und Sabrina zu einem kombinierten Kletter- und Rutschgerät, was sich auf dem Spielplatz befindet. Dennis folgt uns nach und schlägt vor, auf dem Gerät Ticken zu spielen. Cindy lehnt seinen Vorschlag mit der Begründung ab, dass zu wenig Mitspieler anwesend seien. Dennis hat jedoch sofort einen neuen Vorschlag parat. Er rennt zum Ende des Gerätes, was einer Hindernisbahn nachempfunden ist und schlägt vor: »Lasst uns ein Rennen machen!« Die Mädchen scheinen von der Idee zwar nicht begeistert zu sein, stimmen jedoch aus Mangel an Alternativen zu. Dennis bittet mich daraufhin zu zählen, wie lange er braucht, um das Hindernis zu überwinden. Er fängt an, klettert an einem Seil die Rampe hoch, taucht unter einem Balken hindurch, klettert eine Ebene höher, rutscht die Rutsche hinunter, rennt zu mir und schlägt an meinem Bein ab. Ich habe 18 Sekunden gezählt. Nun geht Cindy zum Startpunkt und durchläuft den Parcours. Sie ist ein paar Sekunden langsamer als Dennis. Dennis versucht es erneut und bricht seinen eigenen Rekord. Auch Cindy verbessert sich, bleibt aber eine Sekunde langsamer als Dennis. Nun kommt Fiona hinzu und probiert es auch einmal. Sie schlägt auf Anhieb Dennis Rekord. Dieser versucht wiederum die Zeit von Fiona zu schlagen, schafft es jedoch nicht. Cindy probiert es noch einmal, hat dann aber offensichtlich keine Lust mehr und verschwindet, ohne sich zu verabschieden, in den betreuten Bereich des Spielplatzes. Sie scheint beleidigt zu sein. Fiona stellt daraufhin mit elf Sekunden einen Fabelrekord auf. Dennis und ich bewundern gemeinsam ihre Rutschtechnik. Sie rutscht auf ihren glatten Schuhsohlen und nimmt auf diese Weise große Fahrt auf. Dennis versucht dies zu imitieren, womit er seine Zeiten auch verbessert. An Fionas elf Sekunden reicht er jedoch nicht heran. (Spielplatz, 07.10.2008)

Das Spielen um etwas ist durch die »gleichartigen, aber gegeneinander gerichteten Intentionen« der Kinder gekennzeichnet, die miteinander spielen (vgl. Dietrich, 1980, S. 15). Ausgangspunkt ist in der Regel das Motiv, das eigene Können, die eigene Geschicklichkeit und die eigene Leistungsfähigkeit zu vergleichen bzw. sich miteinander zu messen. Die Spiele um etwas bieten ihnen dafür ein besonders geeignetes Medium. Für die konkrete Umsetzung in einem Spiel ist es notwendig, einen Vergleichsgegenstand und ein konkretes Spielziel festzulegen, Regelungen zu treffen und Spielrollen einzunehmen.

In dem Beispiel stellen Schnelligkeit und Geschicklichkeit den Vergleichsgegenstand dar. Als Spielziel wird die möglichst schnelle Überquerung des Geräts festgelegt. Darüber hinaus muss eine Regel gefunden werden, wie festgestellt werden kann, wer das Gerät am schnellsten überquert hat. Das Gerät ist zu schmal, um es zeitgleich zu überqueren. Es muss also ein abstraktes Maß für die erbrachte Leistung gefunden werden. Dennis hat die Idee abzuzählen, wie viel Zeit jeweils für eine Überquerung benötigt wird und bittet eine neutrale Person, diese Aufgabe zu übernehmen. Darüber hinaus ist eine Klärung notwendig, welche Strecke von den Kindern zurückgelegt werden soll, damit die Vergleichbarkeit der Zeiten bzw. der erbrachten Leistungen gewährleistet ist. Wieder verzichten die Kinder auf eine aufwändige Diskussion. Das Problem wird von Dennis in Eigenregie in pragmatischer Art und Weise gelöst, indem er die Strecke einfach mit seinem ersten Versuch für die anderen Kinder markiert. Auf diese Weise werden Start und Ziel festgelegt. Die Strecke wird von den anderen Kindern nachfolgend in genau dieser Form durchlaufen. Der Spielrahmen bleibt auch bestehen, als neue Personen hinzukommen und alte Mitspieler*innen das Spielgeschehen verlassen.

Der Verlauf des Spiels ist in hohem Maße durch das Bestreben, gewinnen zu wollen, gekennzeichnet. Da die Spiele um etwas am Ende Gewinner und Verlierer produzieren, erweist sich auch der häufig problematische Umgang mit Sieg und Niederlage als Kennzeichen. In dem Beispiel zeigen sich unterschiedliche Strategien im Umgang mit Sieg und Niederlage. Als Cindy merkt, dass sie mit den Leistungen von Fiona und Dennis nicht mithalten kann, verlässt sie beleidigt und wortlos den Ort des Spiels. Sie fühlt sich durch die Ergebnisse des Spiels offenbar persönlich abgewertet und reagiert beleidigt (vgl. Oerter, 2011). Dennis reagiert hingegen gelassener auf die besseren Leistungen von Fiona. Bei aller Konkurrenz zeigt er Respekt vor ihren Leistungen, als er die innovative Art bewundert, wie sie die Rutsche passiert. Er versucht von seiner Gegnerin zu lernen, um seine eigenen Leistungen zu verbessern, ist jedoch nicht traurig, als ihm dies nicht gelingt. Dennis nimmt seine relative Niederlage gegen Fiona gelassen hin.

Neben der Entdramatisierung des Verlierens spielt auch die Orientierung an unterschiedlichen Bezugsnormen eine Rolle. So beginnt Dennis, nachdem klar geworden ist, dass er unter den zunächst anwesenden Kindern der Schnellste ist, seine eigenen Rekorde zu jagen, womit er seine Leistungen an der Individualnorm misst. Als jedoch mit Fiona eine ernsthafte Konkurrentin hinzukommt, rückt wieder der direkte Vergleich zwischen den Kindern ins Zentrum des Spiels und die persönliche Leistungsverbesserung in den Hintergrund. Cindy orientiert sich hingegen ausschließlich an der Sozialnorm, was zu Frustration und letztlich zum Spielabbruch führt (vgl. auch Scherler, 2000).

Spiele um etwas können in vielfältiger Form auftreten. Besonders deutliche Differenzen ergaben sich im Grad der Leistungsorientierung und im Grad der Standardisierung des Ablaufs. So legen die Kinder die Vergleichsdimension, Spielziel und Spielregeln in einigen Spielen um etwas selbständig fest. Im Rahmen der Sportspiele nimmt das Spielen um etwas eine besondere Form an. In ihrer professionell organisierten Ausprägung agieren die Kinder in einem vorgegebenen Handlungsrahmen, in den sie sich einfügen müssen, wenn sie an diesen Spielen teilhaben wollen. Diese Spiele werden zum Teil unter einer ausgeprägten Leistungsperspektive betrieben. Im Rahmen selbstorganisierter Sportspiele sind die Kinder selbst für die Organisation und Aufrechterhaltung der Spiele verantwortlich. Allerdings werden diese Spiele von Kindern im frühen Kindesalter in der Regel noch nicht durchgeführt.

9. Bewegung in der frühen Kindheit inszenieren

JAN ERHORN

EINLEITUNG

Bewegung sollte im Alltag der Kindertagesstätte einen festen Platz beanspruchen. Dafür gilt es in der Kindertagesstätte geeignete Bedingungen bereit zu stellen oder anders ausgedrückt: Der Bewegung sollte Raum gegeben werden. Kinder besitzen häufig Freude an der Bewegung und bewegen sich entsprechend freiwillig und selbstgesteuert. In diesem Sinne sollte in der Kindertageseinrichtung grundsätzlich eine bewegungsfreundliche Atmosphäre vorherrschen, in der Bewegung zugelassen und nicht verhindert wird. Daneben sollten aber auch explizit Bewegungsangebote inszeniert werden. Das Spektrum der möglichen Angebote reicht von offenen Bewegungsangeboten bis hin zu geschlossenen Bewegungsangeboten. Diese Bewegungsangebote sollten auf die konkreten Bedingungen der Kindertagesstätte und die Bedürfnisse der Kinder abgestimmt sein, was eine sorgfältige Planung notwendig macht (Kap. 8). Bei der Durchführung der Angebote stehen die Erzieher*innen vor der Herausforderung, unter situativ zum Teil sehr verschiedenen Bedingungen adäquate Handlungsweisen an den Tag zu legen. Aufgrund der besonderen Struktur pädagogischer Interaktion können nur eingeschränkt pauschale Handlungsvorgaben gemacht werden. Eine Professionalisierung und die Herausbildung von Expert*innenwissen erfolgt erst auf der Grundlage einer systematischen Auswertung von eigener und fremder Praxis.

OFFENE BEWEGUNGSANGEBOTE

> Die Kinder einer Kitagruppe werden von ihren Betreuungspersonen in den Bewegungsraum begleitet und finden sich in einem Sitzkreis zusammen. Daraufhin beginnt der Experte, die Kinder in die Idee und die Nutzung der Bewegungsbaustelle einzuführen: »Wie ihr seht, habe ich Euch große Sachen zum Spielen mitgebracht. Das was hier so wild aussieht, das ist eine Baustelle, eine Bewegungsbaustelle, wir sind ja schließlich in einem Bewegungsraum. Und da hast du die besten Ideen. Da ist vielleicht eine Höhle [zeigt auf einen Kasten], aber das weiß ich alles nicht. Das kann alles Deine Idee sein. Auf alle Fälle können die Kästen so oder so liegen. Es gibt nichts Richtiges oder Falsches. Vielleicht können wir einen Kasten oben drauf tun, erste Etage. Das ist hier wie auf einer Baustelle [...]. Wir Großen gucken ein bisschen zu und wenn es ganz schwer wird, wenn sich die Hölzer gar nicht bewegen lassen, dann kannst Du uns rufen oder Du fragst Deine Freunde, das geht auch. Die erste Sache die wir brauchen sind Barfüße, denn es ist auf dem Holz gleich super rutschig. Das machen wir als erstes [Kinder ziehen sich Schuhe und Socken aus]. Vielleicht noch zwei Regeln: Was Du Dir nimmst ist Deins. Also Du gehst mit Deinem Freund oder Deiner Freundin los und schiebst etwas zusammen und baust etwas und das ist dann Dein Haus. Das kann Dir niemand wegnehmen. Dann müssen die anderen fragen: Darf ich mitspielen? Darf ich das haben? Brauchst Du das noch? Das ist die erste Regel: Was Du Dir nimmst ist Deins! Und die zweite Regel ist, lass Zeit und lass Platz. Wenn wir das gleich so haben [legt ein Brett über zwei Kästen], als Beispiel, dass das hier etwas zum Balancieren ist, dann heißt lass Zeit und lass Platz, Du krabbelst rüber und kannst das ganz alleine machen und wenn es Dir zu hoch ist, gehst Du wieder zurück und steigst ab. Du brauchst niemanden drängeln, schubsen und stoßen sowieso nicht. Die zweite Regel ist also: Lass Zeit und lass Platz! Und jetzt liegen die Sachen für Euch bereit. Wir Großen sind vielleicht Helfer, aber ihr könnt mal gucken, ob ihr alleine eine Idee habt. Dann los und baut zusammen. So lange, wie noch was da ist.« (Bewegungsbaustelle, 14.05.2014)

Offene Bewegungsangebote legen den zentralen Fokus auf die Selbständigkeit und Selbsttätigkeit der Kinder. Damit dies möglich wird, müssen die Angebote auf eine spezifische Art und Weise inszeniert werden. In dem Beispiel wird deutlich, dass die Kinder ermutigt werden sollen, selbst kreativ zu werden und eigene Ideen im Bewegen, im Bauen und in der (Um-)Deutung der Materialien und Arrangements zu verfolgen. Durch die verschiedenen Materialien sollen die Kinder zur Selbsttätigkeit angeregt werden. Da nicht alle Kinder abstrakten Ausführungen folgen können, ist es sinnvoll, mit praktischen Beispielen zu arbeiten, ohne dabei zu viele Spielideen vorweg zu nehmen. So deutet der Experte mit dem Hinweis »Da ist vielleicht eine Höhle«, lediglich exemplarisch eine mögliche Deutung an und verweist darauf, dass die Ideen der Kinder im Vordergrund stehen sollen und auch andere Deutungen möglich sind. Die Vorgaben für die Kinder beschränken sich in dem Beispiel auf Fragen der Sicherheit (»Barfüsse«) und die allgemeinen Verhaltensregeln »Was Du Dir nimmst ist Deins!« und »Lass Zeit und lass Platz!«. Die erste Regel zielt darauf ab, Nutzungskonflikte zwischen den Kindern zu reduzieren, die aus einer Konkurrenz um die Nutzung attraktiver Materialien und Arrangements hervorgeht. Die zweite Regel (»Lass Zeit und lass Platz!«) soll dafür Sorge tragen, dass die Kinder in ihrer motorischen Auseinandersetzung mit Bewegungsproblemen und der Konstruktion von Spielräumen nicht physisch oder durch Zeitdruck behindert werden und sich zudem nicht gegenseitig in gefährliche Situationen bringen. Die Verhaltensregeln werden auf eindeutige, kindgerechte und knappe Formeln gebracht und den Kindern mit Hilfe von Beispielen in sehr anschaulicher Weise illustriert.

In dem Beispiel sollen die Betreuungspersonen eine eher passive Rolle einnehmen. Dabei handelt es sich um eine für offene Bewegungsangebote typische Haltung. Die Vorgaben bei der Deutung und Nutzung der Bedingungen werden möglichst gering gehalten, weshalb die Interventionen durch die Erzieher*innen zumeist Reaktionen auf die Handlungen der Kinder darstellen. In diesem Sinne richtet Zimmer (2013) folgende Erwartung an die Erzieher*innen:

> »[Die Erzieherin] gibt Impulse und Anregungen, wenn das Spiel den Kindern langweilig wird und sie selbst nicht weiter wissen, sie bringt Ideen ein, indem sie selber mitspielt, und greift Vorschläge einzelner Kinder auf, um sie an die Gruppe weiterzugeben. Sie gibt Unterstützung, wo ein Kind Hilfe braucht, und greift ein, wenn Gefahr droht oder die Situation für die Kinder nicht mehr zu überschauen ist« (Zimmer, 2013, S. 162).

Kretschmer (2000) unterscheidet im Kontext seines Konzepts des Betreuens für offene Bewegungsangebote die Handlungsweisen des Assistierens und Anregens. Mit dem Assistieren werden zum einen Maßnahmen beschrieben, bei denen die Betreuungsperson indirekt durch Dabeistehen, Sichern und gutes Zureden soziale und psychische Unterstützung leistet. Zum anderen aber auch direktere Formen des Unterstützens, mit denen den Kindern aktiv bei der Umsetzung ihrer Handlungspläne geholfen werden soll.

Dabei sollten allerdings die Hilfen Reaktionen auf Probleme der Kinder darstellen und der Zeitpunkt sollte gut gewählt sein (nicht zu früh, nicht zu spät).

Generell sollte nach Möglichkeit nur eine Hilfe zur Selbsthilfe geleistet werden (vgl. Kretschmer, 2000, S. 136f.). Mit dem Anregen werden Maßnahmen beschrieben die ergriffen werden, wenn der Aufforderungscharakter der Umgebung nicht mehr ausreicht um die Kinder zu Aktivitäten zu motivieren bzw. anzuregen oder aber nur noch einseitige Aktivitäten vollzogen werden, die von außen betrachtet für das Kind nicht mehr förderlich erscheinen. In diesen Fällen können die Betreuungspersonen anregend eingreifen, indem sie Bewegungsaufgaben stellen oder vorschlagen, etwas vormachen oder aber mit den Kindern gemeinsame Aktivitäten beginnen (vgl. Kretschmer, 2000, S. 137f.). Das Assistieren und das Anregen verlangen von den Betreuungspersonen eine differenzierte Beobachtung des Geschehens, um situativ angemessen (re-)agieren zu können. Obwohl jede Situation in ihrer Besonderheit betrachtet und bewertet werden muss, kann der »Verstehende Blick« auf die Kinder im Kontext offener Bewegungsangebote durch systematische Auswertung relevanter Situationen geschärft werden (siehe Kap. 8).

Eine hohe Bedeutung kommt im Rahmen von offenen Bewegungsangeboten den Bewegungsbedingungen zu, auf die die Erzieher*innen im Vorfeld Einfluss nehmen und damit spezifische Erfahrungsräume für die Kinder kreieren. So werden spezifische Areale aufgesucht, bestimmte Geräte und Materialien zur Verfügung gestellt und andere wiederum bewusst vorenthalten. In dem Beispiel wurde der Bewegungsraum für das Angebot gebucht und den Kindern ausgewählte Geräte und Materialien der Bewegungsbaustelle dargeboten. Diese Handlungsweise der Erzieher*innen soll hier als Arrangieren bezeichnet werden (vgl. Kretschmer, 2000, S. 131-133). Das Arrangieren sollte zum einen im Vorfeld des Bewegungsangebots unternommen werden, indem überlegt wird, welche Bedingungen geschaffen werden müssen, um die Kinder zu bestimmten Tätigkeiten anzuregen und ihnen damit spezifische Erfahrungsräume zu eröffnen. Aber auch während des Angebots können die Bedingungen umarrangiert werden, wenn sich im Verlauf des Angebots zeigt, dass die gewünschten Erfahrungsräume nicht kreiert werden konnten oder aber neue Erfahrungsräume kreiert werden sollen. Dabei verlangt das Umarrangieren wiederum nach einer differenzierten Beobachtung des Geschehens. Allerdings können Impulse zum Umarrangieren durchaus auch von den Kindern ausgehen und sollten nach einer kurzen Prüfung nach Möglichkeit aufgegriffen werden.

GESCHLOSSENE BEWEGUNGSANGEBOTE

Die Expertin holt die Kinder ab und bittet sie vor der Kindertagesstätte einen Kreis zu bilden. Dort klärt sie die Kinder auf, dass sie mit ihnen heute »etwas mit Kreide« machen möchte und sie dafür an die nahe gelegene verkehrsberuhigte Spielstraße gehen müssen. Die Kinder finden sich in der Folge paarweise zusammen und setzen sich in einer Reihe in Bewegung. An der Spielstraße angekommen finden die Kinder mehrere von der Expertin vorbereitete aufgemalte »Spielfelder« vor. Die Expertin bittet die Kinder an der ersten »Station« zusammen zu kommen und einen Stehkreis um die Station herum zu bilden. Dann fragt sie die Kinder, ob sie das Spiel schon kennen würden. Als die Kinder antworten, dass sie das Spiel nicht kennen würden, macht die Expertin eine mögliche Nutzung vor, indem sie nacheinander in die Felder hüpft, eine Drehung vornimmt und die Felder wieder zurück hüpft. Im Anschluss bittet sie die Kinder, sich in einer Reihe aufzustellen und das Spielfeld nacheinander zu »durchlaufen«. Dabei werden die Kinder von der Expertin gelobt, ermutigt oder angespornt. Während einzelne Kinder das Spielfeld ohne größere Probleme bewältigen, haben andere Kinder sichtbare Mühe und benötigen selbst für die Bewältigung mit Fehlern viel Zeit, so dass für die nachfolgenden Kinder nicht unerhebliche Wartezeiten entstehen. Nachdem alle Kinder die Aufgabe bewältigt haben, wechselt die Gruppe zur zweiten Station, an der eine Schnecke auf dem Boden aufgemalt ist. Analog zur ersten Station wird von der Expertin zunächst eine Nutzungsmöglichkeit vorgemacht, die von den Kindern der Reihe nach nachvollzogen wird. Dieses Procedere wird noch an zwei weiteren Stationen durchgeführt, bevor die Kinder in einem Stehkreis zusammen gerufen werden. Dort erklärt die Expertin den Kindern, dass sie nun selbst ein Stück Kreide bekommen und sich Spiele ausdenken sollen. (Ausflug in die Spielstraße, 04.06.2014)

Geschlossene Bewegungsangebote zeichnen sich dadurch aus, dass den Kindern die auszuführenden Bewegungsaktivitäten vorgegeben werden. Dabei kann es sich entweder um sportive Aktivitäten und mit ihnen verbundene Fertigkeiten handeln (vgl. Kap. 8.4) oder, wie in dem Beispiel, um Bewegungsspiele. Damit gewähren die geschlossenen Angebote den Kindern zunächst einmal deutlich weniger Spielraum für Selbständigkeit und Selbsttätigkeit als offene Bewegungsangebote. Allerdings sollten sie nach Möglichkeit so konzipiert sein, dass sie zukünftig den Spielraum der Kinder für Selbständigkeit und Selbsttätigkeit erweitern. In dem Beispiel soll dies zum einen ermöglicht werden, indem den Kindern die verschiedenen Bewegungsspiele gezeigt werden und zum anderen dadurch gewährleistet werden, dass ihnen die räumlich-materiellen Bedingungen zur selbständigen Inszenierung der Spiele alltäglich zur Verfügung stehen bzw. leicht zur Verfügung gestellt werden können: Geeignete Flächen (Asphalt, Gehwegplatten) finden die Kinder in der Regel in direkter Nähe zu ihrer Wohnung vor und Malkreide kann ihnen ohne großen Aufwand zur Verfügung gestellt werden. In diesem Sinne wird ihnen zwar im Moment des Angebots wenig Spielraum gewährt, durch das Angebot kann jedoch der Spielraum der Kinder für Selbständigkeit und Selbsttätigkeit in der Folge erweitert werden.

Aufgrund ihrer besonderen Struktur verlangen geschlossene Bewegungsangebote nach speziellen Organisationsformen. Da die Kinder zumeist gemeinsame Aktivitäten durchführen bzw. erlernen sollen, werden Organisationsformen benötigt, die geeignet sind die Aufmerksamkeit auf einen gemeinsamen Gegenstand zu richten. In dem Beispiel fordert die Betreuungsperson die Kinder auf, sich an Stationen einzufinden, einen Stehkreis um die Station herum zu bilden und sich in einer Reihe anzustellen. Die verschiedenen Organisationsformen bilden dabei keinen Selbstzweck, sondern erfüllen eine jeweils spezifische Funktion im Kontext des Angebots:

- Die Arbeit an verschiedenen Stationen strukturiert den Ablauf des Bewegungsangebots und lenkt die Aufmerksamkeit der Kinder auf einen gemeinsamen Gegenstand.
- Der Stehkreis erfüllt die Funktion allen Kindern eine gute Sicht auf die Station und die Form der Nutzung zu ermöglichen sowie einen Ordnungsrahmen vorzugeben, der die Kinder vor Ablenkungen von außen und Nebentätigkeiten abhält.
- Die Bildung einer Reihe soll schließlich Nutzungskonflikten vorbeugen und einen geregelten Ablauf gewährleisten.

Da sich im Kontext geschlossener Angebote wiederkehrende Herausforderungen stellen, die nach bestimmten Organisationformen verlangen, ist es sinnvoll einen Bestand an Ritualen mit den Kindern einzuführen.

Der eher darbietende Charakter der geschlossenen Bewegungsangebote verlangt zudem nach geeigneten Formen der verbalen und nonverbalen Kommunikation, da Spiele oder Übungen in den Horizont der Kinder gebracht werden müssen. In dem Beispiel zeigt sich dies zunächst in Form nonverbaler Kommunikation im Kontext des Vormachens der Nutzung der aufgemalten Spielfelder. An dieser Stelle gibt die Betreuungsperson den Kindern eine ganzheitliche Bewegungsvorstellung und bedient sich dem Muster Vormachen/Nachmachen. Insbesondere für Kinder stellt eine verbale Vermittlung einer Bewegung, eines

Spiels oder einer Übung häufig eine noch zu hohe Anforderung dar. Daher handelt es sich bei der gewählten Form um eine sehr kindgerechte Form der Vermittlung.

Während des Ausprobierens kommt der Unterstützung der Kinder eine hohe Bedeutung zu. Im Kontext von Übungsprozessen handelt es sich zumeist um Hinweise in Form eines Feedbacks, der Schaffung eines positiven Lernklimas sowie der positiven Verstärkung der Kinder durch Lob, Ermutigung oder Ansporn. Da es sich in dem Beispiel um ein Spiel handelt, welches nicht geübt, sondern zunächst nur ausprobiert werden soll, verzichtet die Betreuungsperson auf ein differenziertes Feedback und belässt es bei der Schaffung eines positiven Lernklimas sowie der positiven Verstärkung der Kinder durch Lob, Ermutigung und Ansporn.

BEWEGUNGSANGEBOTE PLANEN

Bei der Planung kann zunächst zwischen einer Planung von Bewegungsangeboten und einer Planung einzelner Stunden bzw. Veranstaltungen unterschieden werden, wobei die Planung einer einzelnen Stunde/Veranstaltung die vorherige Planung des Angebots voraussetzt. Der Fokus der folgenden Ausführungen liegt auf der Planung von Bewegungsangeboten. Einzelne Stunden/Veranstaltungen leiten sich aus dieser Planung ab und verlangen in der Regel nur nach einer Planungsskizze, in denen die Spezifika der Einzelstunde/Einzelveranstaltung ausgearbeitet worden sind. Im Rahmen der Planung von Bewegungsangeboten müssen Entscheidungen auf unterschiedlichen Ebenen getroffen werden. Im Folgenden wird zwischen den Ebenen der Bedingungen und Voraussetzungen, der Themenkonstruktion sowie der Methoden und Handlungsweisen unterschieden (vgl. Heimann, Otto & Schulz, 1975; Klafki, 1985; Döhring & Gissel, 2011).

Klärung der Bedingungen und Voraussetzungen

Auf der Ebene der Bedingungen und Voraussetzungen gilt es zunächst zu klären, welche Voraussetzungen die Kinder mitbringen, für die das Bewegungsangebot konzipiert werden soll. Von besonderem Interesse sind, neben dem Alter und Geschlecht der Kinder, folgende Merkmale:

- kognitiver, sozialer und motorischer Entwicklungsstand,
- motivationale Lage gegenüber Bewegung im Allgemeinen und speziellen Bewegungsformen,

- emotionale-affektive Einstellung gegenüber Unbekanntem im Allgemeinen und gegenüber Bewegung im Speziellen,
- Vorerfahrungen und ihr Könnensniveau im Hinblick auf spezifische Bewegungsformen.

Diese Merkmale gilt es zu berücksichtigen, wenn eine Passung zwischen den individuellen Voraussetzungen der Kinder und der anzueignenden Sache hergestellt werden soll. Dabei ist zu bedenken, dass zwischen den Kindern häufig zum Teil gravierende Differenzen in der Ausprägung der genannten Merkmale vorherrschen. In diesen Fällen ist es wichtig, diese Heterogenität zu erkennen und entsprechende Möglichkeiten der Differenzierung in die Planung mit einzubeziehen. Ebenfalls zu klären ist, welche relevanten Rahmenbedingungen in der Kindertagesstätte für das Bewegungsangebot vorherrschen. Bei den Rahmenbedingungen handelt es sich insbesondere um folgende Punkte:

- Welche geeigneten Räume und Areale stehen zur Verfügung?
- Welche Geräte und Materialien stehen zur Verfügung?
- Welche Zeitfenster stehen für ein Angebot zur Verfügung?
- Verfügt die Einrichtung über ein besonderes (bewegungs-)pädagogisches Konzept?

Die genannten Rahmenbedingungen an einer Kindertagesstätte können dazu führen, dass bestimmte Bewegungsangebote nur eingeschränkt oder gar nicht durchgeführt werden können. In vielen Fällen wird zumindest eine Anpassung des Angebots an die vorhandenen Rahmenbedingungen nötig. Jedoch kann die Bedingungsanalyse im Kontext der Planung eines Bewegungsangebots auch einen Anlass bilden, um die Rahmenbedingungen für Bewegungsangebote zu verbessern, indem neue Räume und Areale erschlossen, neue Geräte und Materialien angeschafft, Zeitfenster optimiert oder ein bewegungspädagogisches Gesamtkonzept entwickelt wird.

Von hoher Bedeutung sind auch die Qualifikationen und Einstellungen der Personen, die das Angebot durchführen werden sowie der weiteren beteiligten Betreuungspersonen. Zu beachten sind insbesondere folgende Punkte:

- Haben die Personen eher ein sportives oder psychomotorisches Bewegungskonzept?
- Erkennen die Personen die Bedeutung der Selbsttätigkeit der Kinder und sind in der Lage, responsiv zu handeln?

- Sind die Personen in der Lage, die Bewegungspraxen der Kinder sinnverstehend zu beobachten und entsprechend unterstützend zu agieren?
- Sind die Personen überängstlich oder neigen sie dazu, die Kinder einem zu großen Risiko auszusetzen?
- Sind die Personen in der Lage, spezifische Bewegungen sachgerecht zu vermitteln?
- Sind die Personen in der Lage, Regeln und Rituale einzuführen und adäquat mit den Kindern zu interagieren?

Die genannten Gesichtspunkte sollten mit Blick auf die eigene Person und mit Blick auf die weiteren beteiligten Personen reflektiert werden. Dies stellt zunächst einen wichtigen Akt der Selbstvergewisserung dar und ist geeignet, auf vorhandene Defizite aufmerksam zu machen. Dies kann einen Anlass bilden, sich fortzubilden, externe Expertise hinzuzuziehen oder sich intern über eine geeignete Rollenaufteilung im Rahmen des Angebots zu verständigen.

Konstruktion von Themen

Die Konstruktion von Themen vollzieht sich in der Verknüpfung eines Inhaltes mit einer pädagogischen Zielsetzung (vgl. Klafki, 1963). Dahinter steht die Einsicht, dass sich zum einen pädagogische Zielsetzungen nicht losgelöst von Inhalten vermitteln lassen. Zum anderen erfolgt die Beschäftigung mit Inhalten immer auf eine spezifische Art und Weise, so dass pädagogische »Zielsetzungen« zumindest implizit in das Angebot eingeschrieben sind. Sich dieser impliziten »Zielsetzungen« bewusst zu werden, stellt ebenso einen wichtigen Schritt in der persönlichen beruflichen Professionalisierung dar, wie die gezielte Auswahl geeigneter Inhalte, um spezifische pädagogische Zielsetzungen zu verfolgen.

Ohne einen Anspruch auf Vollständigkeit zu erheben, können folgende Zielsetzungen im Rahmen von Bewegungsangeboten im Kontext der Kindertagesstätte verfolgt werden (vgl. auch Zimmer, 2014a):

- Förderung der Selbständigkeit und des Sozialverhaltens,
- Herausbildung eines positiven, aber realistischen Selbstkonzeptes,
- Eigene Grenzen erkennen und Hemmungen abbauen,
- Den eigenen Körper kennenlernen,
- Einen angemessenen Umgang mit Risiken erlernen,
- Bewegungsräume erkunden und kreieren,
- Spiele und andere Bewegungsaktivitäten kennenlernen,
- Motorische Fertigkeiten erweitern,

- Bewegungsbedürfnisse der Kinder befriedigen,
- Motorische Fähigkeiten verbessern.

Um diese oder andere Zielsetzungen verfolgen zu können müssen, wie bereits ausgeführt, geeignete Inhalte ausgewählt werden. Als Inhalte bieten sich zum Beispiel die in der Sport- und Bewegungspädagogik verbreiteten Bewegungsfelder an (vgl. u. a. Bräutigam, 2003):

- Bewegungsfeld Spielen in und mit Regelstrukturen
- Bewegungsfeld Laufen, Springen, Werfen
- Bewegungsfeld Bewegen an und mit Geräten
- Bewegungsfeld Bewegen im Wasser
- Bewegungsfeld Tanzen, Darstellen und Bewegungskünste
- Bewegungsfeld Gleiten, Fahren, Rollen
- Bewegungsfeld Ringen und Kämpfen

Allerdings können auch spezifische Bewegungsräume Inhalte für Bewegungsangebote darstellen (Kap. 8; vgl. auch Erhorn, 2015a, 2015b, 2015c, 2015d, 2015e):

- Bewegungsräume in der Kindertagesstätte,
- Bewegungsräume auf dem Außengelände der Kindertagesstätte,
- Öffentliche Bewegungsräume im Umfeld der Kindertagesstätte,
- Nicht-öffentliche Sporträume im Umfeld der Kindertagesstätte,
- Nicht-alltägliche Bewegungsräume (Naturräume, Erlebnisräume).

Im Rahmen der Konstruktion eines Themas gilt es nun, eine Passung zwischen der pädagogischen Zielsetzung und dem Inhalt herzustellen. So kann beispielsweise die Zielsetzung »Förderung der Selbständigkeit und des Sozialverhaltens« mit dem Inhalt »Bewegen an und mit Geräten« zu einem Thema verknüpft werden. Ist dies geschehen, können im nächsten Schritt Überlegungen angestellt werden, wie dieses Thema methodisch umgesetzt werden kann.

Konzeption der methodischen Umsetzung

Der Vorentwurf der methodischen Umsetzung, der im Rahmen der Planung von Bewegungsangeboten unternommen wird, sollte grundsätzlich auf der Grundlage der Themenkonstruktion erfolgen. Erst vor dem Hintergrund der thematischen Struktur eines Bewegungsangebots lässt sich die Auswahl von Methoden, Handlungsformen etc. begründen (vgl. Lange & Sinning, 2008). Insofern haben sie einen »Werkzeugcharakter«. Dies bedeutet aber keinesfalls, dass sie zweitrangig oder gar unwichtig wären. Vielmehr erweist sich erst auf der Ebene von Methoden und Handlungsweisen, ob es gelingt ein Thema in ein praktisches Bewegungsangebot umzusetzen. Insofern gilt es bei der Auswahl von Methoden und Handlungsweisen sorgfältig vorzugehen.

Zunächst sollte entschieden werden, welches Methodenkonzept der thematischen Struktur des Angebots entspricht (vgl. Döring & Gissel, 2011). Dabei kann idealtypisch zwischen einem eher offenen Methodenkonzept, in dessen Rahmen den Erzieher*innen eher eine lernunterstützende, anregende und beratende Rolle (vgl. Funke, 1995; Kretschmer, 2000), und einem geschlossenen Methodenkonzept, in dem den Erzieher*innen eher eine vorgebende, anleitende und korrigierende Rolle zukommt (vgl. Söll, 1996; Kretschmer, 2000), unterschieden werden. Es sollte also in einem ersten Schritt entschieden werden, ob die thematische Struktur eher nach einem offenen oder einem geschlossenen Methodenkonzept verlangt.

In einem zweiten Schritt sollte entschieden werden, welche Handlungs- und Interaktionsformen vor dem Hintergrund des Themas und des gewählten Methodenkonzepts angemessen sind (vgl. Döring & Gissel, 2011). Dabei können Entscheidungen in folgenden Bereichen getroffen werden:

- Erklärungen: In welchem Umfang sind Erklärungen notwendig? Wie können diese kindgerecht formuliert werden? Ist ein Einsatz von Medien sinnvoll?
- Handlungsspielraum: Wie viel Handlungsspielraum wird den Kindern gewährt? Sollen ihnen die Aktivitäten vorgegeben werden?
- Instruktionen und Feedback: Falls vorgegebene Übungen oder Fertigkeiten vollzogen werden sollen, wie sollen die Instruktionen aussehen (verbal, vormachen etc.)? In welchem Umfang und in welcher Weise sollen die Kinder Feedback erhalten?
- Atmosphäre: Wie kann im Rahmen des Angebots die gewünschte Atmosphäre geschaffen werden?
- Emotionale Unterstützung: Mit welchen Maßnahmen sollen die Kinder emotional unterstützt werden? Werden sie ermutigt und gelobt? Soll ihnen durch physische Nähe Sicherheit und/oder Anerkennung gewährt werden?
- Teilnahme: In welchem Umfang und auf welche Weise nehmen die Erzieher*innen am Geschehen teil? Sollen sie mitspielen? Sollen sie den Kindern aktiv Interaktionsangebote machen? Sollen sie sich nach Möglichkeit schnell wieder aus dem Geschehen zurückziehen?
- Konflikte: Welche Konflikte sind zu erwarten und wie soll ihnen begegnet werden?

Auch hinsichtlich des organisatorischen Rahmens müssen im Zuge der Planung Entscheidungen getroffen werden (vgl. Döring & Gissel, 2011). Sie können sich auf die folgenden Bereiche beziehen:

- Räume: Welche Räume müssen aufgesucht werden? Soll der Raum geteilt werden? Sollen nur einzelne Areale zur Nutzung freigegeben werden?
- Geräte und Materialien: Welche Geräte und Materialien werden benötigt? Wann und in welchem Umfang sollen sie zum Einsatz kommen?
- Differenzierung: Inwiefern ist eine Differenzierung (nach Leistung, Können, Interesse etc.) im Rahmen des Angebots notwendig? Wie können diese praktisch umgesetzt werden?
- Gruppenbildung: Ist im Rahmen des Angebots die Bildung von Gruppen vorgesehen? Wie groß sollen die Gruppen sein? Nach welchen Merkmalen oder Kriterien soll die Gruppenbildung erfolgen? Wer nimmt die Einteilung vor und in welcher Form soll sie vorgenommen werden?
- Sicherheitsmaßnahmen: Sind besondere Gefahrenherde oder Gefahrensituationen zu erwarten? Sind die Kinder in der Lage, ihnen begegnende Risiken realistisch einzuschätzen? Welche Gefahrenquellen müssen beseitigt werden?

Im Kontext der Planung von Bewegungsangeboten müssen auch Entscheidungen im Hinblick auf die Zeitstruktur getroffen werden (vgl. Döring & Gissel, 2011). Die Entscheidungen beziehen sich insbesondere auf die folgenden Bereiche:

- Lernprozess: Bauen einzelne Lernschritte aufeinander auf? In welcher Reihenfolge? Welche Zeit ist für deren Bewältigung einzuplanen?
- Zeitlicher Umfang: Wie lange soll das Angebot dauern? Wie lange können sich die Kinder auf die Sache konzentrieren?
- Variationen: Wie lange sollen die Kinder in verschiedenen Organisationsformen und/oder Arrangements agieren? Wann sollten Variationen vorgenommen werden? Welche Variationen könnten es sein?

Abb. 1: Planungsschema

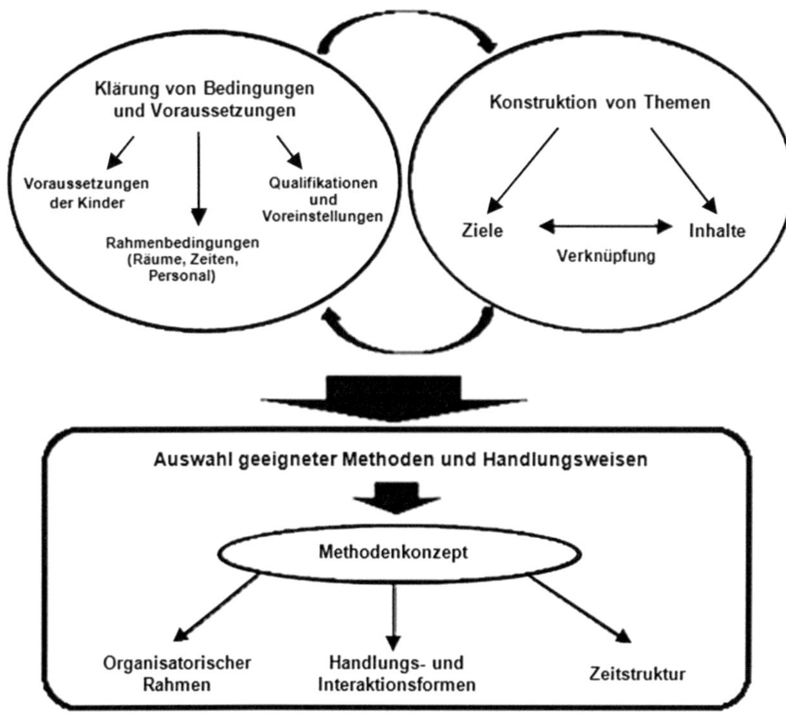

BEWEGUNGSANGEBOTE AUSWERTEN

Die Planung von Bewegungsangeboten stellt eine wichtige Grundlage für die Praxis dar. Allerdings gewinnt das Angebot erst in der Durchführung seine Form, die von der Planung beeinflusst wird, aber über diese in ihrer Komplexität zumeist deutlich hinausweist. Zwar können nicht alle sich im situativen Kontext ergebenden Anforderungen im Rahmen der Planung vorweggenommen werden, jedoch ist es auf der Grundlage systematisch gewonnener Erfahrung möglich, im Rahmen der Planung Problemsituationen zu antizipieren und eine situative Entscheidungs- und Handlungskompetenz herauszubilden. In diesem Sinne ist es möglich, etwas aus der komplexen Praxis über die komplexe Praxis zu lernen. Dafür müssen Bewegungsangebote allerdings systematisch ausgewertet werden (vgl. Scherler, 2004; Wolters, 2013). In der Auswertung von Bewegungsangeboten ergibt sich die Möglichkeit des handlungsentlasteten Probehandelns, in dessen Kontext situationsspezifisch Handlungsalternativen entwickelt und abgewogen werden können. Auf diese Weise kann eine Weiterentwicklung der Urteilskraft erfolgen und ein reflexiver Zugang zur (eigenen) Praxis der Bewegungsangebote angebahnt werden (vgl. Wolters, 2013). Darüber hinausgehend wird damit die Hoffnung verbunden eine Strukturerkenntnis durch Analogiebildung zu gewinnen. Das bedeutet, dass aus Situationen, die sich im Kontext des Angebots zugetragen haben, etwas Allgemeines gelernt wird, was wiederum auf vergleichbare Situationen übertragen werden kann (vgl. ebd.). Allerdings ist damit immer die Gefahr verbunden leichtfertig zu verallgemeinern und in der Folge »Kochrezepten« zu folgen, die der Komplexität der jeweils besonderen Situation nicht gerecht werden oder für die spezifische Situation einfach nicht passend sind.

Aber wie soll die Auswertung von fremder oder eigener Praxis praktisch umgesetzt werden? Für die praktische Umsetzung der Auswertung von Bewegungsangeboten hat sich das Ordnungsschema der Fallarbeit nach Scherler und Schierz (1993) bewährt (siehe Abb. 2).

Abb. 2: Ordnungsschema nach Scherler & Schierz (1993)

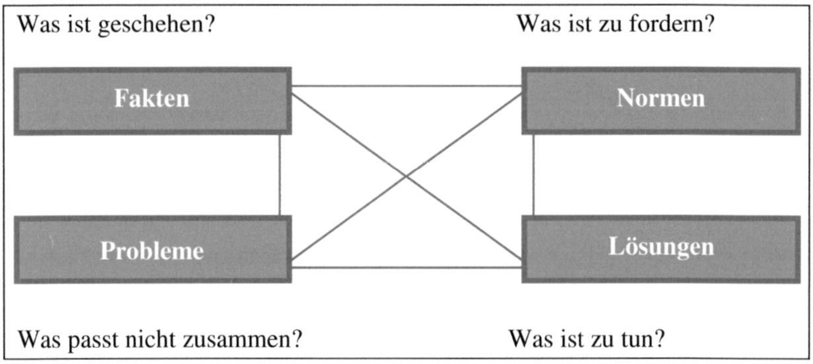

Was ist geschehen?
Was ist zu fordern?
Fakten
Normen
Probleme
Lösungen
Was passt nicht zusammen?
Was ist zu tun?

Dabei werden folgende Arbeitsschritte empfohlen (vgl. auch Scherler, 2004; Wolters, 2013):

- Fakten darstellen: Die Darstellung von Fakten folgt der Frage »Was ist geschehen?«. Fakten werden von Personen konstruiert und können daher durchaus unterschiedlich konstruiert werden. Sie folgen in der Regel einem Erkenntnis- oder Zeigeinteresse. In diesem Sinne sollten zunächst Situationen ausgewählt werden, die sich im Rahmen des Angebots zugetragen haben und die persönlich als bedeutsam eingeschätzt werden. Diese Situationen werden nachfolgend schriftlich dokumentiert. Dies sollte möglichst aus einer »neutralen Beobachterposition« heraus erfolgen und den Ablauf detailliert beschreiben. Sprache sollte nach Möglichkeit wörtlich wiedergegeben, nonverbale Formen der Kommunikation und Bewegungen möglichst genau beschrieben werden.

- Normen zuordnen: Mit den Normen sind Sollens-Forderungen beschrieben, die eine Antwort auf die Frage »Was ist zu fordern?« geben. Bei den Normen kann es sich zum Beispiel um allgemeine pädagogische Grundsätze, Regeln oder Prinzipien handeln. Im Kontext der Auswertung sollen den dargestellten Fakten Normen zugeordnet werden. Eine Zuordnung von Normen ist jedoch häufig nicht eindeutig. Zum einen werden in einer pädagogischen Situation zumeist mehrere Normen angesprochen, zum anderen können zwischen auswertenden Personen Meinungsverschiedenheiten bestehen, ob eine spezifische Norm in der betreffenden Situation relevant ist oder ob die Norm generell als Gütekriterium anerkannt werden sollte. Diese Differenzen können einen wichtigen Anlass der Irritation und/oder Selbstklärung darstellen, indem fraglose Gewissheiten und implizite Wissensbestände zu Tage gefördert und damit diskutierbar und potenziell veränderbar gemacht werden.
- Probleme ermitteln: In der Praxis der Auswertung werden in der Regel zunächst »Probleme« bzw. problematisch erscheinende Situationen wahrgenommen. Im Rahmen der hier geforderten systematischen Auswertung soll diese Wahrnehmung aber erst den Ausgangspunkt für die Darstellung von Fakten bilden, das heißt es soll zunächst einmal genau beschrieben werden, was vorgefallen ist (siehe »Fakten darstellen«). Im nächsten Schritt wird dann versucht zu ergründen, warum die Situation der auswertenden Person problematisch erschienen ist. Da sich jedes Problem als eine Differenz von einer (gegebenenfalls subjektiven) Sollens-Vorstellung und dem wahrgenommen »tatsächlichen« Ablauf, also als Differenz von Fakten und Normen, beschreiben lässt, setzt dies eine Reflexion der eigenen für relevant erachteten Sollens-Vorstellungen voraus (siehe »Normen zuordnen«). Probleme zu ermitteln bedeutet in diesem Sinne, eine Antwort auf die Frage »Welche Fakten und Normen passen in der betreffenden Situation nicht zusammen?« zu geben. Auf diese Frage können zum Teil sehr unterschiedliche Antworten gegeben werden. Jedoch stellen der damit angestoßene Prozess der Selbstklärung und der dadurch nach Möglichkeit angestoßene Diskussionsprozess wichtige Schritte auf dem Weg zu einer pädagogischen Professionalisierung dar.
- Lösungen empfehlen: Im Rahmen der Auswertung soll nicht nur die vergangene Praxis besser verstanden, sondern auch die zukünftige Praxis verbessert werden. Damit dieses möglich ist, müssen nicht nur Probleme ermittelt und verstanden, sondern auch Lösungen empfohlen werden (»Was ist zu tun?«). Bei den Lösungen handelt es sich um Handlungsweisen, die geeignet er-

scheinen, das aufgetretene Problem präventiv, durch eine veränderte Anlage des Angebots, oder situativ, durch spezifische Maßnahmen während des Angebots, zu lösen bzw. ihm zu begegnen. Die Lösung kann aber in Abhängigkeit vom besonderen Fall auch darin bestehen, das »Problem« zu entdramatisieren oder die verletzte Norm generell oder in der spezifischen Situation aufzugeben.

Das empfohlene Vorgehen soll nachfolgend am Beispiel einer Situation illustriert werden, die sich im Kontext eines Tagesausfluges an einen Strand ereignet hat (vgl. Erhorn, 2015).

»Miriana, nicht ans Wasser gehen!«

Fakten darstellen

Bei der Ankunft am von der DLRG bewachten Strand in Wassersleben stürmen die Kinder sofort auf die verschiedenen Spielgeräte des Spielplatzes zu. Die vier Erzieherinnen lassen sich nach kurzer Zeit auf einer Wippe nieder. Nach ca. 15 Minuten geht Miriana ans Wasser. Daraufhin ruft eine Betreuerin aus der Ferne »Miriana, nicht ans Wasser gehen!«. Das Mädchen bleibt stehen, dreht sich kurz um und läuft weiter. Kurz vorm Uferrand dreht sie sich zwei weitere Male zu den Betreuerinnen um, bevor sie anfängt Steine zu sammeln und das Wasser zu beobachten, in dem sich viele Quallen befinden. Nach ca. zwei Minuten kommt ein Junge zu ihr ans Wasser gelaufen. Die Kinder beginnen sich mit den Quallen zu beschäftigen. Während sie am Uferrand weiter nach Quallen suchen, ruft eine Betreuerin aus der Ferne »Miriana, nicht weiter«. Nach einiger Zeit gesellen sich drei weitere Kinder hinzu. Es folgt ein erneuter Zuruf: »Miriana, Miriana, [kurze Pause] Angelina, nicht weiter laufen!« Kurz darauf rennt Miriana zum Spielplatz zurück, wo die Betreuerinnen nach wie vor auf der Wippe sitzen und fragt, ob sie auch ihre Schuhe und Socken ausziehen darf. Nach Erlaubnis durch die Betreuerinnen legt sie Schuhe und Socken dort ab und läuft barfuß zurück zum Wasser. Während drei Betreuerinnen immer noch mit dem Rücken zum Wasser sitzen, hat sich eine Betreuerin nun frontal zum Wasser ausgerichtet. Kurze Zeit später folgt sie den Kindern an den Uferrand und setzt sich dort (barfuß) in den Sand. Lea-Sophie findet sich ebenfalls dort ein, hockt sich neben Katrin und ist bereits barfuß. Angelina und Miriana krempeln ihre Hosenbeine hoch und gehen ein kleines Stückchen ins Wasser, um weiter nach Quallen zu suchen. Die Jungen bleiben am Uferrand. Die Betreuerin ermahnt daraufhin Angelina:

»Angelina, du hast keine Wechselklamotten mit!« Und kurz darauf: »Angelina, pass auf mit dem Hinsetzen da bitte, sonst kriegst du noch einen ganz nassen Po [...] Angelina, komm raus aus dem Wasser, bitte.« Trotz wiederholter Aufforderungen bleiben die Kinder mit den Füßen im Wasser und untersuchen die Quallen. Als ein Mädchen zur Betreuerin läuft, um ihr mitzuteilen, dass ihre Hosenbeine immer herunterrutschen, entgegnet Katrin: »Dann musst du dir die so krempeln so wie ich.« Als das Mädchen entgegnet, dass sie dies nicht selbst könne und immer wieder versucht ihre Hosenbeine hoch zu krempeln, reagiert die Betreuerin nicht. (Ausflug an den Strand, 20.06.2014)

Normen zuordnen

- Die Kinder sollen Gelegenheit bekommen, sich den Bewegungsraum Strand, mit den sich in seinem Kontext bietenden spezifischen Erlebnis- und Erfahrungspotenzialen zu erschließen.
- Die Handlungsweisen der Betreuungspersonen sollen die Kinder dabei unterstützen, sich die spezifischen Erlebnis- und Erfahrungspotenziale des Bewegungsraums Strand zu erschließen.
- Die Betreuungspersonen sollen ihrer Aufsichtspflicht gerecht werden und die Kinder vor Gefährdungen bewahren.
- Im Vorfeld von Exkursionen sollten die spezifischen Erlebnis- und Erfahrungspotenziale des betreffenden Bewegungsraumes ermittelt und ggf. notwendige Vorbereitungen getroffen werden.
- Regeln sollten für alle Kinder gelten und ihre Geltung durchgesetzt werden.

Probleme ermitteln

- Die Wahl des Sitzplatzes der Erzieherinnen auf einem der Spielgeräte des Spielplatzes bedingt zum einen, dass das Spielgerät von den Kindern nicht genutzt werden kann und zum anderen definiert er den Handlungsraum der Kinder. Dieser beschränkt sich, wie zu beobachten war, für die erste Viertelstunde ausschließlich auf die Nutzung der Spielgeräte. Die von ihnen ins Zentrum gerückten Spielgeräte befinden sich auch auf herkömmlichen Spielplätzen und sind somit Teil des Bewegungsalltags der Kinder.
- Die Erkundung des Strandes und des Wassers – beides Charakteristika des nicht-alltäglichen Raums »Strand« – werden von den Betreuerinnen zunächst sogar aktiv unterbunden (»Miriana, nicht ans Wasser gehen!«).
- In der Situation deutet sich an, dass die Betreuerinnen die Eigenschaften des nicht-alltäglichen Raumes »Strand« und die mit ihm verbundenen Handlungs-, Erlebnis- und Erfahrungspotenziale im Vorfeld des Ausflugs nicht hinreichend analysiert haben.

- Die Kinder gehen trotz mehrfacher Ermahnungen an das Ufer und mit den Füßen ins Wasser.
- Die Kinder verfügen nicht über die Ausstattung, die nötig wäre, um sich den Bewegungsraum zu erschließen (Badesachen, Handtücher, Schaufel, Eimer etc.).
- Kinder werden in ihren Aneignungsbemühungen nicht unterstützt.
- Ängstliche Kinder werden nicht zu Erkundungen angeregt.
- Die Betreuungspersonen setzen die von ihnen formulierten Verbote nicht konsequent um.

Lösungen empfehlen

In der Situation deutet sich an, dass die Betreuerinnen die Eigenschaften des nicht-alltäglichen Raumes »Strand« und die mit ihm verbundenen Handlungs-, Erlebnis- und Erfahrungspotenziale im Vorfeld des Ausflugs nicht hinreichend analysiert haben. Eine solche Analyse erscheint aber unerlässlich, um den Erfolg des Ausflugs zu gewährleisten. Zwar ist der Aufforderungscharakter des Wassers so hoch, dass sich einzelne Kinder entgegen der Verbote und Ermahnungen dem Wasser zuwenden und eine Betreuerin den Erkundungswunsch durch die Kinder zumindest indirekt akzeptiert, jedoch lassen sich die Mängel in der Planung nicht mehr kompensieren.

Es wurde mit den Kindern im Vorfeld offenbar nicht über den Strand und das Wasser gesprochen, es wurde kein Kontakt zur Wasseraufsicht der DLRG aufgenommen, welche die Schwimmaufsicht unter Umständen hätte übernehmen können, es wurden keine Decken oder Badelaken, keine Badesachen und keine Wechselklamotten sowie keine strandtypischen Spielgeräte (Schaufeln, Eimer, Sieb etc.) mitgeführt. Dies sollte zukünftig geleistet werden, da den Kindern andernfalls wichtige Handlungs-, Erlebnis- und Erfahrungspotenziale verschlossen bleiben.

Aber auch unter den gegebenen Voraussetzungen wäre es möglich gewesen, die Kinder in ihren Erkundungsaktivitäten zu unterstützen. Allerdings zeigt sich, dass die Betreuerinnen den Kindern nicht assistieren, sie nicht zu weiteren Erkundungen anregen oder die Aktivitäten der Kinder loben bzw. wertschätzen. Selbst auf Nachfrage erfahren die Kinder zum Teil keine adäquate Unterstützung (z. B. beim Hochkrempeln der Hosenbeine). Genauso wäre es eine wichtige Aufgabe der Betreuerinnen gewesen, die ängstlich erscheinenden Kinder zu unterstützen und zu bestärken den Naturraum Wasser zu erkunden bzw. Neugier bei allen Kindern hierfür zu wecken (vgl. Kretschmer, 2000, S.136). In der beschriebenen Situation zeigt sich vielmehr, dass sich die Handlungsweisen der Betreuerinnen eher passiv beaufsichtigend sind: Es werden Verbote und darauf bezogene Ermahnungen ausgesprochen sowie Bedenken artikuliert. In der beschriebenen Situation wirken die Handlungsweisen der Erzieherinnen mit Blick auf das Ziel des Ausflugs zumeist etwas unpassend. Der Tonfall der Betreuerin hatte zumeist keinen auffordernden Charakter und die direkten Ansprachen der Kinder an Katrin wurden größtenteils abgewiesen oder ignoriert. Insgesamt finden die Erkundungen der Kinder eher trotz als wegen der Betreuerinnen statt.

Die sozialen Regelungen sind veränderbar bzw. verhandelbar. Dies ist für sich genommen zwar noch nicht problematisch, allerdings verfolgt die Erzieherin keine einheitliche Linie. So weist sie Miriana, Angelina und Lea-Sophie an, aus dem Wasser zu kommen, lässt es aber bei anderen Kindern durchgehen. Zukünftig sollten die Regeln im Vorfeld besser durchdacht werden und in der Folge konsequent zur Anwendung gebracht werden.

Insgesamt zeigen die Betreuerinnen kaum Interesse an den Handlungsaktivitäten der Kinder. Die Betreuerinnen halten sich zumeist in weiter Entfernung auf und stehen den Kindern somit für Interaktionen kaum zur Verfügung. Zukünftig sollten die Erzieher*innen die Aktivitäten der Kinder aktiv beobachten, bewerten und ggf. anregend, motivierend, würdigend und/oder gewährend agieren. Allerdings sind der Aufforderungscharakter und die Erfahrungspotenziale des Raumes so hoch, dass einige Kinder trotz der beschriebenen Defizite positive Erlebnisse und lehrreiche Erfahrungen machen konnten.

10. Bewegung in der frühen Kindheit – Handlungsfelder

Jan Erhorn

Einleitung

Die Ermöglichung und Förderung von Bewegung und Spiel im Kontext der Kindertageseinrichtung stellt eine Aufgabe dar, die auf der Ebene unterschiedlicher Handlungsfelder angegangen werden sollte. Im Folgenden werden die einzelnen Handlungsfelder Kitaräume, Bewegungsräume im Kitaumfeld und nicht-alltägliche Bewegungsräume betrachtet. Dabei werden ihre spezifischen Potenziale und mit ihnen verbundene Herausforderungen herausgestellt.

Kitaräume

Die Kinder halten sich zu einem großen Teil der Zeit, die sie im Kontext der Kindertagesstätte verbringen, in den Räumen der Kindertagesstätte auf. Dementsprechend besitzen diese Räumlichkeiten ein hohes Potenzial für eine alltägliche Spiel- und Bewegungsförderung. Dabei kann zunächst grob zwischen Innenräumen und Außenräumen unterschieden werden.

Die Innenräume einer Kita haben eine kaum zu überschätzende Bedeutung für die Förderung von Spiel und Bewegung in der Kindertagesstätte, da sich der Kitaalltag »in« ihnen abspielt. Dabei sollten sich die spiel- und bewegungsbezogenen Überlegungen nicht nur auf einen möglicherweise vorhandenen Bewegungsraum beschränken, sondern alle Innenräume umfassen. Dies nicht nur, weil einige Kindertagesstätten bedauerlicherweise über keinen Bewegungsraum verfügen, sondern insbesondere, weil die Kinder Gelegenheit bekommen sollten, auch außerhalb festgelegter Zeiten ihrem Bewegungsbedürfnis nachgehen zu können. Schließlich ist die Kinderwelt eine Bewegungswelt (vgl. Ehni et al., 1982) – aber nur, wenn man für sie die dafür notwendigen Bedingungen bereitstellt. Vor diesem Hintergrund sollten die nachfolgenden Bereiche der Kindertagesstätte auf ihr Potenzial hin befragt werden, zu Bewegung anzuregen oder sie zumindest zu ermöglichen:

- Gruppenräume,
- Bewegungsräume/Therapieräume,
- Foyers, Flure, Treppenhäuser.

Obwohl die Kinder in der Regel deutlich mehr Zeit in den Innenräumen als in den Außenräumen verbringen, kommt auch ihnen für die Spiel- und Bewegungsförderung eine hohe Bedeutung zu. Allerdings stellt Zimmer (2014a) zu Recht fest, dass gerade im Bereich des Außengeländes ungenutzte Potenziale verborgen liegen:

»Außenspielgelände wird beim Bau eines Kindergartens meist erheblich weniger Beachtung geschenkt als der Innenraumgestaltung. Die meisten Außenbereiche sind nach dem gleichen Muster mit Klettergerüst, Rutsche und Sandkasten ausgestattet. Es fehlen vor allem einfache, mobile Gegenstände und Geräte, die veränderbar sind« (Zimmer, 2014a, S. 227).

Auch sie sollten bei der spiel- und bewegungsförderlichen Weiterentwicklung der Kindertagesstätte mit in den Blick genommen werden.

Die räumliche Ordnung dieser Bereiche sollte im Zuge einer Ist-Stand-Analyse in den Blick genommen werden (vgl. Kap. 7). Dabei sollten zunächst die folgenden Fragen beantwortet werden:

- Welche Bewegungsaktivitäten ermöglichen die materiellen Bedingungen dieser Bereiche derzeit bzw. welche legen sie nahe (Bewegungsformen, Aktionsformen)?
- Wie ist der Zugang geregelt und welche weiteren Nutzungsregeln gelten in ihnen? Können sich die Kinder jederzeit dort bewegen, brauchen sie die Erlaubnis von Betreuungspersonen oder wird die Entscheidung über den Zeitpunkt der Nutzung alleine durch die Betreuungspersonen getroffen?

Aber auch die Betreuungspersonen mit ihren spezifischen Einstellungen zu den Bewegungsaktivitäten der Kinder stellen einen wichtigen Teil der räumlichen Ordnung dar. In diesem Kontext sind weitere Fragen relevant:

- Welche Kolleg*innen sind der Bewegungsthematik gegenüber aufgeschlossen und welche eher nicht?
- Welche Expertise besteht bereits unter den Betreuungspersonen?
- Welche limitierenden Einstellungen bestehen bei einzelnen Kolleg*innen (Ängstlichkeit etc.)?

Die vorhandene räumliche Ordnung kann jedoch von den Kindern, aber auch von den Betreuungspersonen auf durchaus unterschiedliche Art und Weise genutzt werden. Deshalb sollte die spezifische Nutzung des Raumes ebenfalls Teil der Ist-Stand-Analyse sein. Im Zuge dessen sollten die folgenden Leitfragen beantwortet werden:

- Welche Bewegungsformen und Aktionsformen unternehmen die Kinder in den unterschiedlichen Bereichen der Kindertageseinrichtung bereits?
- Sind die Kinder in der Wahl ihrer (Bewegungs-)Aktivitäten frei? Werden die Kinder dabei von Betreuungspersonen betreut oder angeleitet? Handelt es sich eher um ein offenes Bewegungsangebot oder um ein geschlossenes Bewegungsangebot?

Auf der Grundlage der Beantwortung dieser Fragen im Rahmen der Ist-Stand-Analyse können Entwicklungspotenziale bzw. Entwicklungsaufgaben der Kindertagesstätte ausgemacht werden. Folgende Fragen könnten dabei leitend sein:

- Welche weiteren Bereiche oder Nischen könnten für die Bewegung erschlossen werden?
- Durch welche Geräte, Materialien oder Gestaltungselemente könnte das bewegungsförderliche Potenzial der Bewegungsbereiche in der Kindertageseinrichtung erhöht werden?
- Durch welche Maßnahmen könnten den Kindern die verschiedenen Bewegungsbereiche zeitlich möglichst umfassend zugänglich gemacht werden?
- Durch welche Maßnahmen könnte die Vielfalt der Bewegungsangebote erhöht werden?
- Durch welche Maßnahmen könnte die im Kollegium vorhandene Expertise und die vorhandene positive Grundeinstellung für die Weiterentwicklung der pädagogischen Praxis nutzbar gemacht werden? Durch welche Maßnahmen

könnten die Kolleg*innen mit geringer Expertise und Motivation fortgebildet und motiviert werden?

Eine differenzierte Vorstellung zum Ist-Zustand der Kindertagesstätte ist zudem wichtig, um bei zumeist begrenzten Ressourcen die richtigen Prioritäten zu setzen. So kann häufig bereits mit einem geringen Aufwand das bewegungsförderliche Potenzial der Kitaräume deutlich erhöht werden (vgl. Erhorn, 2015b).

SPIEL- UND BEWEGUNGSRÄUME IM QUARTIER

Obwohl sich die Erlebnis- und Erfahrungspotenziale der Kitaräume durch eine Optimierung der räumlichen Ordnung und Nutzung deutlich erhöhen lassen, sind die Potenziale der Kitaräume doch begrenzt (vgl. Kap. 8). Viele räumliche Ordnungen lassen sich in den Räumen der Kita nicht beliebig in zufriedenstellender Art und Weise arrangieren. Sollen den Kindern aber dennoch die damit verbundenen Erlebnis- und Erfahrungspotenziale zugänglich gemacht werden, müssen die Räume der Kita verlassen werden. Eine Möglichkeit besteht darin, Spiel- und Bewegungsräume im Quartier aufzusuchen. Neben der Erweiterung der Handlungsmöglichkeiten und Bewegungserfahrungen im Kitaalltag ist damit auch die Chance verbunden, den Kindern Räume zu zeigen, die sie außerhalb der Kitazeiten mit ihren Eltern oder sogar selbständig aufsuchen können. In diesem Sinne können ökologische Übergänge angebahnt werden (vgl. Bronfenbrenner, 1989; Erhorn, 2015a, 2015c).

Im Kitaumfeld befinden sich in der Regel sehr vielfältige Bewegungsräume, die für die Kinder jeweils spezifische Erlebnis- und Erfahrungspotenziale bereithalten:

- Wege,
- Spielplätze,
- Sportareale,
- Wohnungsnahe Freiflächen,
- Parkareale.

Bevor die unterschiedlichen Bewegungsräume erkundet und genutzt werden können, müssen sie zunächst einmal erreicht werden. Dafür ist es notwendig, die entsprechenden Wege zurückzulegen. Jedoch halten diese Wege selbst für die Kinder spezifische Erlebnis- und Erfahrungspotenziale bereit. So können die Kinder erfahren, welche Wege sie zurücklegen müssen, um spezifische Räume zu erreichen. Dieses Wissen ist für ihre Mobilität von zentraler Bedeutung. Allerdings warten auf diesem Weg weitere Erfahrungspotenziale auf die Kinder. Im Rahmen einer Verkehrserziehung können sie lernen, Straßen von Fahrradwegen und Fußwegen zu unterscheiden. Sie können lernen, welche Gefahren dort lauern und welche Verhaltensweisen und Handlungsstrategien angemessen sind, um den Herausforderungen zu begegnen. Auf den Wegen bieten sich zudem vielfältige Bewegungsgelegenheiten, die von den Kindern erkundet werden können. So können Bänke, Zäune oder Geländer auch als Bewegungsgelegenheiten gedeutet und genutzt werden (vgl. Dietrich, 2005; Erhorn, 2015c). Sofern mit der Nutzung keine Gefahren verbunden sind, sollten diese Deutungs- und Nutzungsweisen zugelassen oder die Kinder sogar dazu angeregt werden.

Insbesondere in städtischen Wohnquartieren befinden sich meist unweit einer jeden Kindertagesstätte größere Spielplätze. Diese Spielplätze verfügen zumeist über mehrere Areale: Sandflächen, Rasenflächen, Gebüsche, Geländemodellierungen und verschiedene Großgeräte. Diese räumlichen Bedingungen machen spezifische Bewegungsaktivitäten möglich (vgl. Kap. 8), mit denen wiederum spezifische Erlebnis- und Erfahrungspotenziale verbunden sind. Das Aufsuchen dieser Räume im Kontext der Kindertagesstätte ist aus verschiedenen Gründen zu empfehlen. Den Kindern werden spezifische Bewegungsaktivitäten und damit verbundene Erlebnisse und Erfahrungen ermöglicht und durch die Kenntnis des Bewegungsraumes wird ihr Handlungsspielraum außerhalb der Kindertagesstätte erweitert. Vor Ort sollte den Kindern ausreichend Gelegenheit zur selbständigen Erkundung eingeräumt werden. Auf diese Art und Weise können die Kinder verschiedene Deutungs- und Nutzungsmöglichkeiten selbständig in Erfahrung bringen. Häufig werden jedoch auch Deutungs- und Nutzungsweisen anderer Kinder beobachtet und imitiert. Den Betreuungspersonen kommt dabei eher eine, wie für offene Angebote typisch, unterstützende Rolle zu (vgl. Kap. 8).

In städtischen Wohnquartieren befinden sich in der Regel auch Sportareale, die zum Teil direkt an Spielplätze angeschlossen oder in diese integriert sind. Dabei handelt es sich zumeist um Fußball- oder Basketballfelder. Sie verweisen auf bestimmte bewegungskulturelle Praxen, wie das Fußball- bzw. Basketballspiel, mit ihren verschiedenen Inszenierungsformen (vgl. Dietrich & Landau, 1990). Diese Bewegungsräume mit den Kindern zu erschließen, bedeutet den Kindern neue Handlungsräume zu eröffnen und ihnen spezifische Erlebnisse und Erfahrungen zu ermöglichen. Dabei muss den Kindern kein Lehrgang angeboten werden (vgl. Kap. 9). Es reicht zunächst vollkommen aus, sie Spielidee und Spielgeräte erkunden zu lassen. Die Kinder eignen sich die Praxen in der Regel durch Beobachten und Mitmachen an. Die Handlungsweisen der Betreuungspersonen sollten sich auf das Anregen, Ermutigen und das Mitspielen sowie die Bereitstellung der zentralen Spielgeräte konzentrieren (vgl. Kap. 8).

Außerhalb der Kindertagesstätte bieten wohnungsnahe Freiflächen, wie Spielstraßen, Innenhöfe oder Abstandsgrünflächen, ein hohes Potenzial für Bewegungsaktivitäten. Dafür müssen die Flächen allerdings von den Kindern als potenzielle Bewegungsräume erkannt und auch vom Umfeld (Eltern, Anwohner) als solche definiert bzw. akzeptiert werden. Zum Teil bestehen auf diesen wohnungsnahen Freiflächen lokale Spiel- und Bewegungspraxen von Kindern, in welche die jüngeren Kinder durch Beobachtung und »mitspielen« eingeführt werden (vgl. Erhorn, 2012). Wenn dies aus verschiedenen Gründen nicht (mehr) der Fall ist, besteht eine Möglichkeit darin, diese Praxen wiederzubeleben. Dazu kann auch im Kontext der Kindertagesstätte ein Beitrag geleistet werden, indem die entsprechenden Räume exemplarisch gemeinsam mit den Kindern als Bewegungsräume definiert und verschiedene Nutzungsmöglichkeiten ausgekundschaftet werden. Die Handlungsweisen der Betreuungspersonen sollten sich auch hier auf das Anregen, Ermutigen und das Mitspielen sowie die Bereitstellung der zentralen Spielgeräte konzentrieren (vgl. Erhorn, 2015c). Allerdings können die Kinder auch vereinzelt in tradierte Bewegungsspiele eingeführt werden, die vor Ort auch selbständig durchgeführt werden können (vgl. Kap. 8).

In vielen städtischen Wohnquartieren existieren Parks oder parkähnliche Anlagen, die ebenfalls potenzielle Bewegungsräume darstellen. Parks verfügen in der Regel über Rasenflächen und/oder Gebüsche, die zu unterschiedlichen Bewegungsspielen, insbesondere Spielen mit und als etwas, einladen. Im Kontext der Kindertagesstätte können auch sie mit den Kindern als Bewegungsräume definiert und verschiedene Nutzungsmöglichkeiten erkundet werden. Die Betreuungspersonen können die Kinder bei ihren Erkundungs- und Spielaktivitäten unterstützen (anregen, ermutigen, würdigen) und Bewegungsspiele mit den Kindern inszenieren (vgl. Erhorn, 2015c).

Wenn die verschiedenen Bewegungsräume des Quartiers in das bewegungspädagogische Konzept der Kindertagesstätte integriert werden sollen, dann sollten die potenziellen Bewegungsräume des Quartiers zunächst vom Kitapersonal selbst erschlossen werden. Mit Hilfe von Kartenmaterial kann ein erster Überblick gewonnen werden, über welche Spielplätze, Sportplätze, wohnungsnahe Freiflächen und Parks das Quartier verfügt und auf welchen Wegen diese erreicht werden können. In einem zweiten Schritt können diese Räume vor Ort in Augenschein genommen werden. Dies kann zu Fuß oder mit dem Fahrrad erfolgen. Sind die potenziellen Bewegungsräume des Quartiers, ihre räumliche Ordnung und ihre damit verbundenen Nutzungs- und Erfahrungspotenziale auf diese Weise in Erfahrung gebracht worden, können in einem dritten Schritt Überlegungen angestellt werden, welche dieser Räume im Kontext der Kita thematisiert werden sollen und wie dies inszeniert werden soll. Dabei sollte ein Erfahrungsaustausch im Kollegium erfolgen bzw. angeregt werden. Neben nahe gelegenen und/oder besonders attraktiven Spielräumen, die von der Kita durchaus regelmäßig genutzt werden sollten, geht es auch darum exemplarisch weitere Bewegungsraumtypen zu erschließen. Die Kinder sollten im Rahmen einer Reflexion den Erlebniswert der aufgesuchten Bewegungsräume bewerten und überlegen, wann und mit wem sie aufgesucht werden könnten. Wichtig ist allerdings, dass nicht alle Bewegungsräume des Quartiers von der Kindertagesstätte okkupiert werden. Damit würde den Kindern jegliche Gelegenheit genommen werden, sich Bewegungsräume selbständig zu erschließen.

ENTFERNTERE BEWEGUNGSRÄUME

Die Einbeziehung von Spiel- und Bewegungsräumen des Quartiers in den Kitaalltag kann das Bewegungs-, Erlebnis- und Erfahrungspotenzial der Einrichtung erhöhen. Allerdings sind auch die Bewegungsräume des Quartiers eines Tages hinreichend erkundet und können in der Folge nur noch in ihrer Nutzung variiert werden (vgl. Kap. 8). Zudem befinden sich spezielle Bewegungsräume häufig nicht in der direkten Umgebung der eigenen Einrichtung. Sollen den Kindern auch die Erlebnis- und Erfahrungspotenziale solcher (Bewegungs-)Räume zugänglich gemacht werden, müssen diese im Rahmen von Ausflügen aufgesucht werden (vgl. Erhorn, 2015d).

Als Ausflugsziele kommen insbesondere die folgenden Bewegungsräume in Betracht:

- Wald,
- Strand,
- Schwimm- und Erlebnisbäder,
- Freizeit- und Erlebnisparks.

Der Wald stellt einen Naturraum dar, der den Kindern besondere Erlebnisse und Erfahrungen ermöglicht. Im Wald werden die Kinder mit spezifischen Pflanzen und Tieren konfrontiert. Die Bäume, die Blätter und die Beschaffenheit des Bodens sorgen für eine besondere, nicht-alltägliche Stimmung (vgl. Kap. 8). Zudem bieten sich im Wald verschiedene Bewegungsanlässe. Fang- und Versteckspiele gewinnen in der ungewohnten Umgebung an Erlebniswert, Baumstümpfe und am Boden liegende Baumstämme bieten Gelegenheiten zum Verweilen, Klettern und Balancieren und Äste und Zweige laden zum Bauen von Höhlen ein.

Auch der Strand verfügt als Naturraum über eine besondere Atmosphäre, die sich unter anderem aus dem Wasser, den Wellen, dem Sand und dem Wind ergibt, die dem Raum schon für sich genommen eine besondere Erlebnisqualität verleiht. Die räumliche Ordnung bietet aber auch besondere Umgangsqualitäten, die besondere Bewegungsaktivitäten ermöglichen bzw. zu ihnen herausfordern. Ein besonderes Potenzial bietet beispielsweise der Sand, der aufgrund seiner materialen Eigenschaften vielen Bewegungsspielen einen besonderen Erlebniswert verleihen kann sowie zum Graben von Löchern und Bauen von Sandburgen einlädt. Insbesondere in Kombination mit Wasser und Wellen geht der Erlebniswert deutlich über das Spiel in einer Sandkiste hinaus. Weitere besondere Potenziale sind mit dem Wasser verbunden. Es lädt dazu ein, mit den Füßen hineinzugehen und den Wellen zu spüren, zu plantschen, sich gegenseitig nass zu spritzen und sich mit matsch zu bewerfen. Zudem können strandspezifische Tiere (Fische, Quallen, Muscheln etc.) und Pflanzen (Algen etc.) die Aufmerksamkeit der Kinder erregen. Sie können die Fantasie der Kinder anregen und in Bewegungsaktivitäten eingebaut werden, aber auch als Anlass einer Umwelterziehung genutzt werden.

Städte und größere Gemeinden besitzen in der Regel Schwimm- oder Erlebnisbäder. Wenn diese Bäder über kleinkindgerechte Bereiche verfügen, stellen sie für die Kinder einen reizvollen und vielfältig nutzbaren Bewegungsraum dar. Die Areale ermöglichen das Spiel im flachen Wasser und mit dem Wasser. Ausflüge dieser Art können vom Kitapersonal selbst unternommen werden. In Kooperation mit Schwimmvereinen oder anderen Anbietern können die Kinder Kurse für die Wassergewöhnung erhalten und ihnen auf diese Weise der Bewegungsraum Wasser erschlossen werden. Ausflüge in Schwimm- und Erlebnisbäder erfordern aufgrund der besonderen Gefährdung der Kinder eine besonders gründliche Vorbereitung.

Erlebnisparks, wie Barfußparks oder Freizeitparks, werben häufig mit ihrem besonderen Spaß- und Erlebniswert für die Kinder. Dabei sollte geprüft werden, ob den Kindern tatsächlich altersgemäße Bewegungsaktivitäten und mit ihnen verbundene Erlebnisse und Erfahrungen ermöglicht werden. Wenn dies der Fall ist, stellen sie ein geeignetes Ausflugsziel dar. Insbesondere in sozial benachteiligten Quartieren stellen Ausflüge mit der Kindertagesstätte oft die einzige Möglichkeit für einige Kinder dar, Erfahrungen mit diesen Bewegungsräumen zu machen.

Ausflüge mit den Kindern stellen an das Betreuungspersonal der Einrichtung besondere Herausforderungen. Sie verlangen nach einer differenzierten Vorbereitung, einer angemessenen Begleitung und einer gezielten Nachbereitung (vgl. Erhorn, 2015d).

Im Rahmen der Vorbereitung sollte zunächst der Bewegungsraum einer genauen Analyse unterzogen werden. Dabei gilt es herauszuarbeiten, welche besonderen Bewegungsaktivitäten und damit verbundene Erlebnis- und Erfahrungspotenziale der Raum verspricht. Auf dieser Grundlage können dann wichtige Planungsentscheidungen getroffen werden:

- Welche Geräte, Materialen und Kleidungsstücke etc. sollten mitgeführt werden?
- Wie viel Zeit sollte eingeplant werden?
- Welche Vermittlungshandlungen der Betreuungspersonen vor Ort sind angemessen?
- Wie kann die Exkursion mit den Kindern angebahnt werden?
- Wie kann der Transfer organisiert werden?
- Wie kann die Verpflegung organisiert werden?

Bei der Begleitung von Exkursionen stellen sich an die Betreuungspersonen vielfältige Anforderungen, wenn dem Anspruch entsprochen werden soll die Kinder nicht nur zu beaufsichtigen, sondern aktiv zu betreuen. In diesem Fall müssen die Betreuungspersonen auf unterschiedlichen Ebenen situativ angemessene Entscheidungen treffen. Sie müssen u. a. entscheiden (vgl. Erhorn, 2015d):

- wie aktiv sie die Kinder beobachten sollen,
- wie sie den einzelnen Kindern Sicherheit vermitteln können und in welchem Maße sie es tun sollen,
- wie aktiv sie an den Aktivitäten der Kinder teilnehmen sollen,
- wie aktiv sie einzelne Kinder bei ihren Aneignungsbemühungen unterstützen sollen und wie sie dies tun sollen,
- in welchem Maße sie die Kinder positiv verstärken sollen und wie dies geschehen kann,
- wie aktiv sie zwischen den Kindern moderieren sollen,
- in welchem Maße sie den Handlungsspielraum der Kinder einschränken sollen,
- wie umfangreiche Erklärungen sie leisten sollen und
- in welchem Maße Abläufe von außen geregelt werden sollen.

Im Rahmen der Nachbereitung von Ausflügen sollte mit den Kindern besprochen werden, welche Erlebnisse sie gemacht haben, welche Nutzungsmöglichkeiten der Raum geboten hat und was ihnen besonders gut gefallen hat. Auf diese Weise werden die Erlebnisse versprachlicht, für die Kinder benennbar und können sich als Erfahrung niederschlagen. Zudem kann es sinnvoll sein, Lernanlässe, die sich auf der Exkursion ergeben haben, aufzugreifen und im Kontext der Kita daran pädagogisch anzuknüpfen.

INSTITUTIONALISIERTE SPORTRÄUME

Im Umfeld der Kindertagesstätte und somit auch im näheren Umfeld der Kinder befinden sich auch institutionalisierte Sporträume. Zwar sollten sie nicht unreflektiert zum Vorbild für eine frühkindliche Bewegungserziehung im Kontext der Kindertagesstätte gemacht, jedoch sollten sie auch nicht völlig ignoriert werden. Zum einen, weil sie eine typische und verbreitete bewegungskulturelle Inszenierungsform darstellen, welche die Kinder zumindest kennenlernen sollen. Zum anderen, weil Sporträume für die Kinder ein spezifisches Erlebnis- und Erfahrungspotenzial besitzen (vgl. auch Dietrich & Landau, 1990). Die Kinder begegnen normierten Sportstätten, zumeist handelt es sich um eine Sporthalle, und zunächst fremden Übungsleiter*innen, die sie mit kindgerecht inszenierten sportiven Formen von Bewegung konfrontieren. Je nach Sportart bzw. Bewegungsfeld und Inszenierungsform können die Kinder unterschiedliche Erlebnisse und Erfahrungen machen. Mögliche Sportarten bzw. Bewegungsfelder sind:

- Sportspiele – Spiele mit dem Ball,
- Leichtathletik – Laufen, Springen, Werfen,
- Turnen – Bewegen an und mit Geräten,
- Schwimmen – Bewegen im Wasser,
- Tanzen – sich rhythmisch bewegen,
- Judo – Ringen und Kämpfen.

Zwar können diese Sportarten bzw. Bewegungsfelder auch im Kontext geschlossener Angebote in der Kindertagesstätte inszeniert werden, jedoch haben Angebote des Sportvereins häufig den Vorteil, dass die Übungsleiter*innen eine besondere Expertise im Bereich ihrer Sportart besitzen und dass sie authentische Erfahrung in den Räumen des institutionalisierten Sports ermöglichen. Zudem bieten sich im Rahmen der Zusammenarbeit mit einem Sportverein Gelegenheiten, synergetische Effekte zu generieren. Auf diese Weise können zum Beispiel ökologische Übergänge in den Sportverein angebahnt werden (vgl. Bronfenbrenner, 1989; Erhorn, 2015e) und das Bewegungsangebot der Kindertagesstätte erweitert werden.

Gerade in sozial benachteiligten Quartieren bekommen die Kinder nicht immer die Gelegenheit, Erlebnisse und Erfahrungen im Kontext unterschiedlicher Sportarten bzw. Bewegungsfelder zu machen, um zu prüfen, ob sie Interesse an einer Fortsetzung der Aktivität haben. Insbesondere in diesen Fällen kann es sinnvoll sein, eine dauerhafte Kooperation mit einem Sportverein einzugehen. Auf diese Weise können in der Kitazeit oder im Anschluss an die Kitazeit unterschiedliche Angebote des Sportvereins mit bzw. von den Kindern wahrgenommen werden. Im Rahmen einer Kooperation müssen zwischen den Partnern allerdings zumindest die folgenden Punkte geklärt werden (vgl. Erhorn, 2012b):

- Hallen/Räume,
- Personal,
- Finanzierung,
- Transfer.

Eine nicht zu unterschätzende Herausforderung stellt die Sicherung von Hallenzeiten dar. Nur wenige große Sportvereine verfügen über eigene Sporthallen, die im Kontext der Kooperation mit einer Kindertagesstätte genutzt werden können. Im Normalfall befinden sich die Hallen im Besitz der Kommune und werden am Vormittag durch Schulen genutzt. Am Nachmittag sind die Hallenzeiten oft bereits durch Sportvereine belegt. Allerdings gelingt es möglicherweise eines der begehrten Zeitenfenster zu belegen oder aber ein Zeitfenster des Sportvereins zu nutzen. Zudem sollte nach weiteren Hallen, die sich zum Beispiel im Besitz von Einrichtungen der offenen Kinder- und Jugendarbeit befinden, Ausschau gehalten werden. Die Sicherung von Wasserzeiten in Lehrschwimmbecken stellt ein ähnlich kompliziertes Unterfangen dar.

Eine weitere Anforderung stellt die Gewinnung qualifizierter Übungsleiter*innen dar. Da nur wenige Sportvereine über hauptamtliches Personal verfügen, müssen Übungsleiter*innen gewonnen werden, die die Angebote auf Honorarbasis durchführen. Zwar haben die meisten Sportvereine einen gewissen »Pool« an Übungsleiter*innen, allerdings müssen diese genau in den Zeitfenstern eingesetzt werden können, in denen Hallenzeiten verfügbar sind. Die Herstellung einer zeitlichen Passung ist nicht selten ein schwieriges Unterfangen.

Eine Kooperation mit einem Sportverein ist insbesondere in sozial benachteiligten Quartieren bzw. Regionen ein wichtiges Instrument, um auch jenen Kindern einen Zugang zum institutionalisierten Sport zu ermöglichen, deren Eltern selbst nicht die Initiative ergreifen. Gerade dort ist die Finanzierung des Angebots ein Problem, welches gelöst werden muss. Der Sportverein kann hier eine wichtige Funktion erfüllen, da er einen Zugang zu den Ressourcen der Sportbünde ermöglicht. Diese und weitere finanzielle Ressourcen zu erschließen stellt eine wichtige Aufgabe bei der Etablierung einer Kooperation mit einem Sportverein dar.

Oft sind auch mit dem Transfer der Kinder zu den Sportstätten Probleme verbunden. Nicht alle Sportstätten können von den Kindern zu Fuß erreicht werden. Und selbst wenn dies der Fall ist, so müssen die Kinder auf dem Weg dorthin begleitet werden. In den Kitazeiten kann dies von den Erzieher*innen geleistet werden. Außerhalb der Zeiten muss dies von ehrenamtlichen Helfern (z. B. FSJ'ler*innen, Eltern) geleistet werden. Ist ein motorisierter Transfer nötig, ergeben sich weitere Fragen, auf die Antworten gefunden werden müssen. Selbst wenn die Kindertagesstätte oder der Sportverein über Kleinbusse verfügen, so ist damit doch ein erhöhter organisatorischer Aufwand verbunden. Zudem entstehen, wie bei der Nutzung öffentlicher Verkehrsmittel (Fahrkarten), zusätzliche Kosten (Spritkosten).

Wenn sich derartige Probleme allerdings mit vertretbarem Aufwand lösen lassen, können alle beteiligten Akteure von der Kooperation profitieren.

11. Sprachförderung durch Bewegung

Grundlagen, Konzepte und Hinweise für die Praxis in der Kindertagesstätte

JAN ERHORN

EINLEITUNG

Insbesondere vor dem Hintergrund sprachlicher Defizite, welche von den großen Schulleistungsvergleichsstudien (PISA, IGLU und DESI) bei Kindern und Jugendlichen, die aus Familien mit einem Migrationshintergrund oder einem niedrigen sozio-ökonomischen Status kommen, festgestellt worden sind (vgl. Klieme et al., 2006; Klieme et al., 2010; Bos et al., 2010), wird eine möglichst früh einsetzende Förderung gefordert. An dieser Stelle besitzt Bewegung ein großes Potenzial: Sprachliche Kompetenzen können im Medium der Bewegung gefördert werden und Kinder bewegen sich i. d. R. gerne und ausdauernd. Um diese Möglichkeiten nutzen zu können, müssen die Bewegungsangebote nach sprachförderlichen Prinzipien gestaltet werden.

SPRACHERWERB IN DER FRÜHEN KINDHEIT

Der Spracherwerb kann in einen Erstspracherwerb und einen Zweitspracherwerb differenziert werden. Von einem Erstspracherwerb wird gesprochen, wenn der Erwerb vor Vollendung des dritten Lebensjahres einsetzt, wenn der Erwerb danach beginnt, wird von einem Zweitspracherwerb gesprochen. Für den Erst- und den Zweitspracherwerb ist zudem kennzeichnend, dass sich die lernenden Personen in einem kulturellen Umfeld bewegen, in denen die zu erlernende Sprache gesprochen wird. Ansonsten wird von einem Fremdspracherwerb gesprochen.

Da im Kita-Kontext das Fremdsprachenlernen die Ausnahme bildet, werden nur der Erst- und Zweitspracherwerb in die Betrachtungen einbezogen.

Für den Spracherwerb können unterschiedliche Ebenen differenziert werden (vgl. Tracy, 2008, S. 25-32; Zimmer, 2010, S. 30-53). So wird im Folgenden zwischen den Ebenen der Pragmatik, der Phonologie und Prosodie, der Semantik sowie der Grammatik unterschieden. Die im Folgenden beschriebenen Ebenen der Sprache machen deutlich, vor welchen vielfältigen Erwerbsaufgaben die Kinder stehen. Allerdings verfügen sie über ein angeborenes Talent zum Spracherwerb, z. B. in Form von Prinzipien der Selbstorganisation. Damit dieses Talent zum Tragen kommen kann, sind die Kinder auf eine anregende Umwelt angewiesen (vgl. Tracy, 2008). Nur auf der Grundlage vielfältiger Interaktionsanlässe können die Kinder pragmatische Kompetenzen erwerben und nur auf der Grundlage eines reichhaltigen Sprachangebots können die Kinder die Laute, Melodien und Grammatik einer Sprache rekonstruieren.

Pragmatik

Die Pragmatik, beschreibt das Sprachhandeln. Für eine erfolgreiche Kommunikation müssen bestimmte pragmatische Fähigkeiten erworben werden, wie z. B. Blickkontakt, Rollenwechsel, inhaltliche Bezugnahme und verschiedene Sprechhandlungen (vgl. Zimmer, 2010, S. 50). Die zentralen Erwerbsschritte im Bereich der Pragmatik werden von Trautmann und Reich (2008) zusammengefasst. Dabei lassen sich die einzelnen Kompetenzen grob einem bestimmten Lebensalter zuordnen, wobei sich der Erwerbsprozess zeitlich durchaus unterschiedlich gestalten kann.

Tab. 1: Entwicklung pragmatischer Kompetenzen (nach Trautmann & Reich, 2008)

Alter	Kompetenzen
Bis 6 Monate	• unspezifisches Schreien bzw. »Alarm schlagen«, • Fixieren, Lächeln, Schreien mit Pausen, • Motorisches Tun, Lautieren etc., • Gemeinsame Aufmerksamkeit mit Bezugsperson auf etwas.
Ab etwa 9 Monate	• Fähigkeit die Aufmerksamkeit zugleich auf eine andere Person und auf ein Objekt (Triangulation) zu richten, wodurch ein gemeinsamer Wahrnehmungsraum entsteht • Fähigkeit Objekte wiederzuerkennen (durch die Aneignung der Objektpermanenz) als Voraussetzung zur Benennung von Gegenständen • Kinder verstehen erste Handlungsmuster der Aufforderung in Hörerposition und können diese auch in der Sprecherposition einsetzen (Gesten und Lautieren)

	• Kinder verstehen Frage-Antwort-Muster in Hörerposition und sind in der Lage durch Gesten zu antworten
Ab etwa 17 Monaten	• Die Kinder sind in der Lage »Einwortäußerungen« als Aufforderung und in Frage-Antwort-Situationen zu tätigen
Ab etwa 2 Jahren	• »Zweiwortäußerungen« als Aufforderungen oder Behauptungen/Mitteilungen • in das Handeln verflochtenes Sprechen • Beginn des »gemeinsamen« Spiels mit anderen Kindern (zunächst paralleles Spielen und lediglich egozentrisches Sprechen)
Ab etwa 3 Jahren	• Sprechen auch losgelöst vom Handeln • Beginn der Perspektivenübernahme • Interaktion mit kindlichen Kommunikationspartnern im gemeinsamen Spiel (Rollenspiel, Requisitenspiel), wie gezielte Nachfragen, die sich auf das Tun oder auf Spielmaterial beziehen (sprecherzentriert)
Ab etwa 5 Jahren	• Sprachhandlungen wie Ankündigen und gemeinsames Planen (Ausführungsvorgreifendes Handeln wird möglich) • verbale Handlungsanleitung bei der Interaktion mit kindlichen Kommunikationspartnern • Instruktion in der Hörerposition, das Frage-Antwort-Muster, das Stellen und Lösen einer Aufgabe, das Darstellen von persönlich Erlebtem und das Wiedergeben von Erzähltem, das Äußern und Begründen von Meinungen in der Interaktion mit dem pädagogischen Personal

Die Voraussetzungen für die pragmatischen Fähigkeiten, die im Zusammenhang mit der Erstsprache erworben worden sind, stehen auch im Kontext der Zweitsprache zur Verfügung. Allerdings verfügen die Kinder häufig noch nicht über die sprachlichen Kompetenzen in der Zweitsprache, um diese Voraussetzungen sprachlich umsetzen zu können (vgl. Trautmann & Reich, 2008).

Phonologie und Prosodie

Jede Sprache besteht aus einer Summe an spezifischen Lauten, die miteinander kombiniert werden können. Die Kinder müssen lernen, die entsprechenden Laute zu unterscheiden und zu produzieren. Die Phonologie befasst sich mit den Lauten bzw. der Lautstruktur der Sprache. Eine Sprache hat zudem jeweils spezifische melodische und rhythmische Eigenschaften (z. B. Betonung von Wörtern oder in Sätzen). Diese prosodischen Eigenschaften müssen ebenfalls erlernt werden. Die ersten Ausdifferenzierungen des Gehörs setzen bereits im Mutterleib ein. In den wesentlichen Aspekten haben die Kinder die Aneignung i. d. R. mit drei Jahren abgeschlossen. Zunächst beginnen die Kinder Laute und Wörter wahrzunehmen, bevor sie anfangen sie selbst zu produzieren. Die Entwicklung der Wahrnehmung weist eine spezifische Ablaufstruktur auf (Tab. 2).

Tab. 2: Entwicklung der Wahrnehmung von Lauten und Wörtern (nach Falk, Bredel & Reich, 2008)

Alter	Kompetenzen
Zweite Hälfte des 1. Lebensjahres	• Kind kann die Erwerbssprache sicher identifizieren • es erkennt seinen Namen • es reagiert auf die Vertauschung von Lauten oder Wörtern in Silben oder Phrasen
Ab 11 Monaten	• Sensibilität für phonotaktische Regularitäten wächst (z. B. Allophone und ihre Umgebungen) • Kind kann trochäische (Folge von betonter und unbetonter Silbe) und jambische (Folge von unbetonter und betonter Silbe) Betonungsmuster in flüssiger Rede erkennen • Wahrnehmung unbetonter Silben (Funktionswörter) • Kind erkennt die prosodische Struktur von Sätzen wieder, identifiziert Satz- und Phrasengrenzen anhand von Pausen • Sprecherwechsel beeinträchtigt nicht mehr das (Wieder-)Erkennen von Wörtern
Etwa 18 Monate	• der unbetonte Artikel dient zur Vorhersage der Kategorie Nomen • Kind unterscheidet gut zwischen Minimalpaaren

Auch die Entwicklung der Produktion von Lauten und Wörtern weist Regelmäßigkeiten auf (Tab. 3).

Für das Deutsche ist vor allem eine Folge von betonter und unbetonter Silbe (»Trochäus«) charakteristisch. Die Kinder produzieren zunächst Einsilber und Zweisilber. Wörter mit mehr als zwei Silben werden häufig reduziert (Schokolade wird zu lade). Eine neue Herausforderung stellt sich, wenn die Kinder beginnen die Lautstruktur von längeren Äußerungen bzw. Sätzen wahrzunehmen und zu produzieren (Pausen, Intonation, etc.).

Tab. 3: Entwicklung der Produktion von Lauten und Wörtern (nach Falk, Bredel & Reich, 2008)

Alter	Kompetenzen
Zweite Hälfte des 1. Lebensjahres	• erste silbenähnliche Strukturen und wiederholte Intonationsmuster • Kind vokalisiert nicht mehr gleichzeitig mit Eltern und übernimmt manchmal die Initiative im »Gespräch«
Ab 11 Monaten	• Kind übt verschiedene Artikulationsarten und -orte ein (vermehrt Plosive, Nasale) • es produziert kanonische Silben (teilweise redupliziert) und erste geschlossene Silben • Vokale ähneln der Zielsprache • Intonationsmuster haben starke Ähnlichkeit mit der Zielsprache • erste Fragekonturen treten auf
Etwa 18 Monate	• Kind äußert vermehrt Frikative und Affrikate • am Silbenende treten vermehrt Konsonantencluster auf • trochäische Zweisilber treten verstärkt auf
18-24 Monate	• Konsonantencluster am Silbenende und -beginn • überwiegend geschlossene Silben • beginnende Unterscheidung von Lang- und Kurzvokalen • Kind artikuliert mehrsilbige Wörter und Jamben • erste Komposita treten auf • erste Mehrwortäußerungen mit Pausen
Zweite Hälfte des 3. Lebensjahres	• Kind produziert stabil Lang- und Kurzvokale • Frikativverbindungen am Silbenanfang erscheinen • mehrgliedrige Konsonantencluster am Silbenende und -anfang treten auf • Komposita werden richtig betont, ebenso Jamben und Mehrsilber • flüssigere Sprache, kürzere Pausen, phrasenfinale Silbendehnung • Satzakzente zur Fokus- und Kontrastmarkierung • differenzierte Fragekonturen

Im Falle eines Zweitspracherwerbs ist der Beginn von hoher Bedeutung. Kommen die Kinder schon in der frühen Kindheit in ausreichendem Maße mit der deutschen Sprache in Kontakt, können sie sich das Lautsystem – ähnlich wie bei Kindern, die Deutsch als Erstsprache erlernen – bis zum Ende des dritten Lebensjahres aneignen. Kinder mit nur geringem Kontakt zur deutschen Sprache eignen sich das Lautsystem langsamer an, was jedoch durch einen anschließenden regelmäßigen Kindergartenbesuch gut kompensiert werden kann (vgl. Falk, Bredel & Reich, 2008). Aufgrund der Besonderheiten der deutschen Sprache treten bei den Kindern typische Schwierigkeiten auf (Tab. 4).

Tab. 4: Stolpersteine für DaZ-Lerner bei Phonologie und Prosodie (nach Engin, 2010)

Stolperstein	Erläuterung
Aussprache	Kinder übertragen Laute ihrer Erstsprache fälschlicherweise ins Deutsche.
Kurze und lange Vokale	In der deutschen Sprache gibt es kurz und offen gesprochene und lang und geschlossen gesprochene Vokale, die Wörtern unterschiedliche Bedeutungen verleihen können. In anderen Sprachen (z. B. Türkisch und Russisch) handelt es sich nur um unterschiedliche Aussprachen desselben Wortes.
Auslautverhärtung	Für den Deutschen Silbenauslaut sind stimmlose Konsonanten typisch.
Konsonantenhäufung	Im Deutschen treten häufig mehrere Konsonanten hintereinander auf. In vielen Sprachen (z. B. Türkisch und Italienisch) wechseln sich Konsonanten und Vokale ab, so dass Kinder mit diesen Erstsprachen aus ihrem Sprachgefühl heraus einen »Sprossvokal« einfügen.
Wortbetonungsmuster	Im Deutschen dominiert die Betonungsfolge betont-unbetont (Trochäus). In anderen Sprachen (z. B. Türkisch) herrscht die Betonungsfolge unbetont-betont (Jambus) vor, was zu Problemen in der Aussprache führen kann.

Beim Erwerb des Lautsystems der deutschen Sprache kommt dem Sprachvorbild, häufig des pädagogischen Fachpersonals, eine besondere Bedeutung zu (vgl. Engin, 2010). Erwachsene können die Kinder auch durch eine kindgerechte Sprache unterstützen (langsames Tempo, große Tonhöhenbewegungen, etc.).

Semantik

Um eine Sprache zu beherrschen, muss nicht nur die Lautstruktur wahrgenommen und (re-)produziert werden. Wörter und Sätze müssen auch in ihrer Bedeutung verstanden werden. Die Summe der den Kindern bekannten Wörter bezeichnet man als Wortschatz oder Lexikon. Die Semantik beschäftigt sich mit der Bedeutung von einzelnen Wörtern und Sätzen. Bevor Kinder Wörter benutzen können (aktiver Wortschatz), sind sie bereits in der Lage, Wörter zu verstehen (passiver Wortschatz). Der passive Wortschatz hat auch in späteren Erwerbsphasen stets einen Vorsprung vor dem aktiven Wortschatz (vgl. Komor & Reich, 2008). Beginnen die Kinder erst einmal damit, die ersten Wörter zu sprechen, so steigt der (aktive) Wortschatz der Kinder stetig an. Ab dem Alter von etwa zwei Jahren setzt dabei ein so genannter »Vokabelspurt« ein, d. h. der Wortschatz der Kinder nimmt schnell zu (Tracy, 2008, S. 69). Die Wortklassen werden in einer unterschiedlichen Reihenfolge erworben. Die ersten Wörter beziehen sich auf den unmittelbaren Wahrnehmungsraum des Kindes (vgl. Komor & Reich, 2008).

Tab. 5: Früh und Spät erworbene Wortklassen (vgl. Tracy, 2008)

Erwerb	Wortklasse	Beispiele
früh	Mit Handlungen und Ereignissen verknüpfte »soziale Wörter«	hallo, tschüss, oh-oh, guck, da
Früh	Eigennamen und konkrete Substantive	Hund, Ball, Haus
Früh	Verbpartikeln	auf, zu, ab
Früh	Adjektive	groß, heiß
Früh	Verben	machen, malen, essen
Früh	Partikeln	mehr, nochmal, alle, nein
Spät	Artikel	der, die, das
Spät	Präpositionen	neben, in, auf
Spät	Konjunktionen	dass, wenn
Spät	Modalverben	sollen, müssen

Kinder, die Deutsch als Zweitsprache erwerben, haben einen Vorteil beim Erwerb eines Wortschatzes in der Zweitsprache, da sie Wörter und deren Bedeutung bereits aus ihrer Erstsprache kennen. Deshalb kann der Wortschatz in der Zweitsprache, bei einem regelmäßigen sprachlichen Input, in deutlich kürzerer Zeit angeeignet werden als in der Erstsprache (vgl. Komor & Reich, 2008).

Grammatik

Haben die Kinder erst einmal einzelne Wörter gelernt, stehen sie vor der Aufgabe, das komplexe Regelsystem der Grammatik zu entschlüsseln. So müssen sie sich zum Beispiel die Regeln der Pluralbildung (Morphologie) und des korrekten Satzbaus (Syntax) aneignen. In der deutschen Sprache zeichnet sich der Satzbau durch einen typischen Aufbau aus. Charakteristisch für die deutsche Sprache ist die Verbzweitstellung im Hauptsatz (nicht-finite Verbbestandteile können zusätzlich am Ende des Hauptsatzes stehen). Im Nebensatz rückt hingegen eine Konjunktion oder ein Relativpronomen an die zweite Stelle und das (finite) Verb an das Satzende. Der Erwerb einer korrekten Syntax verläuft in hohem Maße regelmäßig, wobei vier »Meilensteine« der Entwicklung unterschieden werden können (Tab. 6).

Tab. 6: Meilensteine in der Entwicklung einer korrekten Syntax (Tracy, 2008, S. 77-85)

Meilenstein	Erläuterung	Beispiel
10-18 Monate	Die Kinder produzieren Einwortäußerungen.	*»essen«*
18-24 Monate	Die Kinder bilden die ersten Wortkombinationen (»Telegrammstil«).	*»Julia Kette«*
24-36 Monate	Die Kinder bilden einfache Sätze mit finiten Verben in der zweiten Satzposition.	*»Ich bau ein Turm mit ein Uhr«*
Ab 30 Monaten	Die Kinder beginnen komplexe Sätze zu formulieren (z. B. mit Nebensätzen).	*»Wenn die Julia Futter reintut, dann fressen die Vögel alles auf«*

Die Kinder entschlüsseln die grammatische Struktur der Sprache selbständig. Allerdings sind sie dabei auf ein reichhaltiges Sprachangebot angewiesen, aus dem sie Regeln entnehmen und falsche Annahmen korrigieren können.

Das Lernen des korrekten Satzbaus (Syntax) und der korrekten Wortbildung (Morphologie) stellt Kinder, die Deutsch als Zweitsprache (DaZ) lernen vor eine große Herausforderung. Bestimmte Regeln sind für die DaZ-Lerner von besonderer Bedeutung, wobei spezifische Schwierigkeiten auftreten (Tab. 7).

DaZ-Lerner haben zudem in der Regel Probleme, Wörtern das richtige Geschlecht zuzuweisen (vgl. Colombo-Scheffold et al., 2008).

Tab. 7: Wichtige Wortbildungsregeln (vgl. Engin, 2010)

Bereich	Erläuterung
Kompositabildung	Komposita sind zusammengesetzte Nomen (z. B. Sandburg, Spielplatz oder Buntstift). Insbesondere bei mehr als zwei Wortbestandteilen wird häufig ein »Fugen-s« eingefügt. Da andere Sprachen (z. B. Türkisch) nur sehr wenige Komposita

	aufweisen, haben einige Kinder mit der Bildung von Komposita Probleme.
Substantivierung	In der deutschen Sprache können Verben und Adjektive durch so genannte Flexionsendungen substantiviert werden (z. B. schön – das Schöne), womit viele DaZ-Lerner Probleme haben.
Wortbildung durch Vor- und Nachsilben	Durch Vorsilben (z. B. Ge-schrei) und Nachsilben (z. B. Geheim-nis) können in der deutschen Sprache neue Wörter gebildet werden.
Pluralbildung	Das Deutsche zeichnet sich durch eine Reihe von Regeln der Pluralbildung aus: Artikel, Endung, Umlaut, Umlaut + Endung, Verdopplung des Buchstabens + Endung.

SPRACHFÖRDERUNG DURCH BEWEGUNG

Ansätze Bewegung für eine Sprachförderung fruchtbar zu machen sind nicht gänzlich neu. Sie stammen aus unterschiedlichen Disziplinen und setzen unterschiedliche Schwerpunkte. Exemplarisch werden zunächst einige Konzepte vorgestellt, bevor Prinzipien der Sprachförderung durch Bewegung vorgestellt, erläutert und mit Hilfe von Beispielen illustriert werden.

Konzepte zur Förderung der Sprechmotorik

Am augenfälligsten werden die Beziehung zwischen Sprache und Bewegung und die Möglichkeiten den Spracherwerb durch Bewegung zu fördern in Zusammenhang mit der Lautbildung. Dabei handelt es sich (auch) um einen motorischen Vorgang, der zentralnervös gesteuert und im Mund- und Rachenraum realisiert wird. Die Konzepte zur Förderung der korrekten Lautbildung stammen zumeist aus dem logopädisch-therapeutischen Bereich und umfassen in der Regel, neben Übungen zur auditiven Eigen- und Fremdwahrnehmung, Übungen zur Artikulation der entsprechenden Ziellaute – also einen motorischen Lernprozess (vgl. Weinrich & Zehner, 2011; siehe Tab. 8).

Tab. 8: Therapeutisches Vorgehen bei phonetischen Störungen nach Weinrich & Zehner (2011, S. 92)

Phase	Vorgehen
Grundlagenarbeit	• Herstellen eines orofazialen Muskelgleichgewichts • Verbesserung der oralen taktilkinästhetischen Wahrnehmung
Auditive Sprachverarbeitung	• Förderung der auditiven Diskrimination von Ziel- zu Ersatzlaut (einschließlich auditiver Identifikation und Positionsbestimmung im Wort)
Spezifische sprachliche Arbeit (Arbeit am Einzellaut)	• Lautanbahnung • Stabilisierung auf Silben-, Wort-, Satz- und Halbspontansprachebene • Transfer in die Spontansprache

Die »Grundlagenarbeit« (Herstellung eines orofazialen Muskelgleichgewichts und der Verbesserung der oralen taktilkinästhetischen Wahrnehmung) sowie die »auditive Sprachverarbeitung« (Förderung der auditiven Diskrimination) können auch jenseits therapeutischer Maßnahmen durch spezifische Spiele und Übungen gefördert werden. Zimmer (2010), Tietz (2008) und Suhr (2011) liefern dafür zahlreiche Beispiele, die sich für den Einsatz im Kindergarten bzw. der Kindertagesstätte eignen. Allerdings können diese Spiele und Übungen im Falle einer phonetischen Störung logopädisch-therapeutische Maßnahmen nicht ersetzen.

Im Rahmen phonetisch-phonologischer Therapieansätze kommen unterschiedliche »Übungsformen« zum Einsatz. Weinrich & Zehner (2011, S. 97) unterschieden zwischen folgenden Übungsformen:

- Inputspezifizierung (sprachliche Äußerungen werden so aufbereitet und präsentiert, dass das Kind das Lautsystem möglichst leicht entschlüsseln kann),
- Modellierung (Äußerungen des Kindes werden aufgegriffen und verändert, i. d. R. in korrigierter Form, wiedergegeben),
- Übung (gelenkte Arbeit an der Wahrnehmung oder Produktion von Lauten bzw. einer Lautstruktur),
- Kontrastierung (Laute bzw. Lautstrukturen werden vergleichend gegenübergestellt, so dass das Kind lernen kann, welches die richtige Form ist),
- metasprachliches Arbeiten (Verbalisierung von Problemen bei der Bildung und Unterscheidung von Lauten bzw. Lautstrukturen).

Einzelne Übungsformen, wie die Inputspezifizierung, Modellierung und Übung, können Anregungen für die alltägliche Förderung in Kinderbetreuungseinrichtungen geben. Eine besonders prominente Bedeutung kommt der Bewegung im

Rahmen des Konzepts der bewegungsunterstützten Lautanbahnung zu (vgl. Weinrich & Zehner, 2011, S. 70-73). Dabei wird die Lautbildung durch spezifische Bewegungen von Händen und Füßen unterstützt, indem die Lautbildung auf der Zunge imitiert wird. Die Verbindung von Zungenbewegungen und entsprechenden Bewegungen der Hände bzw. Füße soll den Lernerfolg positiv beeinflussen (vgl. Tab. 9).

Tab. 9: Korrespondierende Laute und Bewegungen in der bewegungsunterstützten Lautanbahnung (nach Weinrich & Zehner, 2011)

Artikulationsart	Bewegungsart
Frikative: Stromende, anhaltende Laute mit unterschiedlicher Spannung	Geführte, anhaltende Bewegung mit unterschiedlicher Spannung
Plosive: Laute mit Verschlussbildung, die explosionsartig gelöst wird	Impulshafte Bewegung
Vibranten: andauernde Laute mit intermittierendem Verschluss	Bewegung mit Zwerchfellgegenspannung

Ob mögliche Verbesserungen des Lernerfolgs allerdings auf die spezifischen Bewegungen oder auf die Verknüpfung der zu Lernenden Laute mit einem weiteren kinästhetischen Muster nur zu besseren Gedächtnisleistungen führt, kann an dieser Stelle nicht beantwortet werden.

Handlungsorientierte Konzepte

Auch im Rahmen handlungsorientierter logopädisch-therapeutischer Konzepte kommt Bewegung, in Form von »praktischer Tätigkeit« (z. B. Puppenspiele, Bauen, Kochen), ein hoher Stellenwert zu. Dabei wird die Sprachförderung in ein sinnvoll erlebtes gemeinsames Handlungsgeschehen eingebettet. Neben den phonologischen und prosodischen Kompetenzen werden im Rahmen der handlungsorientierten Ansätze auch semantische, grammatische und pragmatische Kompetenzen gefördert (vgl. Dannenbauer, 1994; Zollinger, 1995; Füssenich, 1999; Reddemann-Tschaikner & Weigl, 2009). Im Folgenden wird exemplarisch der handlungsorientierte Therapieansatz (HOT) von Reddemann-Tschaikner und Weigl (2009) skizziert. Im Kontext des handlungsorientierten Therapieansatzes wird der Spracherwerb nicht isoliert, sondern in enger Verknüpfung mit sinnvoll erlebten Handlungen und der Wahrnehmung von Sprachvorbildern betrachtet. In diesem Sinne wurden Handlungen ausgewählt, die aus dem Alltag der Kinder stammen bzw. in diesen integriert werden könnten, analysiert und für die Therapie aufbereitet (vgl. Reddemann-Tschaikner & Weigl, 2009, S. 3; siehe Tab. 10).

Tab. 10: Methodisches Vorgehen im Rahmen des handlungsorientierten Therapieansatzes (nach Reddemann-Tschaikner & Weigl, 2009, S. 90-92)

Phase	Erläuterung	Ziele
Vorstellen der Zutaten, Materialien und Geräte	Es wird mit dem Kind gemeinsam überlegt, welche Zutaten und Geräte benötigt werden	• Förderung des Wortschatzes • Förderung der Kategorienbildung • Erkennen und Anwenden der korrekten Grammatik
Übertragung der Begriffe auf die Bildebene	Das Kind bekommt die Aufgabe, auf den Bildern befindliche Gegenstände zu benennen und Kategorien zuzuordnen (z. B. Zutaten oder Geräte)	• Stabilisierung der neuen Begriffe • Stabilisierung der Kategorienbildung • Erkennen semantischer Zusammenhänge
Handlungsplanung	Das Kind überlegt gemeinsam mit der Therapeutin, in welchen einzelnen Handlungsschritten das Vorhaben umgesetzt werden kann	• Förderung der Antizipation und Vorstellung von Reihenfolgen • Förderung der Formulierungsfähigkeit • Förderung der Kognition
Durchführung der Handlung	Die einzelnen Handlungsschritte sollen möglichst selbständig durch das Kind vorgenommen werden. Der Therapeut unterstützt lediglich und begleitet die einzelnen Handlungssequenzen sprachlich.	• Förderung des Sprachverständnisses • Förderung der Serialität • Förderung der auditiven Merkfähigkeit und Aufmerksamkeit • Förderung des Problemlöseverhaltens • Förderung der Hand-Augen-Koordination • Förderung des Selbstvertrauens, der Motivation und der Kreativität • Präsentation von Zielstrukturen
Versprachlichung der Handlung auf Bildebene	Das Kind soll nun das Geschehene sprachlich wiedergeben. Dabei bekommt es bei jeder Handlungssequenz das entsprechende Bildmaterial.	• Förderung der Serialität • Förderung der auditiven Merkfähigkeit • Förderung der Formulierungsfähigkeit

Die besonderen Vorzüge dieses Zugangs sind sein motivierender Charakter und die Chance, die Handlungen mit Hilfe der Eltern in den Alltag der Kinder zu übertragen und auf diese Weise die Interventionsdichte zu erhöhen (vgl. ebd., S.

4). Einzelne Prinzipien lassen sich in die Praxis der Kindertageseinrichtung und sogar in die Planung und Durchführung von Bewegungsaktivitäten übertragen.

Psychomotorisch orientierte Konzepte

Die psychomotorisch orientierten Konzepte können auf eine längere Tradition zurückblicken. Bereits in den 1970er Jahren wurden von Olbrich (»Integrierte Sprach- und Bewegungstherapie«) und Eckert (»Integrierte Kommunikations- und Entwicklungsförderung«) erste Ansätze entwickelt. In den 1980er Jahren entwickelte Kleinert-Molitor (1985, 1989) die »psychomotorisch orientierte Sprachförderung«, die u. a. von Lütje-Klose (1994, 2003, 2004) aufgegriffen und weiterentwickelt worden ist (vgl. Lütje-Klose & Kramer-Kilic, 1998; Kuhlenkamp, 2004).

Die psychomotorisch orientierten Konzepte verfolgen einen ganzheitlichen Ansatz. Es werden nicht isoliert einzelne sprachliche Kompetenzen gefördert, sondern die Förderung einer »umfassenderen sprachlich-kommunikativen Handlungskompetenz, die auch die personale, soziale und kognitive Kompetenz umfasst« (Lütje-Klose, 2004, S. 38) angestrebt (vgl. auch Kuhlenkamp, 2004, S. 6). Um diese Zielsetzungen zu erreichen, soll die fördernde Person dem Kind einen »strukturierten gemeinsamen Handlungsrahmen« (Lütje-Klose, 2004, S. 38) anbieten und mit ihm eine »Dialogische Partnerschaft« (Olbrich, 2004, S. 17) eingehen. Eine wichtige Rolle kommt dabei dem gemeinsamen Spiel zu, wobei sich dieses Spiel im Medium der Bewegung vollzieht. Im Rahmen des Spiels wird zwischen der fördernden Person und den Kindern sowie zwischen den Kindern eine gemeinsame »relevante Wirklichkeit« (Olbrich, 2004, S. 18) hergestellt. Im Kontext dieser gemeinsamen, relevanten Wirklichkeit ergeben sich dann Gelegenheiten den Kindern ein Sprachangebot zur Verfügung zu stellen, sie zum Sprechen anzuregen und auf diese Weise Sprachförderung zu betreiben (vgl. Olbrich, 2004; Lütje-Klose, 2004; Kuhlenkamp, 2004). Die psychomotorisch orientierten Konzepte erheben dabei nicht den Anspruch andere Formen der Sprachtherapie zu ersetzen. Das besondere Potenzial wird in einer »basale[n] Förderung sprachlich-kommunikativer Kompetenzen« (Kuhlenkamp, 2004, S. 6) gesehen:

> »Das gemeinsame Handeln ist immer kommunikatives Handeln, im Rahmen dessen Sprache als effektives Kommunikationsmittel erprobt und erfahren werden kann. Die Erwachsenen und die anderen Kinder können in diesem Rahmen durch Kokonstruktion und Perturbation, durch ein verbindliches Beziehungsangebot und die gezielte Präsentation von Sprache in verschiedenen kommunikativen Verwendungszusammenhängen zur Weiterentwicklung sprachlicher Strukturen anregen« (Lütje-Klose, 2004, S. 38).

Die vorgestellten Prinzipien der zunächst therapeutisch orientierten Konzepte wurden dann, insbesondere von Zimmer (2010), auch auf Bewegungsangebote im Rahmen von elementarpädagogischen Einrichtungen (Kindergarten, Kindertagesstätte) übertragen.

Sprachförderung durch Bewegung – Handlungsempfehlungen für die Kita

Die exemplarisch skizzierten Ansätze machen deutlich, dass bereits Konzepte der Sprachförderung durch Bewegung vorliegen und legen nahe, dass eine Sprachförderung durch Bewegung in Kindertageseinrichtungen möglich ist (vgl. Zimmer, 2010; Madeira-Firmino, 2015). Im Folgenden werden Prinzipien der Sprachförderung durch Bewegung in Kindertageseinrichtungen vorgestellt und anhand von ausgewählten Beispielen der praktischen Umsetzung illustriert.

Tab. 11: Bewegung als Voraussetzung für den Spracherwerb – Prinzipien und Beispiele (aus Arzberger & Erhorn, 2013)

Prinzip	Möglichkeiten der Umsetzung
Zum selbstständigen Erkunden anregen	• Bereitstellung anregender Bewegungsumwelten, • Gewährung von Freiräumen, • Emotionale Unterstützung durch Bindungspersonen, • Anerkennung gewähren.
Gemeinsame Bewegungsaktivitäten provozieren	• Bereitstellung anregender Bewegungsumwelten, • Bewegungsangebote machen, • Bewegungsaktivitäten zwischen den Kindern durch Materialien anregen, • Gewährung von Freiräumen.
Sprechmotorik und Wahrnehmung schulen	• Spiele zur Schulung der Atmung, • Spiele zur Schulung der Mundmotorik, • Spiele zur Schulung des Gehörs, • Spiele zur Schulung der Lautbildung.

Bewegung als Voraussetzung für den Spracherwerb

Bewegung kann in seiner Funktion als Voraussetzung für den Spracherwerb betrachtet werden. Zum einen müssen Dinge, Personen und Handlungen zunächst im Medium der Bewegung in Erfahrung gebracht werden, bevor sie versprachlicht werden können. Zum anderen stellt die Sprache selbst einen motorischen Vorgang dar, der erlernt werden muss. Aus diesen Überlegungen lassen sich Prinzipien der Sprachförderung ableiten (Tab. 11).

Zum selbstständigen Erkunden anregen

Bewegung bildet eine Voraussetzung für den Spracherwerb, da dem Kind mit der Entwicklung seiner Bewegungsfähigkeit die Möglichkeit eröffnet wird, seine Umwelt differenzierter wahrzunehmen, sie zu erkunden und mit ihr zu kommunizieren (vgl. Zimmer, 2010, S. 67). Kinder besitzen i. d. R. eine natürliche Neugierde, die unbekannten Gegebenheiten ihrer Umwelt in Erfahrung zu bringen. Sie werden ausgekundschaftet und auf ihre Eigenschaften hin untersucht. Dabei gilt die einfache Formel »Kinder müssen die Dinge kennen, bevor sie sie benennen!«. Gegenstand der Erkundungen sind allerdings nicht nur Objekte, sondern auch andere Personen und Tätigkeiten von anderen Personen (siehe Abb. 1).

Abb. 1: Erkundung von Tätigkeiten

Durch die Ausprägung der fundamentalen und elementaren Bewegungsformen, ist das Kind in der Lage sich neue bzw. erweiterte Lebensräume zu erschließen. Damit erhöht sich auch die Anzahl der bekannten Objekte, Personen und Tätigkeiten, die im nächsten Schritt benannt und in der Folge zum Gegenstand weitergehender (sprachlicher) Kommunikation gemacht werden können. Die Bezugspersonen können diesen Prozess unterstützen, indem sie eine vielfältige und erfahrungsreiche Umgebung zur Verfügung stellen. Eine Möglichkeit Kinder zu Erkundungen anzuregen stellt die »Bewegungsbaustelle« dar, in deren Rahmen den Kindern vielfältige Materialien, wie z. B. Bretter, Balken, Holzklötze, Styroporwürfel, Leitern, Autoreifen, LKW-Schläuche, Walzen, Teppichreste, Röhren, Drainageschläuche und Plastikwannen, zur Erkundung angeboten werden. Da Kinder aufgrund einer starken Ängstlichkeit z. T. vor der Erkundung von Unbekanntem zurückschrecken, kommt der emotionalen Unterstützung und Anerkennung durch die Bezugsperson eine hohe Bedeutung zu. Dabei reagieren die Kinder sehr sensibel auf Äußerungen, Gestik und Mimik von Personen in ihrem

Umfeld und passen ihr Verhalten entsprechend an, indem sie entweder bestärkt in eine Phase der Exploration gehen oder aber diese abbrechen und wieder Nähe zu ihrer Bezugsperson herstellen. Abgesehen vom Angebot emotionaler Unterstützung (Blicke, Lächeln, aufmunternde Worte, Anbieten von Körpernähe wenn das Kind dies aktiv wünscht), bleibt die Betreuungsperson weitgehend im Hintergrund und greift in das explorative Bewegungshandeln des Kindes lediglich ein, um die Sicherheit der Kinder zu gewährleisten und mögliche Konflikte zu schlichten.

Gemeinsame Bewegungsaktivitäten provozieren

Im Kontext von Bewegungsaktivitäten können Situationen auftreten, in denen die Kinder untereinander oder mit erwachsenen Personen kommunizieren (müssen). Auch wenn der sprachliche Zugang zur Welt noch nicht oder nur sehr gering ausgeprägt ist, sind in diesen Situationen pragmatische Kompetenzen gefordert, die eine wichtige Grundlage für eine spätere sprachliche Verständigung bilden. An dieser Stelle bietet sich die Gelegenheit, die Ausbildung der pragmatischen Kompetenzen zu fördern, indem gezielt Bewegungsaktivitäten provoziert werden, die eine Verständigung bzw. eine Bezugnahme erfordern. So können erwachsene Bezugspersonen den Kindern Bewegungsangebote machen und damit eine Interaktion provozieren (siehe Abb. 2).

Dabei werden den Kindern verschiedene pragmatische Fähigkeiten abverlangt: Die Kinder müssen die Bewegungsangebote erkennen, verstehen und auf sie eingehen. Die Bewegungsaktivitäten können sich allerdings auch auf ein gemeinsames Objekt beziehen. Auf diese Weise kann der für den Spracherwerb so wichtige »Trianguläre Blick«, d. h. die zugleich auf eine Bezugsperson und ein Objekt gerichtete Aufmerksamkeit, eingeübt werden.

Abb. 2: Den »Triangulären Blick« einüben

Während sich die gemeinsamen Bewegungsaktivitäten zu Beginn in der Regel nur zwischen dem Kind und der erwachsenen Bezugsperson abspielen, können zu einem späteren Zeitpunkt auch gemeinsame Bewegungsaktivitäten zwischen den Kindern arrangiert werden, indem ihnen z. B. attraktive Materialien angereicht werden. Auf diese Weise können zunächst Parallelspiele, dann aber bald auch Spiele mit gemeinsamer Aufmerksamkeit provoziert werden (siehe Abb. 3).

Abb. 3: Interaktionen zwischen den Kindern provozieren

Anregungsreiche Bewegungsumwelten, wie z. B. die Bewegungsbaustelle, bieten für erwachsene Bezugspersonen vielfältige Gelegenheiten, um Bewegungsaktivitäten mit den Kindern und zwischen den Kindern zu provozieren. Betreuungspersonen können zunächst gezielte Bewegungs- bzw. Interaktionsangebote machen und diese später auch zwischen den Kindern anregen. Dabei können bereits im vorsprachlichen Bereich pragmatische Fähigkeiten gefördert werden, die für den Spracherwerb von hoher Bedeutung sind.

Sprechmotorik und Wahrnehmung schulen

Die Kinder müssen beim Sprechen spezifische Laute hervorbringen und dafür über eine entsprechend ausgebildete Mundmotorik verfügen. Bevor sie diese Laute allerdings hervorbringen, müssen sie diese »kennen«, d. h. sie müssen die sprachrelevanten Laute aus ihrer Umgebung herausfiltern. Die Bezugspersonen können die Kinder dabei durch vielfältige Spiele unterstützen. Spielesammlungen finden sich u. a. bei Tietz (2008), Zimmer (2010) und Suhr (2011).

Schulung der Atmung

Um sprachliche Laute zu produzieren, müssen die Kinder einen ausreichenden Luftstrom produzieren und ihre Atmung regulieren. Durch »Puste Spiele« können sie dabei unterstützt werden. Besonders bekannt ist das Spiel »Wattekugeln-Pusten«, bei dem Kinder versuchen eine Wattekugel durch Pusten zu bewegen. Dabei kann sowohl geübt werden einen ausreichenden Luftstrom zu produzieren, als auch den Luftstrom so zu regulieren, dass die Wattekugel gezielt auf einem festgelegten Bereich bewegt wird (vgl. Zimmer, 2010). Das Spiel kann auf vielfältige Weise variiert werden.

Schulung der Mundmotorik

Die Produktion sprachlicher Laute stellt eine hohe Anforderung an die Mundmotorik. Durch Spiele kann die Mundmotorik gezielt gestärkt und die Kontrolle über die Mundmotorik verbessert werden. So kann mit Spielen z. B. eine Saugbewegung provoziert werden. Auf diese Weise kann die Mund- und Rachenmuskulatur gestärkt werden und die Kinder können üben, den Muskeltonus zu regulieren. Besonders beliebt sind Spiele mit Strohhalmen, durch die verschiedene Gegenstände angesaugt werden können. Für die Artikulation von Lauten sind auch die Zunge und die Lippen von besonderer Bedeutung. Ihre Bewegungen müssen genau koordiniert werden, was spielerisch geübt werden kann. So können verschiedene Zungen- und Lippenbewegungen in Spiele, Lieder oder Geschichten eingebaut werden (siehe Tietz, 2008, S. 16-18).

Schulung des Gehörs

Bevor die Kinder selbst Laute artikulieren können, müssen sie diese über ihr Gehör wahrgenommen haben. Da sich Laute zum Teil in Nuancen unterscheiden, stellt das genaue Hören für die Kinder eine Herausforderung dar. Die Wahrnehmung von Lauten kann jedoch spielerisch geübt werden. Dafür bieten sich Musik, Klänge, Gedichte oder Hör-Spiele an. Als Beispiel für die Schulung des Gehörs mit Hilfe eines Gedichtes kann das »Gedicht ›O‹« von Spohn (1985) dienen. Das Gedicht wird gemeinsam mit den Kindern gesprochen, wobei die unterschiedlichen Laute (kurz-offen – lang-geschlossen) deutlich ausgesprochen werden sollen (vgl. auch Arzberger & Erhorn, 2013).

Schulung der Lautbildung

Die Lautbildung stellt eine wichtige Lernaufgabe für die Kinder dar. Dabei sind einige Laute für die Kinder besonders schwer zu erlernen, wie beispielsweise die so genannten »Zisch-Laute«. Auch an dieser Stelle können die Kinder durch verschiedene Lernspiele unterstützt werden. Ein geeignetes Beispiel für ein solches Spiel liefert Suhr (2011, S. 70f) mit der »Motz-Zisch-Summ-Puste-Schnarch-Insel«, bei dem vier Ecken des Raumes nach und nach in bestimmte Inseln verwandelt werden. Dazu treffen sich die Kinder in jeder Ecke, und die Spielleiterin gibt vor, was in der betreffenden Ecke gemacht werden soll. Die zu bildenden Laute können variiert und den Fähigkeiten der Kinder angepasst werden.

Bewegung als Sprachanlass

Um eine Sprache zu erwerben, müssen die Kinder ein reichhaltiges Sprachangebot erhalten und die Gelegenheit bekommen selbst zu sprechen. Im Kontext von Bewegungsaktivitäten bieten sich vielfältige Möglichkeiten, um die Kinder in sprachliche Situationen zu verwickeln und/oder ihnen ein Sprachvorbild zu sein (siehe Tab. 12).

Tab. 12: Bewegung als Sprachanlass – Prinzipien und Beispiele (aus Arzberger & Erhorn, 2013)

Prinzip	Möglichkeiten der Umsetzung
Sprachvorbildfunktion wahrnehmen	• korrekte und vollständige Sätze formulieren, • Laute deutlich artikulieren, • Betonung von Wörtern und von Sätzen deutlich machen, variationsreich sprechen, • vielfältigen Wortschatz benutzen, • korrektives Feedback geben
Sprachliche Begleitung von Bewegung	• Objekte, Personen und Tätigkeiten benennen, • Komplexere Bewegungen sprachlich mit vollziehen.
Interaktionsanlässe zwischen den Kindern herstellen	• Zeit zur Entwicklung gemeinsamer Bewegungsaktivitäten geben, • anregende und gestaltbare Räume zur Verfügung stellen, • Freiraum bei der Gestaltung von Bewegungsaktivitäten einräumen, • Kinder zum miteinander spielen anregen.
Über Bewegung sprechen	• Bewegungen benennen, • Bewegungen planen, • Bewegungen reflektieren, • Konflikte besprechen.
Zum Sprechen anregen	• Öffnende Fragen stellen und zu Erzählungen anregen, • Kindern interessiert zuhören, • gezielte Nachfragen stellen, • Zeit zum Nachdenken und Formulieren geben.
Bewegung für Sprachlernspiele nutzen	• Grammatische Kompetenzen fördern, • Pragmatische Kompetenzen fördern, • Wortschatz erweitern.

Sprachvorbildfunktion wahrnehmen

Sprachfähige Betreuungspersonen nehmen gegenüber Kindern eine wichtige Sprachvorbildfunktion ein. Sie sollten sich ihrer Vorbildfunktion bewusst sein und den Kindern ausreichend sprachlichen Input bieten. Darüber hinaus werden sie ihrer Sprachvorbildfunktion in besonderem Maße gerecht, wenn sie korrekte und vollständige Sätze formulieren, Laute deutlich artikulieren, die Betonung von Wörtern und von Sätzen deutlich machen, variationsreich sprechen und einen vielfältigen Wortschatz benutzen sowie ein korrektives Feedback geben, d. h. fehlerhafte Äußerungen »beiläufig« korrekt wiederholen ohne zu Maßregeln. Dieses Prinzip gilt übergreifend für alle weiteren Prinzipien und sollte von allen erwachsenen Personen, die mit Kindern umgehen berücksichtigt werden.

Sprachliche Begleitung von Bewegung

Während sich die Kinder bewegen kommen sie mit verschiedenen Gegenständen und mit anderen Personen in Kontakt. Zunächst haben sie für die Objekte, Personen und die verschiedenen Tätigkeiten noch keine Begriffe. Diese müssen erst im Verlauf des Spracherwerbs angeeignet werden. Dafür benötigen die Kinder ein Sprachvorbild, welches die Objekte, Personen und Tätigkeiten für sie benennt. Da die Kinder aber die zunächst unbekannten Laute der Bezugsperson mit den gemeinten »Dingen« in Verbindung bringen müssen, kommt der Herstellung eines gemeinsamen Aufmerksamkeitsfokus – dem »Triangulären Blick« – eine zentrale Bedeutung zu. Ist dieser Trianguläre Blick erst einmal hergestellt, dann bieten sich sprachfähigen Personen vielfältige Gelegenheiten, die Objekte, mit denen die Kinder hantieren, die Personen, die sich in ihrem Sichtfeld befinden sowie die Tätigkeiten, die sie selbst oder andere Personen unternehmen zu benennen. Auf diese Weise kann zunächst die Ausbildung des Wortschatzes der Kinder gefördert werden. Aber auch im Hinblick auf die grammatischen Strukturen der Sprache bieten die Bezugspersonen ein wichtiges Sprachvorbild.

Interaktionsanlässe zwischen den Kindern herstellen

Wenn Kinder nicht mit erwachsenen Bezugspersonen, sondern mit anderen Kindern interagieren, stellt die Einigung auf eine gemeinsame Aktivität und die Abstimmung von Bedürfnissen und Ideen eine besondere Herausforderung dar. Im Medium der Bewegung können Handlungssituationen hergestellt werden, in denen »ein echtes Mitteilungs- und Verständnisinteresse besteht« (Lütje-Klose, 2004, S. 38). In solchen Spiel- und Bewegungssituationen müssen die Kinder lernen sich gegenseitig zu informieren, zu erzählen, zu erklären, zuzuhören, zu verstehen, zu fragen und zu antworten, damit die Aktivität initiiert und aufrecht erhalten werden kann (vgl. Lütje-Klose, 2004, S. 36). Den Kindern werden an dieser Stelle verschiedene sprachliche Fähigkeiten abverlangt. Durch die Herstellung bzw. Anbahnung entsprechender Situationen können die Kinder in ihrem Spracherwerb gefördert werden. Dabei kann zwischen verschiedenen Bewegungsaktivitäten unterschieden werden.

Im Rahmen von Konstruktionsspielen verfolgen die Kinder das Ziel etwas zu bauen. Machen sie dies nicht alleine, sondern zu zweit oder in der Gruppe, so müssen sie ihre Tätigkeiten koordinieren. Dies kann sowohl in verbaler, wie auch in nonverbaler Form geschehen. Als Beispiel kann ein Konstruktionsspiel dienen, in dessen Rahmen zwei Jungen eine »Burg« bauen wollen (siehe Abb. 4).

Konstruktionsspiele

Um gemeinsam eine Burg bauen zu können, müssen sich die Jungen untereinander verständigen. Dies geschieht verstärkt im Medium der Sprache: Einer der Jungen versucht den größeren Gummiring auf den Kleineren zu hieven. Dabei ruft er den anderen Jungen, der ein Rohr unter dem Arm trägt, und bittet ihn mit ihm zusammen zu spielen: »Steve, komm´ doch hier her!« Steve kommt der Aufforderung nach und versucht sofort, sich in die Aktion mit einzubringen. Er versucht ein mitgebrachtes Rohr in den kleineren Ring zu legen. Es kommt zu einer Konfliktsituation, da der größere Ring nun nicht mehr auf den Kleineren gelegt werden kann. Der Junge mit dem Ring verbalisiert daraufhin seinen Unmut (»Nein, Steve!«) und unterstreicht seine Aussage mit einer motorischen Geste. Er läuft um die Ringe herum und nimmt das Rohr aus den Ringen. Später versucht er Steve zu erklären, warum das Rohr jetzt noch nicht in den Aufbau gehört.

Abb. 4: Konstruktionsspiel

Rollenspiele

Rollenspiele sind auf die Gestaltung eines gemeinsamen Spielrahmens angewiesen, der von den Kindern (ko-)konstruiert werden muss. Dabei orientieren sie sich häufig an Situationen aus dem Alltag (»Einkaufen beim Bäcker«, »Haare schneiden beim Friseur«, »Baby ins Bett bringen« etc.). Diese Spiele bieten vielfältige Anlässe für verbale und nonverbale Kommunikation. Als Beispiel kann ein Rollenspiel zwischen zwei Mädchen in einer Kindertagesstätte dienen. Die beiden Mädchen inszenieren ein Spiel mit den Rollen »Arzt« und »Patient«. Die Rollen werden neben typischen Bewegungen in hohem Maße durch sprachliche Handlungen ausgefüllt: Eines der Mädchen liegt auf einem Brett, welches eine Behandlungsliege darstellen soll, und wird von dem anderen Mädchen untersucht. Dabei ist ein typisches Frage-Antwort-Spiel zwischen »Arzt« und »Patient« zu beobachten. Nachdem die »Behandlung« abgeschlossen ist, treten beide den Nachhauseweg an. Allerdings bleiben die beiden Mädchen auch in der Folge in der Rolle als »Arzt« und »Patient«, wobei der »Arzt« den verantwortlichen und tonangebenden Part übernimmt. Das Mädchen, welches die Rolle der »Ärztin« innehatte, legt die nachfolgende Aktivität fest (Springen) und erklärt dem anderen Mädchen ganz genau, wie es nachfolgend auf die Weichbodenmatte springen muss. Um die Vorgabe deutlich zu machen, macht sie die »korrekte« Art und Weise des Springens mehrfach vor und weist ihre Freundin darauf hin, dass sie sich wie beim Tauchen bewegen soll. Sie unterstreicht ihren Hinweis mit charakteristischen Tauchbewegungen.

Regelspiele

Im Rahmen von Regelspielen müssen sich die Kinder auf einen Spielgegenstand und ein Spielziel einigen sowie die dafür notwendigen Spielrollen einnehmen.

Oft bleiben die Regeln bei diesen Spielen zunächst implizit. Erst im Spielverlauf zeigt sich, zumeist in Form von Konflikten, dass ein Regelungsbedarf besteht. In diesen Fällen wird das Spiel zum Gegenstand eines Aushandlungsprozesses. Nonverbale Formen der Kommunikation stoßen an dieser Stelle an ihre Grenzen. Die Sprache bildet allerdings ein geeignetes Medium, um den Konflikten durch die Einführung von expliziten Regelungen zu begegnen (»das gilt« oder »das gilt nicht«). Die Notwendigkeit zu sprechen ergibt sich also aus dem Spiel heraus. Die Kinder können dabei zentrale pragmatische Fähigkeiten und Fähigkeiten aus weiteren Ebenen des Spracherwerbs einüben.

Im Kontext von Konstruktions-, Rollen- und Regelspielen können die Kinder lernen sich gegenseitig zu informieren, Absprachen zu treffen und das Spielgeschehen auszugestalten. Auf diese Weise können über das Medium der Bewegung pragmatische und diskursive Fähigkeiten gefördert werden. Der Herstellung von Interaktionsanlässen zwischen den Kindern kommt daher für den Spracherwerb eine hohe Bedeutung zu. Solche Situationen können natürlich nicht erzwungen, mit Hilfe geeigneter Bedingungen aber durchaus provoziert werden:

- Den Kindern muss ausreichend Zeit gegeben werden, in der sie gemeinsame Bewegungsaktivitäten entwickeln können.
- Den Kindern müssen anregende Räume und gestaltbare Materialien zur Verfügung gestellt werden.
- Den Kindern muss ausreichend Freiraum bei der Gestaltung ihrer Bewegungsaktivitäten eingeräumt werden, d. h. die Rolle der Bezugspersonen ist eher zurückhaltend und beschränkt sich auf ein emotional bedeutsames »Dabeisein«.
- In Ausnahmefällen können Kinder auch aktiv zum miteinander spielen angeregt werden, z. B. indem die Bezugsperson zunächst selbst eine Rolle im Spiel annimmt, sich dann aber aus dem Spiel wieder zurückzieht, sobald die Eigendynamik des Spiels dies zulässt.

Sind diese Bedingungen erfüllt, so können vielfältige Bewegungsaktivitäten angeregt werden, in deren Kontext die Kinder miteinander interagieren. In diesem Kontext kommt wiederum der »Bewegungsbaustelle« eine hohe Bedeutung zu. Die Materialien fordern die Kinder zur Schaffung eigener Bewegungsanlässe heraus, die ihrem aktuellen Entwicklungsstand entsprechen und häufig eine Kommunikation zwischen den Kindern erfordern.

Über Bewegung sprechen

Bewegungsaktivitäten können gemeinsam sprachlich geplant und reflektiert werden. Daher ergeben sich im Vorfeld und im Anschluss an Bewegungsaktivitäten Gelegenheiten, über Bewegungen zu sprechen. Die Kinder können zum Beispiel aufgefordert werden ihren Bewegungen bestimmte Bezeichnungen zu geben (z. B. »Fallschirmsprung«) oder bestimmte Bewegungsfiguren auszuführen (z. B. »Schraube«). Bereits bei der Verständigung über dieses Vorgehen stellt die Betreuungsperson ein wichtiges Sprachvorbild dar. Sie kann zudem die Kinder dazu auffordern ihre Bewegungen in ganzen Sätzen zu kommentieren, z. B.: »Ich bin Batman!« oder »Ich springe jetzt eine Schraube!«. Die sprachliche Beschreibung von komplexeren Bewegungen stellt jedoch einen hohen Anspruch dar und kann von jüngeren Kindern i. d. R. noch nicht selbst unternommen werden. Deshalb wird dies zunächst von erwachsenen Betreuungspersonen übernommen und häufig durch eine Bewegungsdemonstration unterstützt. Dabei bieten sie den Kindern ein wichtiges Sprachvorbild (siehe Abb. 5).

Abb. 5: Bewegungen sprachlich begleiten

Im Kontext von Bewegungsaktivitäten ergeben sich Situationen, die eine nachträgliche sprachliche Verständigung möglich machen bzw. erfordern. Diese Situationen können z. B. durch Nachfragen, welche Station oder Aktivität besonders viel Spaß gemacht hat oder besonders schwierig gewesen ist inszeniert werden. Allerdings können im Rahmen von Bewegungsaktivitäten auch Konflikte oder andere Probleme auftreten, die einer Reflexion und Klärung im Medium der Sprache bedürfen. An dieser Stelle bietet sich die Möglichkeit, die diskursiven Fähigkeiten der Kinder zu schulen, indem ihnen Gelegenheit gegeben wird, ihre Perspektive darzulegen und die Perspektive des Gegenübers wahrzunehmen. Der

Betreuungsperson kommt dabei eine wichtige Rolle als Vorbild und Moderator*in zu.

Wie gezeigt werden konnte, bieten sich im Kontext von Bewegungsangeboten vielfältige Anlässe über Bewegung zu sprechen. Diese Anlässe müssen allerdings von den Betreuungspersonen erkannt und genutzt werden.

Zum Sprechen anregen

Im Kontext von Bewegungsaktivitäten ergeben sich vielfältige Gelegenheiten, die Kinder zum Sprechen anzuregen. So berichten die Kinder gerne über ihre Vorhaben, ihre Spielgeschichte oder über spannende Erlebnisse. Die Bezugspersonen können dies befördern, indem sie öffnende Fragen stellen. Die Kinder können auf diese Weise zu Erzählungen angeregt werden, was sie allerdings zunächst vor eine große Herausforderung stellt: Sie müssen ihre Erzählung inhaltlich strukturieren, die richtigen Worte finden und nach Möglichkeit grammatikalisch vollständige bzw. korrekte Sätze formulieren. Die Betreuungspersonen können sie dabei unterstützen, indem sie ihnen interessiert zuhören, gezielte Nachfragen stellen sowie Zeit zum Nachdenken und Formulieren geben. Bei Fehlern bietet sich die Gelegenheit, den Kindern ein korrektives Feedback zu geben, wobei darauf geachtet werden sollte, dass dadurch ihr Erzählfluss nicht unterbrochen und ihre Erzählfreude nicht getrübt wird.

Bewegung für Sprachlernspiele nutzen

Bewegung bietet ein besonderes Potenzial für Sprachlernspiele. Im Rahmen von Sprachlernspielen mit Bewegung können Situationen inszeniert werden, in denen Interaktionen unter den Kindern oder zwischen Kindern und einer Bezugsperson stattfinden und Kommunikation nötig ist. Die Verbindung von Lernen und Bewegung führt zu besseren Gedächtnisleistungen, ist motivierend und führt durch die damit häufig verbundene positive emotionale Konnotation zu besseren Lernleistungen (vgl. Spitzer, 2009). Auf diese Weise können wichtige sprachliche Kompetenzen gefördert werden (Grammatik, Pragmatik, Semantik). In der Literatur findet sich eine Vielzahl entsprechender Lernspiele, aus denen im Folgenden eine exemplarische Auswahl vorgestellt wird.

Spiele zur Förderung grammatikalischer und pragmatischer Kompetenzen

Zur Förderung von grammatikalischen und pragmatischen Kompetenzen im Rahmen von Sprachlernspielen bieten insbesondere Rollenspiele ein geeignetes Mittel. In Spielrollen müssen die Kinder typische Sätze häufig wiederholen, wobei sich die Möglichkeit ergibt eine korrekte grammatikalische Satzstruktur einzuüben. Zudem müssen die Kinder Sprecherwechsel vollziehen und sich sprachlich aufeinander beziehen. Zunächst ist es dabei sinnvoll, dass die Betreuungsperson als Sprachvorbild an dem Spiel teilnimmt und die Kinder bei ihren Sprachbemühungen unterstützt. Zur Illustration sollen im Folgenden zwei Beispiele dienen, die sich Übungsleiter*innen eines Sportvereins im Rahmen einer Fortbildungsveranstaltung ausgedacht haben. So wurden u. a. eine »Park and Ride« Station sowie eine »Waschstrasse« aufgebaut, welche die Kinder jeweils mit ihren Rollbrettern anfahren müssen (siehe Abb. 6).

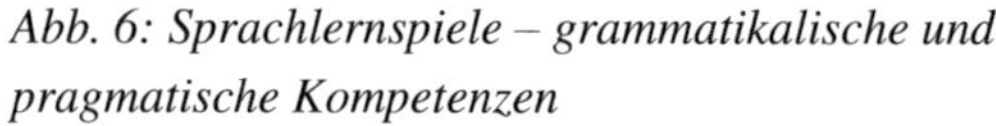
Abb. 6: Sprachlernspiele – grammatikalische und pragmatische Kompetenzen

Bei der »Park and Ride« Station übernimmt die Betreuungsperson zunächst die Rollen des »Parkwartes« und des »Schaffners«. Die Kinder bekommen zunächst vom Parkwart einen Parkplatz zugewiesen und müssen nachfolgend eine Fahrkarte beim Schaffner lösen. Danach dürfen sie den Bahnsteig besteigen (Kletterwand) und in die Innenstadt fahren (Bank herunter rutschen). Im weiteren Spielverlauf können dann die Rollen des Parkwartes und des Schaffners an die Kinder abgegeben werden. Auch die »Waschstrasse« wird von den Kindern mit dem Rollbrett angefahren. Die Betreuungsperson übernimmt zunächst die Rollen des »Kassierers« sowie der »Waschautomatik«. Die Kinder müssen zunächst eine »Autowäsche« ordern und diese dann bezahlen. Danach fahren sie in die Waschanlage und erhalten eine »Grundwäsche«. Danach werden sie gefragt, ob weitere Waschgänge durchgeführt werden sollen (Schaumwäsche, Felgen reinigen etc.). Am Ende wird das Auto »trockengepustet« und die Kinder können ihre Fahrt fortsetzen. Auch hier können die Rollen sukzessive an die Kinder abgegeben werden.

In der einschlägigen Literatur finden sich zahlreiche Spielideen (vgl. insbesondere Zimmer, 2010). Mit ein wenig Phantasie können Rollenspiele allerdings auch selbst, ggf. sogar gemeinsam mit den Kindern, konzipiert werden.

Spiele zur Wortschatzerweiterung
Mit Sprache bezeichnete Phänomene haben zum Teil eine Entsprechung im Medium der Bewegung und können daher mit Hilfe von Bewegung verdeutlicht werden. Insbesondere Bewegungsverben (gehen, laufen, rennen, springen etc.) und Präpositionen (über, unter, neben etc.) können daher zum Gegenstand bewegter Sprachlernspiele gemacht werden. In einer Sporthalle oder in einem Bewegungsraum können Bewegungsverben eingeübt werden, indem die Kinder die verschiedenen Bewegungen auf ein Kommando hin vollziehen sollen. Die unterschiedlichen Bewegungen können dabei akustisch, z. B. mit Hilfe unterschiedlicher Rhythmen auf dem Tamburin, untermalt werden. Ist das Spiel erst einmal eingeführt worden, kann die Rolle des »Ansagers« an fortgeschrittene Kinder abgegeben werden. In vergleichbarer Weise können auch die Präpositionen gefestigt werden. Auf ein Kommando können die Kinder aufgefordert werden sich »auf die Matte«, »neben den Kasten«, »unter die Bank« etc. zu begeben. Auch bei diesem Spiel kann die Rolle des »Ansagers« nach Einführung des Spiels an die Kinder abgegeben werden.

IMPLEMENTIERUNG

Die Implementierung einer Sprachförderung durch Bewegung in Kindertageseinrichtungen ist ein kontinuierlicher Prozess. Den Ausgangspunkt bildet das Bewusstsein, durch eine alltagsintegrierte Sprachförderung einen Beitrag zum Spracherwerb der Kinder leisten zu können. Ist das Potenzial von Bewegung für eine Sprachförderung erkannt, gilt es die räumlichen Bedingungen so zu gestalten, dass sie zu Bewegung und Kommunikation herausfordern. Die Erzieher*innen sollten in der Folge mit den Prinzipien einer Sprachförderung durch Bewegung vertraut gemacht werden. Dies kann zunächst durch praktische Beispiele zur Umsetzung geleistet werden, sollte aber durch eine gegenseitige Beobachtung und Auswertung der pädagogischen Praxis ergänzt werden. Erst auf diese Weise kann sich nach und nach eine sprachförderliche Praxis etablieren, welche die Potenziale von Bewegung ausschöpft.

12. Inklusion und Partizipation in frühkindlichen Bildungseinrichtungen

EVELYN SCHWIER & JÜRGEN SCHWIER

EINLEITUNG

Inklusion ist eine grundlegende gesellschaftliche Aufgabe, mit der auch in pädagogischen Kontexten große Erwartungen und gleichzeitig eine tiefgreifende Skepsis einhergehen. Auf die Frage nach den richtigen Wegen zu einer durch die UN-Behindertenrechtskonvention eingeforderten inklusiven Bildung- und Erziehungspraxis haben bislang weder Frühpädagogik, Schulpädagogik und Sonderpädagogik noch die Fachdidaktiken allgemein akzeptierte Antworten liefern können, was bei der Komplexität der Aufgabenstellung allerdings nicht wirklich überraschen kann. Inklusion ist jedoch auch ein Modewort, dessen Popularität in der Öffentlichkeit mit seiner nahezu beliebigen Verwendung korrespondiert. Die gesellschaftliche Hochkonjunktur der Inklusionsdebatte hält in Deutschland jedenfalls seit einem Jahrzehnt an, wobei selbst im bildungswissenschaftlichen Diskurs eine mitunter recht unscharfe Verwendung des Begriffs auffällt. Inklusion wird so beispielsweise häufig auf die Begriffe Integration, Diversität und Partizipation bezogen, ohne dass die Unterschiede und Gemeinsamkeiten der Termini sowie der dahinter stehenden theoretischen Konzepte eindeutig benannt und ausformuliert werden.

Vor diesem Hintergrund bemüht sich der vorliegende Beitrag zunächst um eine Ein- und Abgrenzung des Begriffs Inklusion sowie – mit Blickrichtung auf frühkindliche Bildungseinrichtungen – um eine Annäherung an die Wechselbeziehungen von Inklusion und Partizipation in der Kindertagesstätte. Das folgende Kapitel diskutiert den Ansatz einer Vorurteilsbewussten Bildung und Erziehung nach Wagner (2013a). Im Rahmen eines weiteren Argumentationsschrittes werden die Herausforderungen und Potenziale einer inklusiven frühkindlichen Bildung am Beispiel des Themenfeldes Bewegung, Spiel und Sport exemplarisch nachgezeichnet. Das Fazit bilanziert die zentralen Diskussionspunkte der vorangehenden Abschnitte und unterzieht die Potenziale einer inklusiven frühkindlichen Bildung einer abschließenden Betrachtung.

Inklusion und Partizipation – eine Annäherung

Mit der Ratifizierung der UN-Behindertenrechtskonvention im Jahr 2007 und der Verkündung eines entsprechenden Gesetzes im Jahre 2009 hat die deutsche Bundesregierung die Frage, ob eine Trennung von Menschen mit und ohne Förderbedarf im Bildungssystem pädagogisch sinnvoll ist, politisch beantwortet. Damit wird nicht nur das Recht jedes einzelnen Kindes auf Bildung anerkannt, sondern das gemeinsame Lernen aller Kinder – unabhängig von ihren etwaigen Auffälligkeiten, Handicaps oder besonderen Bedürfnissen – in frühkindlichen Bildungseinrichtungen, in Grundschulen und weiterführenden Schulen wird damit zum Regelfall erklärt. Trotz dieser allgemeinen rechtlichen Grundlagen ist bislang jedoch weitgehend offen geblieben, welche Reformen im Elementar- und Primarbereich sowie im gegliederten Schulsystem zwingend erforderlich sind, damit Inklusion gelingen kann.

Bei der Inklusion geht es nach Lesart der UNESCO (2005, S. 15) zunächst um ein (a) uneingeschränktes Akzeptieren von Diversität, (b) um Lernumgebungen, von denen alle Kinder – also nicht nur die Kinder mit einem Handicap – profitieren, (c) um Kinder, die sich ausgeschlossen fühlen sowie (d) um den gleichberechtigten Zugang aller Kinder zur Bildung – was besondere Förderangebote für bestimmte Gruppen nicht ausschließt, wenn diese einer Exklusion der betroffenen Kinder keinen Vorschub leisten. Diese Rahmendefinition signalisiert, dass Inklusion im Bildungsbereich zuallererst kindzentriert ist und von den Bildungsinstitutionen einen tiefgreifenden Perspektivenwechsel verlangt:

> »Seeing education through the inclusion lens implies a shift from seeing the child as a problem to seeing the education system as the problem that can be solved through inclusive approaches« (UNESCO, 2005, S. 27)

Die Betonung der Verantwortung von Bildungsinstitutionen für eine nachhaltige Beseitigung von Benachteiligungen, Diskriminierungen und Aussonderungen markiert des Weiteren den Übergang von der Integration zur Inklusion: Die flächendeckende Umsetzung von Inklusion entzieht dem Prozess der Integration gewissermaßen die Grundlage, da sie die Vielfalt der Kinder als Chance für ko-konstuktive Bildungsprozesse begreift, in deren Verlauf niemand mehr temporär zum Zwecke der Förderung ausgesondert und dann wieder in die Schule oder die Arbeitswelt integriert werden muss. Kurz: Nicht das Kind muss nach den Normen des bestehenden gegliederten Systems »schulfähig« sein, sondern es ist die Aufgabe der Institutionen sich in Richtung inklusiver Bildungseinrichtungen zu verändern.

Demgegenüber weisen die Begriffe Inklusion und Diversität/Vielfalt – verstanden als Debatte um die Differenzierung einer Gesellschaft entlang der Aspekte Geschlecht, Behinderung, Alter, ethnische Herkunft, sexuelle Orientierung und Identität (vgl. Salzbrunn, 2014, S. 5-12) – eine erhebliche Schnittmenge auf. Inklusion erkennt die Heterogenität und Mehrfachzugehörigkeit der Subjekte an, zielt auf chancengleiche gesellschaftliche Partizipation aller Menschen und beschreibt in diesem Sinne einen mehr oder weniger radikalen gesellschaftlichen Transformationsprozess, der neben dem Bildungsbereich gerade auch das Wirtschaftssystem betrifft. Die Verknüpfung von Inklusion und Diversität lässt sich im Übrigen ebenfalls in den einschlägigen Publikationen der Disziplinen Sportpädagogik und Psychomotorik nachzeichnen, die wiederkehrend die Potenziale heterogener Lerngruppen hervorkehren und die Vielfalt der Kinder als günstigen Ausgangspunkt für Bildungsprozesse im Medium der Bewegung beschreiben.

Auffallend ist in diesem Zusammenhang, dass im erziehungs- und fachwissenschaftlichen Diskurs zumeist ein auf die Kategorie Behinderung zentriertes Inklusionsverständnis anzutreffen ist (vgl. Tiemann, 2015, S. 303), während zum Beispiel die Kategorien ethnische Herkunft, soziale Benachteiligung oder Begabung (vgl. Hajszan et al., 2013) weitaus seltener thematisiert werden.

Inklusive Bildung und Erziehung sind in Deutschland im Elementarbereich weitaus verbreiteter als im Regelschulsystem, was sicherlich nicht zuletzt damit zusammenhängt, dass die Selektionsfunktion in Kindertageseinrichtungen traditionell keine Rolle spielt. Der Umgang mit Vielfalt und Differenzen ist in zahlreichen Kitas alltägliche Praxis und Inklusion gehört »bei ihnen eher zum pädagogischen Selbstverständnis« (Zimmer, 2014c, S. 27). Daher kann es auch kaum überraschen, dass inzwischen diverse Fachpublikationen zur Inklusion in Kindertageseinrichtungen vorliegen (vgl. u. a. Albers, 2012; Herm, 2015; Hunger & Zimmer, 2014; Klein, 2010; Wagner, 2013a).

Inklusive Settings in frühkindliche Bildungseinrichtungen zeichnen sich schließlich dadurch aus, dass sie die Kinder gemäß ihres Entwicklungsstands an der Gestaltung von (Bewegungs-)Angeboten und des gesamten Kitaalltags beteiligen. Von der Heterogenität der Kita-Gruppen geht geradezu ein zwangloser Zwang für Aushandlungsprozesse aus, die in der Regel von den Erzieher*innen initiiert und moderiert werden. Die Partizipation im Elementarbereich bereitet einerseits in gewisser Hinsicht auf die mitgestaltende Teilhabe im Primarbereich vor und stellt andererseits ein Grundprinzip des frühpädagogischen Handelns in inklusiven Kindertageseinrichtungen dar (vgl. Gartinger & Janssen, 2014, S. 240-251).

Abschließend bleibt noch anzumerken, dass inklusive Bildung nicht kostenlos zu haben ist. Eine von Klemm (2012) im Auftrag der Bertelsmann-Stiftung erstellte Studie kommt beispielsweise zu dem Befund, dass mit einer Umstellung auf ein inklusives Bildungssystem in Deutschland zusätzliche jährliche Ausgaben von über sechshundertfünfzig Millionen Euro verbunden wären. Sowohl frühkindliche Bildungseinrichtungen wie auch das gesamte Regelschulsystem werden also letztlich der (Selbst-)Verpflichtung zur Inklusion nur dann angemessen nachkommen können, wenn die Gesellschaft hinreichend finanzielle Ressourcen für eine inklusive Bildung und Erziehung bereitstellt, was aktuell in Deutschland eindeutig nicht der Fall ist:

> »Die inklusionspolitische Wahrheit ist nicht nur, aber doch erheblich von finanzieller Natur. Ohne einige wenigstens moderate Schritte zur Umverteilung von Vermögen zugunsten dieser gesamtgesellschaftlichen Aufgaben, beispielsweise einer substantiell inklusionsorientierten Schulpolitik, droht dieses Projekt zur billigen Konfiguration, zur Einpassung von Menschen mit Behinderung in das Bestehende zu verkommen« (Becker, 2015, S. 183).

Die stillschweigende Unterstellung der politischen Entscheidungsträger*innen, dass Inklusion im Feld der frühkindlichen Bildung quasi en passant ohne erheblichen fiskalischen Mehraufwand effektiv und effizient gestaltet werden kann, ist schlicht absurd. Vor dem Hintergrund vorliegender empirischer Befunde der angloamerikanischen Forschung (vgl. Barnett, 2011; Karoly, Kilburn & Cannon, 2005) liegt es vielmehr nahe, gerade im frühen Kindesalter vermehrt Mittel für (inklusive) Bildungsangebote einzusetzen: Derartige Extra-Investitionen in die Qualität der frühkindlichen Bildung sind nicht nur weitaus effizienter als in späteren Lebensphasen, »sondern sie sind auch vor dem Hintergrund von Gerechtigkeitsüberlegungen sinnvoll, denn sie erhöhen die Chancengerechtigkeit einer Gesellschaft« (Spieß, 2013b, S. 123). Kurz: Inklusion bedarf sowohl im Bereich der Kindertagesstätten als auch im Schulbereich zusätzlicher fiskalischer und personeller Ressourcen, aber dieses Geld wäre im Sinne einer langfristigen gesamtgesellschaftlichen Kosten-Nutzen-Analyse wohl bestens angelegt.

VORURTEILSBEWUSSTE BILDUNG UND ERZIEHUNG – EIN INKLUSIVES KONZEPT

Das Konzept einer Vorurteilsbewussten Bildung und Erziehung geht wesentlich auf den von Derman-Sparks (2013) seit Ende der 1980er Jahre entfalteten »Anti-Bias-Approach« zurück, der Kinder als aktive Mitgestalter ihrer Lern- und Entwicklungsprozesse begreift. Von zentraler Bedeutung für diesen Ansatz ist die Frage,

> »wie junge Kinder in gesellschaftlichen Verhältnissen aufwachsen, die von Ungleichheit und Diskriminierung gekennzeichnet sind, und welche Auswirkungen dies auf ihr Selbstbild und auf ihre Vorstellungen über andere Menschen hat. Unterschiede zwischen den Kindern sind damit nicht reduziert auf individuelle Besonderheiten [...], sondern verbunden mit ihren sozialen Zugehörigkeiten« (Wagner, 2013b, S. 26).

Das Konzept einer Vorurteilsbewussten Bildung und Erziehung enthält eine normative Setzung, in dem es sich gegen jede Einseitigkeit und Diskriminierung im Bildungssystem wendet und gleichzeitig unterstellt, dass keine am Erziehungsgeschehen beteiligte Person vorurteilsfrei ist. Als Hintergrundfolie dient ein Verständnis von Inklusion, das alle Kinder mit und ohne Beeinträchtigung gleichberechtigt berücksichtigt. Um dies zu erreichen, ist es Aufgabe der Fachkräfte sowohl sich selbst als auch ihre Handlungspraxis in der Kindertageseinrichtung kontinuierlich zu reflektieren (vgl. Wagner, 2013d, S. 247-251). Am Beispiel der interkulturellen Kompetenz erläutert die Leiterin der »Fachstelle Kinderwelten«, dass ein umfangreiches Fachwissen über Ethnizität und Religionen allein nicht ausreicht, um die eigene Einstellung zu reflektieren. Wichtiger ist es vielmehr, sich bestimmte Fragen zu stellen: »Was macht es so schwierig, dem Wissen gemäß zu handeln? Welche Konsequenzen hätten bestimmte Erkenntnisse und warum geht man ihnen aus dem Weg?« (Wagner, 2013d, S. 244). Die Antworten werden nicht durchgängig einfach ausfallen und nicht umstandslos für inklusive Settings fruchtbar zu machen sein. Hierfür bedarf es einer Klärung von weiteren Fragen und einer regelmäßigen kritischen Auseinandersetzung mit den Widersprüchen der eignen pädagogischen Praxis im Umgang mit Unterschiedlichkeit und Differenzen.

Um den sogenannten blinden Fleck kleiner werden zu lassen und sich möglicher Tabuthemen bewusst zu werden, ist es hilfreich auch als Kita-Team zu reflektieren. Auf diese Weise lässt sich die eigene Sensibilität im Umgang mit den Kindern steigern. Um sich als Team inhaltlich zu verständigen, bedarf es als ersten Schritt einer Überprüfung der gemeinsamen Fachsprache. Durch die sukzessive Sensibilisierung der Wahrnehmung für vorurteilsbesetzte Äußerungen oder diskriminierende Reaktionen tauchen weitere Fragen zum fairen Umgang oder zu Einseitigkeiten auf, die unter Umständen eine Veränderung des professionellen Handelns nach sich ziehen.

Mittels ihrer Vorbildfunktion üben Erwachsene einen erheblichen Einfluss auf Kinder aus. An den Gedanken, »man solle jedes Kind mit seinen Besonderheiten annehmen«, schließt sich nahezu unausweichlich die Frage an: »Gelingt es einem wirklich? Mit welchen Besonderheiten tut man sich leicht, mit welchen schwer – und warum?« (Wagner, 2013d, S. 247). Diese und weitere Fragen ehrlich zu beantworten und eine für sich daraus resultierende Verhaltensänderung anzustreben, ist nicht nur für inklusive Angebote ein Schritt in die richtige Richtung. Der eigene sozio-kulturelle Background zeigt sich unter anderem bei den auf bestimmte Kinder gerichteten Etikettierungen von Erzieher*innen: ein Kind, welches sich langsam anzieht, wird als »Schnecke« bezeichnet; ein Junge mit Migrationshintergrund als »Pascha« und ausnahmslos Mädchen als »Zicke« (vgl. Wagner, 2013d, S. 250).

Bei einem von der »Fachstelle Kinderwelten« durchgeführten Workshop stellten die Teilnehmer*innen fest, dass sie häufig dann Etikettierungen vornahmen, wenn Kinder besonders auffallende Verhaltensweisen zeigten und den zeitlich geplanten Tagesablauf unterbrachen. Um den einzelnen Kindern wertschätzend zu begegnen, bedarf es eines Umdenkens – weg vom »Homogenisierungsdruck« (Wagner, 2013d, S. 250) hin zur gelebten Diversität. Realisiert werden kann dies nur mit Hilfe von Reflexion im Team und einer gemeinsam beschlossenen Änderung der Struktur. Hierfür werden pädagogische Ziele und Handlungsabläufe regelmäßig in einer gemeinsamen Fachsprache diskutiert und reflektiert. Ein gewisses Maß an Kritikfähigkeit ist notwendig, um mit Blickrichtung auf das Ziel eines respektvollen Verhaltens auch diskriminierende Äußerungen anzusprechen; dazu zählt auch die Haltung und das Verhalten den Eltern gegenüber. In den Kindertageseinrichtungen existieren hierarchische Strukturen, die nicht nur das Verhältnis von Arbeitgeber und Arbeitnehmer betreffen. Auch in den Beziehungen zwischen Eltern und Erzieher*innen kann ein Macht- oder Statusgefälle wirksam sein. Dieses wird in der Interaktion besonders deutlich, da diese nie neutral verläuft, sondern unausweichlich subjektiv imprägniert ist.

Um eine gelingende Erziehungspartnerschaft zu erreichen, bedarf es auch hier einer fortlaufenden Selbstreflexion, um ein bestimmtes Verhalten der Eltern oder eine etwaige eigene Verstimmung diesen Eltern gegenüber zu verstehen. Ein Perspektivwechsel kann sehr hilfreich sein, um negative Gefühle abzubauen oder erst gar nicht entstehen zu lassen.

Im Folgenden werden die vier aufeinander aufbauenden Zielsetzungen der Anti-Bias Pädagogik vorgestellt, die nach Derman-Sparks (2013, S. 283-287) eng vernetzt sind, aufeinander aufbauen und sich zugleich als Aufgaben von pädagogischen Fachkräften formulieren lassen.

Erstes Ziel: »Alle Kinder in ihren Identitäten stärken« (Wagner, 2013b, S. 30)

Dieser Baustein unterstellt, dass jeder Mensch sowohl eine persönliche Identität als auch mehrere soziale Identitäten besitzt. Zur persönlichen Identität zählen Name, Familie, Alter, der Platz innerhalb der Familie, der Charakter, die Talente und Interessen (vgl. Derman-Sparks, 2013, S. 283). Die sozialen Identitäten sind auf »signifikante Gruppen-Kategorisierungen« (Derman-Sparks, 2013, S. 283) gerichtet. Dazu zählen neben den schon im vorangehenden Abschnitt erwähnten Aspekten von Diversität auch der sozio-ökonomische Status und die körperlichen Fähigkeiten. Im Unterschied zur persönlichen Identität handelt es sich bei den sozialen Identitäten um gesellschaftlich beeinflusste und bewertende Zuweisungen. Die Gesellschaft entscheidet demzufolge, ob der Mensch durch seine soziale Identität – hierarchisch betrachtet – eher benachteiligt oder bevorzugt wird. Dieser erste Baustein der Anti-Bias Pädagogik will Kinder beim Aufbau von Selbstvertrauen unterstützen und sie in die Lage versetzen, anderen Menschen mit anderen Hintergründen vorurteilsfrei zu begegnen.

Zweites Ziel: »Allen Kindern Erfahrungen mit Vielfalt ermöglichen« (Wagner, 2013b, S. 30)

Kinder wachsen in heterogenen Gruppen auf. Sowohl in den Kita-Gruppen wie auch in informellen Gleichaltrigengruppierungen findet eine aktive Auseinandersetzung mit den Unterschiedlichkeiten und Differenzen statt. Die Kinder stellen sowohl Gemeinsamkeiten als auch Unterschiede fest. Sie erfahren auch, dass gemeinsame Erlebnisse unterschiedlich bewertet werden können. In der Interaktion mit Erwachsenen und Kindern findet ein Austausch über die Erfahrungen innerhalb und außerhalb der Kindergruppe statt. Gegenseitige Wertschätzung und Empathie entstehen.

Drittes Ziel: »Kritisches Denken über Gerechtigkeit und Fairness anregen« (Wagner, 2013b, S. 31)

Diese Zielperspektive ist darauf gerichtet den wechselseitigen Respekt untereinander und das Selbstkonzept der Kinder zu fördern. Über zielgerichtete Lernprozesse sollen Kinder die Fähigkeit ausbilden, unfaire, diskriminierende oder verletzende Äußerungen oder Handlungen als solche zu erkennen, sich kritisch mit

Vorurteilen oder Einseitigkeiten auseinanderzusetzen und sich von ihnen zu distanzieren.

Viertes Ziel: »Aktivwerden gegen Unrecht und Diskriminierung« (Wagner, 2013b, S. 31)

Bildungseinrichtungen sollten Kinder zum kritischen Denken und zum aktiven Einsatz für Fairness und Gerechtigkeit anregen. Dies schließt auch die Vermittlung von Handlungsstrategien ein, wie sie diskriminierenden oder unfairen Äußerungen bzw. Verhaltensweisen entgegentreten können.

> »Wenn Kinder für sich selbst oder für andere etwas unternehmen, machen sie die Erfahrung, handelnde Subjekte und nicht Objekte der Gesellschaft zu sein. Die pädagogischen Aktivitäten müssen hier etwas aufgreifen, das Kinder unmittelbar angeht und auf das sie sich beziehen können« (Derman-Sparks, 201b, S. 285).

Die genannten Ziele der Anti-Bias Pädagogik gelten für alle Kinder, sowohl für Kinder, die eher gesellschaftliche Vorteile erleben als auch für Kinder, die bislang aufgrund ihrer sozialen und persönlichen Identität eher Benachteiligungen erfahren haben. Auf der einen Seite lernen tendenziell privilegierte Kinder einen fairen und partnerschaftlichen Umgang mit sozial-benachteiligten oder beeinträchtigten Kindern und auf der anderen Seite erlangen eher benachteiligte Kinder Ich-stärkende Kompetenzen. Auf dem Weg zu einer inklusiven Kita-Praxis sind jedoch zunächst die pädagogischen Fachkräfte als Team gefragt, da der sensible und selbstreflexive Umgang mit Diversität, Diskriminierung oder Benachteiligung zuallererst ihre Aufgabe ist und sie sowohl die Lerngelegenheiten als auch die Partizipationsmöglichkeiten der Kinder arrangieren.

DAS THEMENFELD BEWEGUNG, SPIEL UND SPORT

Bewegung, Spiel und Sport gelten häufig als ein besonders geeignetes Themenfeld für inklusive Bildungsprozesse in der Kindertagesstätte, wobei unter anderem auf das soziale Lernen im Medium der Bewegung, die notwendige Kooperation im Spiel, das Gemeinschaftserleben sowie den Aspekt der Eigenleistung in sportlichen Situationen abgehoben wird. Gleichzeitig ist nicht zu übersehen, dass das Sich-Bewegen und Sporttreiben in heterogenen Gruppen eigenartige Schwierigkeiten mit sich bringt, die nicht zuletzt den angemessenen Umgang mit erheblichen Leistungs- und Motivationsunterschieden, mit Unfairness sowie mit etwaigen Beeinträchtigungen von Spielteilnehmer*innen betreffen.

Inklusive Bewegungsförderung beginnt mit einer entsprechenden (Um-) Gestaltung der Räume der Kindertagesstätte und der im Umfeld genutzten Bewegungsräume. Der barrierefreie Zugang muss für alle Kitakinder gewährleistet sein, es muss Rückzugsräume geben und die bewegungsorientierten Raumangebote (z. B. Bewegungsbaustelle, Kletterlandschaft, Gelegenheiten zum Rutschen, Hangeln oder Toben) sollten je nach Handlungssituation und jeweiliger Kita-Gruppe relativ einfach verändert werden können (vgl. Lensing-Conrady, 2014). Das Aufsuchen von Bewegungsräumen im Stadtteil und von Ausflugszielen (u. a. Erlebnisparks, Strand oder Wald) bedarf ferner einer anspruchsvollen Planung, die die vielfältigen Differenzen der beteiligten Kitakinder berücksichtigt und jedem Kind Teilhabemöglichkeiten sichert, die seinen individuellen Handlungsmöglichkeiten und Bewegungsfähigkeiten entsprechen (vgl. Kap. 10).

Inklusive Bewegungs- und Sportangebote in der Kita orientieren sich an der Vielfalt der Kinder, an deren unterschiedlichen Perspektiven, Vorerfahrungen, Motivationen, Bedeutungszuweisungen, kulturellen und sozialen Hintergründen. Dieser Heterogenität der Kita-Gruppen entspricht aus sportpädagogischer Sicht zunächst eine Ausweitung der Inszenierungsformen und Vermittlungswege, eine Partizipation der Kinder an der Ausgestaltung dieser sportdidaktischen Inszenierungen sowie damit einhergehend eine Offenheit der Zielorientierungen und Aufgabengestaltungen, da der Sinn einzelner Bewegungsaufgaben gemäß eines subjektorientierten Bildungsverständnisses nur von den Kindern selbst gewählt bzw. konstruiert werden kann. Vor diesem Hintergrund bieten nicht zuletzt das Konzept der Mehrperspektivität nach Kurz (1977, 2004) und der Ansatz der Psychomotorik (Herm, 2015; Zimmer, 2006a und 2014c) geeignete Bezugspunkte für das Arrangieren von Lernsituationen mit heterogenen Kita-Gruppen und damit auch für die Gestaltung einer inklusiven frühkindlichen Bewegungsbildung.

Das von Kurz (1977, S. 65-116) entfaltete und über mehr als dreißig Jahre weiter ausgearbeitete Konzept eines mehrperspektivischen Sportunterrichts orientiert sich an der Leitidee der Handlungsfähigkeit, die durch vier Dimensionen gekennzeichnet ist:

(a) Der Bewegungsaspekt beinhaltet die Entwicklung von Körperkompetenz und (sport-)motorischen Fertigkeiten mit dem Ziel einer Selbststeuerung des sportlichen Sich-Bewegens.
(b) Der Interaktionsaspekt bezeichnet die sich ausbildende Fähigkeit zur Partizipation an vorgefundenen Bewegungsformen und Sportgelegenheiten einschließlich der Fähigkeit zur Kooperation mit anderen Kindern.

(c) Der Anforderungscharakter von Bewegungs- und Sportgelegenheiten bezieht sich auf motorische Merkmalsdimensionen (Ausdauer, Schnelligkeit, Kraft, Koordination), die eine Voraussetzung für unterschiedliche Bewegungsabläufe und damit auch für die Selbststeuerung des (sportlichen) Bewegungshandelns darstellen.
(d) Der Sinn-Aspekt beinhaltet die Fähigkeit, mögliche Bedeutungen sportlichen Handelns zu verstehen, für sich zu prüfen und gegebenenfalls gemeinsam mit anderen in sportlichen Situationen selbst Sinn herzustellen

Diese vier Dimensionen lassen sich in der konkreten Bewegungshandlung nur analytisch trennen: Wenn Bewegungssituationen eine bestimmte Sinngebung (z. B. etwas leisten, sich gesund fühlen oder sich miteinander bewegen) zugrunde gelegt wird, geht damit zumindest auch eine Vorentscheidung für oder gegen bestimmte Interaktions- und Bewegungsformen einher. Aus diesem Blickwinkel besteht eine zentrale Aufgabe der frühkindlichen Bewegungsbildung darin, zwischen den subjektiven Sinngebungen der Kinder, deren individuellen Handlungsmöglichkeiten und den sozialen Sinngebungen der Bewegungs- und Sportkultur zu vermitteln. Die Vielfalt der Sinngebungen lässt sich dabei im Kontext der Bewegungsförderung in der Kita im Sinne der pädagogischen Perspektiven »Wahrnehmungsfähigkeit und Bewegungserfahrungen erweitern«, »Etwas wagen und verantworten«, »Sich körperlich ausdrücken, Bewegungen gestalten« »Das Leisten erfahren und einschätzen«, »Kooperieren, Wettkämpfen und sich verständigen« sowie »Gesundheit fördern« auslegen (vgl. Kurz, 2004) und in mehrperspektivische Lernsituationen einbinden, die immer auch zur Perspektivenübernahme und zum Perspektivenwechsel anregen. Dies setzt voraus, dass die unterschiedlichen Sichtweisen der Kinder auf einen Inhaltsbereich (z. B. Ballspiele) aufgegriffen werden (vgl. Balz, 2011, S. 30). Die frühkindliche Bewegungsbildung sollte also einerseits die Perspektiven vom Kind aus denken und andererseits die Kitakinder auf das Sich-Bewegen in relevanten Ausschnitten der Bewegungs- und Sportkultur vorbereiten, die unterschiedliche Auslegungen des Bewegungs-, Interaktions- und Sinnaspekts aufweisen (vgl. Kurz, 1977, S. 116).

Wenn die Bewegungsförderung in der Kita diese Perspektivenvielfalt fortlaufend zum Thema macht, können die Kinder nicht nur unterschiedliche Sinngebungen des sportlichen Sich-Bewegens kennenlernen, sondern es können auch die unterschiedlichen Bedürfnisse und Handlungsmöglichkeiten von Kindern mit und ohne Förderbedarf in inklusiven Situationen ausgewogen berücksichtigt werden. Die Vielfalt der Perspektiven eröffnet gleichzeitig »vielfältigere Förderungsmöglichkeiten« (Fediuk, 2008, S. 126). In diesem Zusammenhang hat Tiemann (2012) allerdings auf eine in der inklusiven Praxis wirksame Überbetonung der Perspektive »Kooperieren« hingewiesen, die letztendlich keinen mehrperspektivischen Zugang gewährleistet:

»Alle Kinder haben das Recht, unabhängig von ihnen zugeschriebenen Kategorien und den damit einhergehenden Assoziationen in Bezug auf ihre physischen und psychischen Möglichkeiten und Grenzen, die gleichwertigen Sinnperspektiven in gleichrangiger Gewichtung kennen zu lernen« (Tiemann, 2012, S. 170).

Eine konsequente Umsetzung dieser berechtigten Forderung impliziert bei heterogenen Kita-Gruppen – neben der Offenheit der Erzieher*innen für die Partizipationswünsche der Kinder – grundsätzlich Individualisierungs- und Differenzierungsmaßnahmen (z. B. Anpassung der Bewegungsbedingungen, Modifikation von Spielregeln, Variation des Anforderungscharakters von Bewegungsaufgaben; vgl. Kap. 9). In derartig strukturierten inklusiven Settings erfahren die Kinder unter günstigen Umständen, dass nicht nur die Gruppenmitglieder verschieden sind, sondern auch das sportliche Sich-Bewegen sehr unterschiedlich ausgelegt werden kann.

In vergleichbarer Weise wie das Konzept der Mehrperspektivität begreift auch der Ansatz der Psychomotorik die Vielfalt der Kinder als eine Chance für die Bewegungsförderung und als Gelegenheit für gemeinsames (Bewegungs-) Lernen. Die Psychomotorik betont die Bedeutsamkeit von Wahrnehmung und Bewegung für die (früh-)kindliche Entwicklung, nimmt das Sich-Bewegen dabei als ganzheitliche Ausdrucksform (mit emotionalen, kognitiven sowie sozialen Dimensionen) in den Blick und identifiziert die Förderung der persönlichen Ressourcen des Kindes als Zielperspektive inklusiver frühkindlicher Bildung (vgl. Zimmer, 2014c, S. 28). Ein Ansatz, der nicht an den Handicaps oder Auffälligkeiten eines Kindes, sondern an dessen Fähigkeiten und Ressourcen ansetzt, räumt gleichzeitig der Partizipation der Kinder einen hohen Stellenwert ein.

Auf der Basis der zuvor erwähnten Ressourcenperspektive geht es der Psychomotorik darum, den Kindern sowohl individuell herausfordernde als auch fördernde Bewegungs- und Spielsituationen anzubieten, die zur aktiven Auseinandersetzung mit der (Bewegungs-)Welt anregen, den sozialen Austausch sowie Selbstwirksamkeitserfahrungen im Medium der Bewegung begünstigen (vgl. Zimmer, 2006a). Eine inklusive Ausrichtung gehört daher nach Auffassung von Zimmer (2014c) gewissermaßen zum Selbstverständnis der Psychomotorik, die im Übrigen in ihrer Entstehungsphase stark auf die Förderung von Kindern mit Entwicklungsbeeinträchtigungen ausgerichtet gewesen ist.

»Es zeichnet die Psychomotorik aus, dass sie wertschätzend und offen jedem Kind begegnet und dessen individuelle Voraussetzungen respektiert. Durch die Individualisierung, aber auch durch die Einbeziehung des sozialen Kontextes hat die Psychomotorik das Ziel, jedes Kind so anzunehmen und individuell zu fördern, wie es ist – mit allen Begabungen, Stärken, Bedürfnissen und Beeinträchtigungen« (Zimmer, 2014c, S. 30).

Den Ausgangspunkt psychomotorischer Förderung bildet in diesem Zusammenhang das Arrangieren von Bewegungsbedingungen, die zum selbstgesteuerten Erkunden, Üben und Spielen, aber auch zum Beobachten, Mit- und Nachmachen einladen (vgl. Kap. 8). Die Erlebniswelt des Kitakindes steht letztendlich im Mittelpunkt psychomotorischer Angebote, die zudem – ähnlich wie beim Konzept der Mehrperspektivität – das Sich-Bewegen in für die Kinder nachvollziehbare Sinngebungen und Bedeutungszusammenhänge einbetten (vgl. Kap. 7):

»An die Stelle des möglichst sachgerechten Umgangs mit einem Gerät, zum Beispiel des angeleiteten Springens mit dem Seil, tritt die Vorstellung des Kindes das Seil zu handhaben, ihm seine eigene Bedeutung zu geben, seine Eigenschaften in Bewegung zu erfahren. [...] Das Seil hat in jedem Spiel eine andere Bedeutung, sie kann schnell wechseln, wenn den Kindern plötzlich eine andere Spielidee wichtiger erscheint« (Zimmer, 2014a, S. 201).

Auf einer inhaltliche Ebene nehmen Bewegungs- und Wahrnehmungsspiele, Bewegungslandschaften, erlebnisorientierte Angebote sowie das Sich-Bewegen und Spielen im Freien breiten Raum ein. Einen detaillierten Überblick über die Praxis der Psychomotorik in inklusiven Kindertageseinrichtungen – von Wahrnehmungsspielen und Körpererfahrungen über Spiele mit dem Gleichgewicht und zur Orientierung im Raum bis zum Thema Anspannung/Entspannung und dem Zaubern – gibt Herm (2015, S. 206-287). Kritisch anzumerken bleibt demgegenüber, dass die genannte Autorin den kindzentrierten Blickwinkel der Psychomotorik in gewisser Hinsicht hinter sich lässt, wenn sie »typische Entwicklungsmerkmale« (Herm, 2015, S. 73) von Kindern mit einer spezifischen Behinderung (Autismus, Hör-, Seh-, Körperbehinderung usw.) porträtiert. Mit Blick auf die Bewegungskompetenzen und -möglichkeiten der betroffenen Heranwachsenden läuft eine solche – im Übrigen in der Fachliteratur nicht selten anzutreffende – Vorgehensweise nahezu zwangsläufig Gefahr, pauschale Etikettierungen zu entfachen und den Beobachtungsschwerpunkt auf vermeintlich behinderungstypische Verhaltensweisen zu lenken. Die Handlungsfähigkeit, der Körperausdruck und die Bewegungskompetenzen eines Kindes werden aber eben nicht durch seine Beeinträchtigung festgelegt. Verschiedene Mädchen und Jungen mit einer Körper- oder Sehbehinderung weisen eben sehr unterschiedliche

Bewegungsmöglichkeiten, Handlungsmotivationen und Ressourcen auf. Und an diesen individuellen Ausprägungen des Sich-Bewegens setzt eine inklusive frühkindliche Bewegungsbildung an.

Bilanzierend kann festgehalten werden, dass für die Praxis einer inklusiven frühkindlichen Bewegungsbildung eine Berücksichtigung von Elementen beider Konzepte empfehlenswert ist, da die Psychomotorik nach Zimmer (2014c) sich idealtypisch auf das Kind zentriert, während das Konzept der Mehrperspektivität nach Kurz (2004) den Akzent auf die Vermittlung zwischen den gesellschaftlich vorgefundenen Bewegungsbedeutungen und den Sinnsetzungen der Kinder legt.

FAZIT

Die vorangehende Argumentation kommt – wenig überraschend – zu dem Ergebnis, dass es keinen »Königsweg« für eine inklusive frühkindliche Bewegungsbildung geben kann. Erfolgversprechende pädagogische Inszenierungen und Arbeitsweisen zum Umgang mit Vielfalt und Unterschiedlichkeit in Kindertageseinrichtungen »sind wahrscheinlich selten als feste Konzepte anzutreffen, sondern eher in einem Nebeneinander einzelner Elemente« (Wagner, 2015c, S. 61). Inklusion erfordert aus unserer Sicht nicht zwingend neuartige didaktische Ansätze. Am Beispiel des Themenfeldes Bewegung, Spiel und Sport konnte vielmehr herausgearbeitet werden, dass die – lange vor dem Aufkommen der Inklusionsdebatte entstandenen – Ansätze der Mehrperspektivität und der Psychomotorik fruchtbar auf inklusive Settings übertragbar sind, wobei ein alternierendes Aufgreifen von Elementen beider Ansätze angemessen sein kann. Wichtiger als die Hervorbringung einer besonderen inklusiven (Fach-)Didaktik scheint ohnehin die kontinuierliche Arbeit an der eigenen Haltung als pädagogische Fachkraft zu sein. Im Rahmen dieses Prozesses stellt die Selbst- und Praxisreflexion im Sinne der Vorurteilsbewussten Bildung und Erziehung sicherlich einen geeigneten Baustein dar. Zum Schluss sei noch angemerkt, dass einige zentrale Aspekte der Inklusionsdebatte in diesem Beitrag keine Berücksichtigung erfahren haben. Das gilt beispielsweise sowohl für die Frage, ob Kinder und Eltern im Bildungsbereich ein Recht auf Selbst-Exklusion haben wie für die gesamtgesellschaftlich brisante Frage, ob sich Inklusion entgegen der Intentionen ihrer Befürworter unter der Hand in ein Instrument der Kostensenkung im Bildungs- und Sozialbereich verwandeln kann. Das Thema wird aber Öffentlichkeit, Politik und Wissenschaft weiter beschäftigen, eine flächendeckende Verwirklichung eines inklusiven Bildungssystems ist jedenfalls noch lange nicht in Sicht.

Aufgaben für die Lehre

1. Gesundheit und Bewegung im Kindesalter

1. Wie lässt sich Gesundheit begrifflich bestimmen?
2. Gibt es besondere Aspekte der Gesundheit im Kindesalter?
3. Wie vollzieht sich die körperliche Entwicklung in der frühen Kindheit?
4. Beschreiben Sie die drei Bedeutungen der Bewegung und erläutern Sie mit Hilfe von Bespielen aus ihrer Praxis, wie diese Bedeutungen in der Kita zum Tragen kommen?
5. Welche Beziehungen bestehen zwischen Bewegungsaktivitäten und der motorischen Leistungsfähigkeit?
6. Beschreiben Sie – gegebenenfalls auf der Grundlage von Erfahrungen aus ihrer Praxis – mögliche Kooperationen zur Bewegungsförderung mit lokalen Partnern (Vereine, Grundschulen usw.).
7. Wie kann man das Verhältnis von Bewegungs- und Gesundheitsförderung charakterisieren?
8. Nennen Sie Aufgabenfelder der Bewegungsförderung im Kindergarten.
9. Welche Merkmale zeichnen Waldkindergärten aus?
10. Wodurch zeichnet sich ein Bewegungskindergarten aus?

2. Förderung der psychischen Gesundheit im Kindergarten

1. Beschreiben Sie die psychische Gesundheit im Kindes- und Jugendalter im Hinblick auf die Lebensqualität und die psychischen Auffälligkeiten.
2. Wie entwickeln sich Emotionen über das Kindesalter?
3. Wie ist die Emotionsregulation definiert und wie entwickelt sie sich über das Kindesalter?

4. Wie ist Stress nach Lazarus und Folkman (1984) definiert?
5. Wie unterscheiden sich Stressverarbeitungsstrategien im Kindes- und Jugendalter in Abhängigkeit von Geschlecht und Alter?
6. Warum eignet sich das Setting Kita besonders für die Förderung der psychischen Gesundheit?
7. Welche präventiven Ansätze werden bereits im Kita-Alltag eingesetzt und was ist die Kritik?
8. Welche Wünsche nach Fortbildungsveranstaltungen wurden von Erzieherinnen benannt?
9. An welche Zielgruppen richten sich Programme zur Förderung der sozial-emotionalen Kompetenz im Säuglings- und Kindergartenalter und welches wichtige Thema der Gesundheitsförderung im Kindesalter wurde bei den Ansätzen bislang vernachlässigt?
10. Wie würden Sie dieses Thema bei Kindern im Alter von null bis drei Jahren in einem Gesundheitsförderungsprogramm umsetzen?

3. GESUNDHEITSFÖRDERUNG AM ARBEITSPLATZ KITA

1. Beschreiben Sie mögliche Belastungen am Arbeitsplatz Kita.
2. Erklären Sie den Begriff der Bedarfs- und Bedürfnisanalyse am Beispiel des Arbeitsplatzes Kita.
3. Beschreiben Sie mögliche Interventionen im Hinblick auf eine verhältnisorientierte Gesundheitsförderung.
4. Beschreiben Sie mögliche Interventionen im Hinblick auf eine verhaltensorientierte Gesundheitsförderung.
5. Was könnte eine ›gesunde Führung‹ beinhalten?

5. SPIELEN UND SPIELE IN DER FRÜHEN KINDHEIT

1. Was unterscheidet die Phänomene Spiel und Sport?
2. Beschreiben Sie die Merkmale des Spielens.
3. Nennen Sie eine Bedingung flow-orientierten Spielens.
4. Nennen Sie aus ihrer Praxis Beispiele für
   a) Funktionsspiele,
   b) Konstruktionsspiele,
   c) Fantasiespiele sowie
   d) Regelspiele.

5. Welche Funktionen hat das Spielen im Kindergarten?
6. Beschreiben Sie die Aufgaben der Erzieherin bzw. des Erziehers während der Spielphasen in der Kita.

7. Bewegung als Dialog zwischen Mensch und Welt

1. Was ist der zentrale Unterschied zwischen dem substanziellen und dem relationalen Körperbild?
2. Warum lassen sich Bewegungshandlungen als ein Weltverstehen in Aktion deuten?
3. Warum bilden Bewegungserfahrungen in gewisser Hinsicht geradezu die kindliche Identität?
4. Was versteht man unter der direkten Überschreitung?
5. Was versteht man unter der erlernten Überschreitung?
6. Wodurch kann eine erfinderische Überschreitung konventioneller Bewegungsbedeutungen angeregt werden?

8. Bewegung in der frühen Kindheit

1. Beschreiben Sie den Zusammenhang von Bewegung und Entwicklung und nennen Sie Erfahrungen, die die Kinder im Medium der Bewegung machen können.
2. Beschreiben Sie die Phänomene des »Spacing« und der »Syntheseleistung« und stellen Sie deren Bedeutung im Kontext von Bewegungsangeboten heraus.
3. Nennen Sie zentrale Bedingungen und Merkmale der Aktionsformen Erkunden, Üben, Spielen mit etwas, Spielen als etwas und Spielen um etwas.
4. Nennen Sie aus ihrer Praxis Beispiele für die Aktionsformen Erkunden, Üben, Spielen mit etwas, Spielen als etwas und Spielen um etwas.

9. Bewegung in der frühen Kindheit inszenieren

1. Nennen Sie charakteristische Merkmale von offenen und geschlossenen Bewegungsangeboten.

2. Nennen und erläutern Sie die Schritte der Planung von Bewegungsangeboten.
3. Betrachten Sie ein ausgewähltes Bewegungsangebot aus Ihrer Einrichtung und beschreiben Sie die Bedingungen und Voraussetzungen sowie die bei der Themenkonstruktion und der methodischen Umsetzung (ggf. implizit) getroffenen Entscheidungen.
4. Planen Sie, auf der Grundlage des Planungsschemas, schriftlich auf ca. 10 Seiten ein Bewegungsangebot für ihre Einrichtung.
5. Dokumentieren Sie im Kontext Ihrer Einrichtung drei Situationen, die sich in einem Bewegungsangebot zugetragen haben und werten Sie diese systematisch aus.

10. BEWEGUNG IN DER FRÜHEN KINDHEIT – HANDLUNGSFELDER

1. Führen Sie eine Ist-Stand-Analyse der Innen- und Außenräume Ihrer Einrichtung durch und entwickeln Sie Vorschläge, wie das bewegungsförderliche Potenzial der Einrichtung erweitert werden kann.
2. Ermitteln Sie Spiel- und Bewegungsräume im Umfeld Ihrer Einrichtung, wählen Sie fünf Bewegungsräume aus, die sich für eine Thematisierung mit den Kindern eignen und planen Sie exemplarisch einen Ausflug.
3. Ermitteln Sie zwei Ziele für Exkursionen an entfernte Bewegungsräume und planen Sie exemplarisch einen Ausflug.
4. Ermitteln Sie Sportvereine, die als Kooperationspartner Ihrer Einrichtung in Frage kommen und eruieren Sie die Potenziale einer Zusammenarbeit.

11. SPRACHFÖRDERUNG DURCH BEWEGUNG. GRUNDLAGEN, KONZEPTE UND HINWEISE FÜR DIE PRAXIS IN DER KINDERTAGESSTÄTTE

1. Nennen und erläutern Sie die vier Ebenen des Spracherwerbs.
2. Nennen und erläutern Sie Prinzipien der Sprachförderung durch Bewegung in denen Bewegung als eine Voraussetzung für den Spracherwerb in Erscheinung tritt.
3. Nennen und erläutern Sie Prinzipien der Sprachförderung durch Bewegung in denen Bewegung als Sprachanlass auftritt.

4. Analysieren Sie ihre Institution vor dem Hintergrund einer Sprachförderung durch Bewegung: In welcher Weise werden bereits Prinzipien der Sprachförderung durch Bewegung umgesetzt? Über welche bisher ungenutzten Potenziale verfügt ihre Einrichtung?

12. INKLUSION UND PARTIZIPATION IN FRÜHKINDLICHEN BILDUNGSEINRICHTUNGEN

1. Definieren Sie den Begriff Inklusion.
2. Warum ist Inklusion in Deutschland in Kindestageseinrichtungen verbreiteter als im Schulsystem?
3. Skizzieren Sie die vier Ziele der Anti-Bias Pädagogik.
4. Welche vier Aspekte kennzeichnen die Leitidee der sportlichen Handlungsfähigkeit?
5. Beschreiben Sie die Ressourcenperspektive der Psychomotorik.
6. Nennen Sie vor dem Hintergrund Ihrer eigenen Erfahrungen praktische Beispiele für eine inklusive Bewegungsförderung in Kindertageseinrichtungen.

Literatur

Albers, T. (2012). *Mittendrin statt nur dabei. Inklusion in Krippe und Kindergarten*. München: Reinhardt-Verlag.

Anders, Y. & Roßbach, H.-G. (2014). Empirische Bildungsforschung zu Auswirkungen frühkindlicher, institutioneller Bildung: Internationale und nationale Ergebnisse. In Brandes-Chyrek, R., Röhner, Ch. & Sünker, H. (Hrsg.), *Handbuch Frühe Kindheit* (S. 335-350). Opladen, Berlin, Toronto: Verlag Barbara Budrich.

Andresen, H. (2008). *Vom Sprechen zum Schreiben: Sprachentwicklung zwischen dem vierten und siebten Lebensjahr*. Stuttgart: Klett-Cotta.

Antonovsky, A. (1979). *Health, stress and coping*. London: Jossey-Bass.

Arzberger, C. & Erhorn, J. (2013). *Sprachförderung in Bewegung – Bewegungsangebote für Klein- und Vorschulkinder*. Hamburg: Behörde für Arbeit, Soziales, Familie und Integration.

Bahr, S., Kallinich, K., Beudels, W., Fischer, K., Hölter, G., Jasmund, C., Krus, A., & Kuhlenkamp, S. (2012). Bedeutungsfelder der Bewegung für Bildungs- und Entwicklungsprozesse im Kindesalter. *Motorik* 35 (3), 98-109.

Balz, E. (2011). Perspektivisch unterrichten: Didaktisch-methodische Anregungen. In Neumann, P. & Balz, E. (Hrsg.), *Mehrperspektivischer Sportunterricht. Didaktische Anregungen und praktische Beispiele* (S. 25-36). Schorndorf: Hofmann.

Barnett, W.S. (2011). Effectiveness of Early Educational Intervention. *Science*, 333, 975-978.

Barnett, J. & Cooper, N. (2009). Creating a culture of self care. *Clin Psychol Sci Prac* 16 (1), 16-20.

Barnow, S., Aldinger, M., Ulrich, I. & Stopsack, M. (2013). Emotionsregulation bei Depression. Ein multimethodaler Überblick. *Psychologische Rundschau*, 64 (4), 235-243.

Baur, J. (1988). Entwicklungstheoretische Konzeptionen in der Sportwissenschaft. *Sportwissenschaft* 18, 361-386.

Baur, J. (1989). *Körper- und Bewegungskarrieren. Dialektische Analysen zur Entwicklung von Körper und Bewegung im Kindes- und Jugendalter.* Schorndorf: Hofmann.

Baur, J., Bös, L., Conzelmann, A. & Singer, R. (Hrsg.) (2009). *Handbuch Motorische Entwicklung*. Schorndorf: Hofmann.

Becker, U. (2015). *Die Inklusionslüge. Behinderung im flexiblen Kapitalismus.* Bielefeld: transcript.

Berg, A. & Wegner, R. E. (2006). Prävention und Gesundheitsförderung in Kindertagesstätten am Beispiel Mo.Ki-Monheim für Kinder. *Prävention und Gesundheitsförderung* 1 (1), 40-46.

Berger, J., Niemann, D., Nolting, H. D. u.a. (2000). *Stress Studie über den Zusammenhang von Arbeitsbedingungen und Stressbelastung in ausgewählten Berufen*. Hamburg: BGW/DAK.

Berlyne, D. E. (1974). *Konflikt, Erregung, Neugier. Zur Psychologie der kognitiven Motivation*. Stuttgart: Klett.

Betz, A. (2013). Anforderungen an Fachkräfte in Kindertageseinrichtungen. In Stamm, M. & Edelmann, D. (Hrsg.), *Handbuch frühkindliche Bildungsforschung* (S. 259-272). Wiesbaden: Springer VS.

Biglan, A., Layton, G. L., Backen Jones, L., Hankins, M. & Rusby, J. C. (2013). The value of workshops on psychological flexibility for early childhood special education staff. *Topics Early Child Spec Educ*. 32 (4), 1-23.

Bisegger, C., Cloetta, B., Rueden, U. von, Abel, T., Ravens-Sieberer, U. & European Kidscreen (2005). Health-related quality of life: gender differences in childhood and adolescence. *Sozial- und Präventivmedizin* 50 (5), 281-291.

Blair, S. N., La Monte, M. J., & Nichaman, M. Z. (2004). The evolution of physical activity recommodations: How much is enough? *The American Journal of Clinical Nutrition* 79 (Suppl.), 913-933.

Blossfeld, H.-P., Bos, W., Daniel, H., Hannover, B., Lenzen, D., Prenzel, M., Roßbach, H.-G., Tippelt, R. & Wößmann, L. (2012). *Professionalisierung in der Frühpädagogik. Qualifikationsniveau und -bedingungen des Personals in Kindertagesstätten*. Münster: Waxmann.

Bollnow, O. F. (1978). *Vom Geist des Übens. Eine Rückbesinnung auf elementare didaktische Erfahrungen*. Freiburg, Basel, Wien: Herder.

Bollnow, O. F. (2004). *Mensch und Raum*. Stuttgart: Kohlhammer.

Borggräfe, Y. (2010). Bewegungslandschaften auf großem und auf kleinem Raum. *Motorik* 32 (4), 154-159.

Bös, K. (1987). *Handbuch sportmotorischer Tests*. Göttingen: Hogrefe.

Bös, K., Oberger, J., Lämmle, L., Opper, E., Romahn, N., Tittlbach, S., Wagner, M., Woll, A. & Worth, A. (2008). Motorische Leistungsfähigkeit von Kindern. In Schmidt, W. (Hrsg.), *Zweiter Deutscher Kinder- und Jugendsportbericht* (S. 137-157). Schorndorf: Hofmann.

Bös, K. & Pratschko, M. (2009). *Das große Kinder-Bewegungsbuch.* Frankfurt/M.: Campus.

Bös, K., Worth, A., Opper, E., Oberger, J. & Woll, A. (Hrsg.) (2009). *Motorik-Modul: Eine Studie zur motorischen Leistungsfähigkeit und körperlich-sportlichen Aktivität von Kindern und Jugendlichen in Deutschland.* Baden-Baden: Nomos Verlag.

Bos, W., Hornberg, S., Arnold, K.-H., Faust, G., Fried, L., Lankes, E.-M., Schwippert, K., Tarelli, I. & Valtin, R. (2010). *IGLU 2006 – die Grundschule auf dem Prüfstand. Vertiefende Analysen zu Rahmenbedingungen schulischen Lernens.* Münster: Waxmann.

Brandes-Chyrek, R., Röhner, Ch. & Sünker, H. (Hrsg.) (2014). *Handbuch Frühe Kindheit.* Opladen, Berlin, Toronto: Verlag Barbara Budrich.

Bräutigam, M. (2003). *Sportdidaktik.* Aachen: Meyer & Meyer.

Brettschneider, W.-D., Naul, R., Bünemann, A. & Hoffmann, D. (2006). Übergewicht und Adipositas bei Kindern und Jugendlichen. *Spectrum der Sportwissenschaften* 18 (2), 25-45.

Brezinka, V. (2003). Zur Evaluation von Präventionsinterventionen für Kinder mit Verhaltensstörungen. *Kindheit und Entwicklung*, 12, 71-83.

Brinkmann, R. (2014). *Angewandte Gesundheitspsychologie.* Hallbergmoos: Pearson Deutschland.

Bronfenbrenner, U. (1989). *Die Ökologie der menschlichen Entwicklung. Natürliche und geplante Experimente.* Frankfurt a. M.: Fischer.

Buch, M. & Frieling, E. (2001). *Belastungs- und Beanspruchungsoptimierung in Kindertagesstätten.* Kassel: Institut für Arbeitswissenschaft.

Buytendijk, F. J. J. (1970). Das Spielerische und der Spieler. In Ausschuss deutscher Leibeserzieher (Hrsg.), *Spiel und Wetteifer* (S. 9-25). Schorndorf: Hofmann.

Callois, R. (1982). *Die Spiele und die Menschen. Maske und Rausch.* Frankfurt a. M., Berlin, Wien: Ullstein.

Colombo-Scheffold, S., Fenn, P., Jeuk, S. & Schäfer, J. (Hrsg.) (2008). *Ausländisch für Deutsche. Sprachen der Kinder – Sprachen im Klassenzimmer.* Freiburg: Fillibach.

Compas, B. E., Connor-Smith, J. K., Saltzman, H., Harding Thomsen, A. & Wadsworth, M. E. (2001). Coping with stress during childhood and adolescence: Problems, progress, and potential in theory and research. *Psychological Bulletin,* 127, 87-127.

Csikszentmihalyi, M. (1985). *Das Flow-Erlebnis.* Stuttgart: Klett-Cotta.

Csikszentmihalyi, M. (1990). *Flow: The Psychology of Optimal Experience.* New York: Harper & Row.

Dannenbauer, F. (1994). Zur Praxis der entwicklungsproximalen Intervention. In Grimm, H. & Weinert, S. (Hrsg.), *Intervention bei sprachgestörten Kindern. Voraussetzungen, Möglichkeiten und Grenzen* (S. 83-104). Stuttgart: Fischer.

Derman-Sparks, L. (2013). Anti-Bias Education for Everyone – Vorurteilsbewusste Bildung und Erziehung für alle. In Wagner, P. (Hrsg.), *Handbuch Inklusion. Grundlagen vorurteilsbewusster Bildung und Erziehung* (S. 279-294). Freiburg: Herder.

Dietrich, K. (1980). Spielen. *Sportpädagogik* 4 (1), 13-19.

Dietrich, K. (2003). Anmerkungen zum dialogischen Bewegungskonzept als Grundlage einer pädagogischen Bewegungsforschung. In Bach, I. & Trebels, A. H. (Hrsg.), *Bewegung im Dialog. Festschrift für Andreas H. Trebels* (S. 11-23). Hamburg: Czwalina.

Dietrich, K. (2005). *Moving Kids. Bewegungsförderung in gestaltbaren Umwelten. Abschlussbericht.* BMGS.

Dietrich, K. (2008). Bewegungsförderung in gestaltbaren Umwelten. In Funke-Wieneke, J. & Klein, G. (Hrsg.), *Bewegungsraum und Stadtkultur.* Sozial- und kulturwissenschaftliche Perspektiven (S. 99-126). Bielefeld: transcript.

Dietrich, K. & Landau, G. (1990). *Sportpädagogik. Grundlagen, Positionen, Tendenzen.* Reinbek bei Hamburg: Rowohlt.

Döring, V. & Gissel, N. (2011). *Sportunterricht planen und auswerten. Ein Praxisbuch für Lehrende und Studierende.* Baltmannsweiler: Schneider Verlag.

D'Zurilla T. J & Goldfried, M. R. (1971). Problem Solving And Behavior Modification. *Journal Of Abnormal Psychology*, 78, 107-126.

Ehni, H. (1985). Üben. *Sportpädagogik* 9 (6), 14-25.

Ehni, H., Kretschmer, J., Nimtsch, B., Scherler, K. & Weichert, W. (1982). *Kinderwelt: Bewegungswelt.* Seelze: Friedrich.

Eisenberg, N. & Sulik, M. J. (2012). Emotion-related self-regulation in children. *Teaching of Psychology*, 39 (1), 77-83.

Ellert, U., Brettschneider, A.-K., Ravens-Sieberer, U. & KiGGS Study Group (2014). Gesundheitsbezogene Lebensqualität bei Kindern und Jugendlichen in Deutschland. Ergebnisse der KiGGS-Studie – Erste Folgebefragung (KiGGS Welle 1). *Bundesgesundheitsblatt – Gesundheitsforschung – Gesundheitsschutz* 57, 798-806.

Engelhardt, A. & Halle, A. (2010). Bildung, Gesundheit und Bewegung gemeinsam fördern. Das Modellprojekt Kitas bewegen – für eine gute gesunde Kita. *Motorik* 33 (4), 172-175.

Engin, H. (2010). Sprachförderung bei Kindern mit migrationsbedingter Zwei-/Mehrsprachigkeit und deutsch als Zweitsprache. In Zimmer, R. (Hrsg.), *Handbuch Sprachförderung durch Bewegung* (S. 188-209). Freiburg: Herder.

Erhorn, J. (2012a). *Dem »Bewegungsmangel« auf der Spur. Zu den schulischen und außerschulischen Bewegungspraxen von Grundschulkindern. Eine pädagogische Ethnographie*. Bielefeld: transcript.

Erhorn, J. (2012b). *Das Bildungsnetzwerk des Sprach- und Bewegungszentrums. Erster Zwischenbericht der wissenschaftlichen Begleitforschung des Sprach- und Bewegungszentrums Hamburg-Wilhelmsburg*. http://www.sprachundbewegungszentrum.hamburg.deindex.php/file/download/490?PHPSESSID=bff06fabb78bcd3c4c97bc5f4e3e8a38 (Zugriff am 05.02.2016).

Erhorn, J. (2015a). Urbane Bewegungsräume mit Kindern erobern. Theoretische Vorüberlegungen. In Erhorn, J. & Schwier, J. (Hrsg.), *Die Eroberung urbaner Bewegungsräume. SportBündnisse für Kinder und Jugendliche* (S. 89-107). Bielefeld: transcript.

Erhorn, J. (2015b). Bewegungsräume in der Kindertagesstätte gestalten. Offene Bewegungsangebote inszenieren. In Erhorn, J. & Schwier, J. (Hrsg.), *Die Eroberung urbaner Bewegungsräume. SportBündnisse für Kinder und Jugendliche* (S. 109-127). Bielefeld: transcript.

Erhorn, J. (2015c). Bewegungsräume im Quartier mit Kindern erkunden. Spiel und Bewegung im Wohnumfeld fördern. In Erhorn, J. & Schwier, J. (Hrsg.), *Die Eroberung urbaner Bewegungsräume. SportBündnisse für Kinder und Jugendliche* (S. 120-147). Bielefeld: transcript.

Erhorn, J. (2015d). Nicht alltägliche Bewegungsräume mit Kindern erkunden. Ausflüge vorbereiten, begleiten und nachbereiten. In Erhorn, J. & Schwier, J. (Hrsg.), *Die Eroberung urbaner Bewegungsräume. SportBündnisse für Kinder und Jugendliche* (S. 171-191). Bielefeld: transcript.

Erhorn, J. (2015e). Bewegungsräume des Vereinssports mit Kindern erkunden. Institutionalisierte Formen von Sport und Bewegung erleben. In Erhorn, J. & Schwier, J. (Hrsg.), *Die Eroberung urbaner Bewegungsräume. SportBündnisse für Kinder und Jugendliche* (S. 149-169). Bielefeld: transcript.

Erhorn, J. & Schwier, J. (Hrsg.) (2015). *Die Eroberung urbaner Bewegungsräume. Sportbündnisse mit Kindern und Jugendlichen*. Bielefeld: transcript.

Falk, S., Bredel, U. & Reich, H. (2008). Phonische Basisqualifikation. In Ehlich, K., Bredel, U. & Reich, H. (Hrsg.), *Referenzrahmen zur altersspezifischen Sprachaneignung* (S. 35-40). Berlin: BMBF.

Faltermaier, T. (2005). *Gesundheitspsychologie*. Stuttgart: Kohlhammer.

Fediuk, F. (2008). *Sport in heterogenen Gruppen: Integrative Prozesse in Sportgruppen mit behinderten und benachteiligten Menschen*. Aachen: Meyer & Meyer.

Feuerstein, G. (2009). *Die Yoga-Tradition. Geschichte, Literatur, Philosophie und Praxis*. Wiggensbach: Yoga Verlag.

Fields, L. & Prinz, R. J. (1997). Coping and adjustment during childhood and adolescence. *Clinical Psychology Review* 17, 937-976.

Fischer, K. (2008). Bewegung als Erkundungsaktivität. *Motorik* 30, 174-179.

Fischer, K. (2010a). Neue Bewegungsbaustelle. Vom Methoden- zum erweiterten Lern- und Entwicklungskonzept. In Lange, H. & Sinning, S. (Hrsg.), *Handbuch Methoden im Sport. Lehren und Lernen in der Schule, im Verein und im Gesundheitssport* (S. 77-92). Balingen: Spitta.

Fischer, K. (2010b). Blickrichtungen auf Kinder. In Schäfer, G., Staege, R. & Meiner, K. (Hrsg.), *Kinderwelten – Bewegungswelten. Unterwegs zur Frühpädagogik* (S. 117-122). Berlin: Cornelsen.

Forsa (2013). *Meinungen zur Gesundheit von Kindern in Deutschland*. http://www.dak.de/dak/download/Forsa_Kinderaerzte_2013-1318988.pdf.

Franke, A. (2008). *Modelle von Gesundheit und Krankheit*. Bern: Huber.

Franzkowiak, P. (2002). Leitfragen, Empfehlungen und Perspektiven zur Gesundheitsförderung im Kindergarten. In Bundeszentrale für gesundheitliche Aufklärung (BZgA) (Hrsg.), *»Früh übt sich...« Gesundheitsförderung im Kindergarten*. Köln: Eigenverlag.

Friedrich, G., Hunger, I., Kolb, M., Schierz, M., Schwier, J. & Thiele, J. (2003). Sportpädagogik. In Haag, H. & Strauß, B. (Hrsg.), *Themenfelder der Sportwissenschaft* (S. 123-143). Schorndorf: Hofmann.

Fröhlich-Gildhoff, K., Rönnau, M., Dörner, T., Kraus-Gruner, G. & Engel, E.-M. (2008). Kinder Stärken! – Resilienzförderung in der Kindertageseinrichtung. *Praxis der Kinderpsychologie und Kinderpsychiatrie*, 57 (2), 98-116.

Fthenakis, W. E. (2003). *Elementarpädagogik nach Pisa. Wie aus Kindertagesstätten Bildungseinrichtungen werden*. Freiburg: Herder.

Funke-Wieneke, J. (1995). Vermitteln – Schritte zu einem »ökologischen« Unterrichtskonzept. *Sportpädagogik*, 19 (5), 10-17.

Furth, H. G. (1980). *The world of grown-ups. Children´s conception of society*. New York: Elsevier.

Füssenich, J. (1999). Semantik. In Baumgartner, S. & Füssenich, J. (Hrsg.), *Sprachtherapie mit Kindern* (S. 63-104). München: Reinhardt.

Gartinger, S. & Janssen, R. (Hrsg.) (2014). *Erzieherinnen + Erzieher. Band 1. Professionelles Handeln im sozialpädagogischen Berufsfeld.* Berlin: Cornelsen.

Germer, Ch., Siegel, R. D. & Fulton, P. (2009). *Achtsamkeit in der Psychotherapie.* Freiamt im Schwarzwald: Arbor Verlag.

Glüer, M. (2012). *Beziehungsqualität und kindliche Kooperations- und Bildungsbereitschaft. Eine Studie in Kindergarten und Grundschule.* Wiesbaden: Springer VS.

Goeldel, P. (1964). Übung, Training und Leistung in der Sicht der Leibeserziehung. In Ausschuss deutscher Leibeserzieher (Hrsg.), *Die Leistung* (S. 59-72). Schorndorf: Hofmann.

Gogoll, A. (2004). *Belasteter Geist – Gefährdeter Körper.* Schorndorf: Hofmann.

Goldgruber, J. & Ahrens D. (2010). Effectiveness of workplace health promotion and primary prevention interventions: a review. *Journal of Public Health*, 18, 75-88.

Göllner, R. (2014). Psychische Störungen und ihre Bedeutung für die Entstehung sozialer Ungleichheit: Ein Überblick. *Zeitschrift für Erziehungswissenschaft* 17 (S2), 281-297.

Gordijn, , C. C. F., Van den Brink, C., Meerdink, P., Tamboer, J. W. & Vermeer, A. (1975). *Was Beweegt Ons.* Baarn: Bosch & Keuning.

Gregersen, S., Vincent-Höper, S. & Nienhaus, A. (2014). Führung und Gesundheit – Welchen Einfluss haben Führungskräfte auf die Gesundheit der Mitarbeiter? In Nienhaus, A. (2014). *RiRe –Risiken und Ressourcen in Gesundheitsdienst und Wohlfahrtspflege* (S. 240-260). Heidelberg u. a.: ecomed Medizin.

Gust, N. (2014). *Emotionsregulationsstrategien im Vorschulalter: Wissen über Emotionsregulationsstrategien und Zusammenhänge zu Kognition und Sozialverhalten.* Unveröffentlichte Dissertation, Universität Bremen.

Häfner, P. (2002). *Natur- und Waldkindergärten in Deutschland – eine Alternative zum Regelkindergarten in der vorschulischen Erziehung.* Inauguraldissertation Universität Heidelberg. http://archiv.ub.uni-heidelberg.de/volltext server/3135/1/Doktorarbeit_Peter_Haefner.pdf (Zugriff am 07.02.2016).

Hajszan, M., Hartel, B., Hartmann, W. & Stoll, M. (2013). Inklusive Begabtenförderung. In Stamm, M. & Edelmann, D. (Hrsg.), *Handbuch frühkindliche Bildungsforschung* (S. 667-679). Wiesbaden: Springer VS.

Hampel, P. (2007). Stressbewältigungstraining im Kindesalter. In Seiffge-Krenke, I. & Lohaus, A. (Hrsg.), *Stress und Stressbewältigung im Kindes- und Jugendalter* (S. 235-246). Göttingen: Hogrefe.

Hampel, P. & Petermann, F. (2003). *Anti-Stress-Training für Kinder*. Weinheim: Beltz.

Hampel, P. & Petermann, F. (2005). Age and gender effects on coping in children and adolescents. *Journal of Youth and Adolescence*, 34, 73–83.

Hampel, P. & Petermann, F. (2015). *Stressverarbeitungsfragebogen von Janke und Erdmann angepasst für Kinder und Jugendliche* (SVF-KJ). Göttingen: Hogrefe.

Hartmann, A. S. & Hilbert, A. (2013). Psychosoziale Folgen von Adipositas im Kindes- und Jugendalter und Strategien zu deren Behandlung. *Bundesgesundheitsblatt, Gesundheitsforschung, Gesundheitsschutz*, 56 (4), 532-538.

Haubl, R. & Voss, G.G. (Hrsg.) (2012). *Praxis der Selbstfürsorge*. http://www.sfifrankfurt.de/fileadmin/redakteure/pdf/03_Mitarbeiter_PDFs/03_Haubl_Manuskripte/Praxis-der-Selbstfuersorge.pdf (Zugriff am 12.11.2015).

Haug-Schnabel, G. & Bensel, J. (2004). Vom Säugling zum Schulkind – Entwicklungspsychologische Grundlagen. *kindergarten heute, wissen kompakt, Themenheft zu fachwissenschaftlichen Inhalten*. Freiburg: Herder.

Hauser, B. (2013). *Spielen. Frühes Lernen in Familie, Krippe und Kindergarten*. Stuttgart: Kohlhammer.

Heber, E., Lehr, D., Riper, H. & Berking, M. (2014). Emotionsregulation: Überblick und kritische Reflexion des aktuellen Forschungsstandes. *Zeitschrift für Klinische Psychologie und Psychotherapie*, 43 (3), 147-161.

Heimann, K., Otto, G. & Schulz, W. (1975). *Unterricht – Analyse und Planung*. Hannover: Schroedel.

Herm, S. (2015). *Gemeinsam spielen, lernen und wachsen. Das Praxisbuch zur Inklusion in Kindertageseinrichtungen*. Berlin: Cornelsen.

Hinsch, J. & Nienhaus, A. (2014). Gefährdungsbeurteilungen in Kleinbetrieben am Beispiel von Tageseinrichtungen für Kinder. In Nienhaus, A. (2014). *RiRe –Risiken und Ressourcen in Gesundheitsdienst und Wohlfahrtspflege* (S. 180-202). Heidelberg u. a.: ecomed Medizin.

Hoffmann, H. (2013). Professionalisierung der frühkindlichen Bildung in Deutschland. In Stamm, M. & Edelmann, D. (Hrsg.), *Handbuch frühkindliche Bildungsforschung* (S. 311-323). Wiesbaden: Springer VS.

Hoffmann, H. (2015). Zwischen Resignation und Aufbruch – Chancen und Grenzen der Entwicklung der Kita-Praxis im Kontext empirischer Befunde. In Hoffmann, H., Borg-Tiburcy, K., Kubandt, M., Meyer, S. & Nolte, D. (2015). *Alltagspraxen in der Kindertageseinrichtung. Annäherungen an Lo-*

giken in einem expandierenden Feld (S. 255-264). Weinheim/Basel: Beltz Juventa.

Hoffmann, H. (2015). Die Kita als Alltagswelt im Spiegel von Disziplin und Profession. In Hoffmann, H., Borg-Tiburcy, K., Kubandt, M., Meyer, S. & Nolte, D. (2015). *Alltagspraxen in der Kindertageseinrichtung. Annäherungen an Logiken in einem expandierenden Feld* (S. 13-44). Weinheim/Basel: Beltz Juventa.

Hoffmann, H., Borg-Tiburcy, K., Kubandt, M., Meyer, S. & Nolte, D. (2015). *Alltagspraxen in der Kindertageseinrichtung. Annäherungen an Logiken in einem expandierenden Feld.* Weinheim/Basel: Beltz Juventa.

Hölling, H., Erhart, M., Ravens-Sieberer, U. & Schlack, R. (2007). Verhaltensauffälligkeiten bei Kindern und Jugendlichen. Erste Ergebnisse aus dem Kinder- und Jugendgesundheitssurvey (KiGGS). *Bundesgesundheitsblatt, Gesundheitsforschung, Gesundheitsschutz* 50 (5-6), 784-793.

Hölling, H., Schlack, R., Petermann, F., Ravens-Sieberer, U. & Mauz, E. (2014). Psychische Auffälligkeiten und psychosoziale Beeinträchtigungen bei Kindern und Jugendlichen im Alter von 3 bis 17 Jahren in Deutschland – Prävalenz und zeitliche Trends zu 2 Erhebungszeitpunkten (2003-2006 und 2009-2012): Ergebnisse der KiGGS-Studie – Erste Folgebefragung (KiGGS Welle 1). *Bundesgesundheitsblatt, Gesundheitsforschung, Gesundheitsschutz* 57 (7), 807-819.

Holodynski, M., Hermann, S. & Kromm, H. (2013). Entwicklungspsychologische Grundlagen der Emotionsregulation. *Psychologische Rundschau* 64 (4), 196-207.

Horch, K. (2008). Gesundheitszustand von Kindern und Jugendlichen: Ausgewählte Ergebnisse des Nationalen Kinder- und Jugendgesundheitssurveys (KIGGS). In Schmidt, W. (Hrsg.), *Zweiter Deutscher Kinder- und Jugendsportbericht* (S. 125-136). Schorndorf: Hofmann.

Hubrig, S. (2010). *Bewegung in der Kita. Lehrbuch für sozialpädagogische Berufe.* Troisdorf: Bildungsverlag EINS.

Huizinga, J. (1956). *Homo ludens.* Reinbek: Rowohlt.

Hunger, I. (2014). Schwere Kindheit. Zur Situation und zur Lebensbewältigung adipöser Kinder. In Hunger, I. & Zimmer, R. (Hrsg.), *Inklusion bewegt. Herausforderungen für die frühkindliche Bildung* (S. 72-86). Schorndorf: Hofmann.

Hunger, I. (2015). Neue Diskurse – alte Geschlechterpraxis? Verfestigung dualer Geschlechterbilder in der frühkindlichen Bewegungspraxis. In Erhorn, J. & Schwier, J. (Hrsg.), *Die Eroberung urbaner Bewegungsräume. Sportbündnisse mit Kindern und Jugendlichen* (S. 47-60). Bielefeld: transcript.

Hunger, I. & Zimmer, R. (Hrsg.) (2012). *Frühe Kindheit in Bewegung. Entwicklungspotentiale nutzen*. Schorndorf: Hofmann.

Hunger, I. & Zimmer, R. (Hrsg.) (2014). *Inklusion bewegt. Herausforderungen für die frühkindliche Bildung*. Schorndorf: Hofmann.

Hunger, I. & Zimmer, R. (Hrsg.) (2015). *Bewegung in der frühkindlichen Bildung – Interdisziplinäre Forschungsansätze*. Hamburg: Czwalina.

Hurrelmann, K. (2000). *Gesundheitssoziologie. Eine Einführung in sozialwissenschaftliche Theorien von Krankheitsprävention und Gesundheitsförderung*. Weinheim: Juventa.

Huizinga, J. (1956). *Homo Ludens. Vom Ursprung der Kultur im Spiel*. Hamburg: Rowohlt.

Jacobson, E. (1990). *Entspannung als Therapie. Progressive Relaxation in Theorie und Praxis*. Stuttgart: Klett-Cotta.

Jakob, N. & Klewer, J. (2013). Analyse der Belastungen und Beanspruchungen von Erziehern in Kindertageseinrichtungen. *Heilberufe Science*, 4, 100-105.

Janke, W. & Erdmann, G. (1997). *Stressverarbeitungsfragebogen*. Göttingen: Hogrefe.

Jasmund, C. (2009). *Evaluation bewegungspädagogischer Arbeit. Zum Einfluss motorischer Förderung in Kindertagesstätten auf die ganzheitliche Persönlichkeitsentwicklung von Kindern*. Berlin: RabenStück.

Jose, P. E. & Brown, I. (2008). When does the gender differences in rumination begin? Gender and age differences in the use of rumination by adolescents. *Journal of Youth and Adolescence*, 37, 180-192.

Kabat-Zinn, J. (2014). *Achtsamkeit für Anfänger*. Freiburg: Arbor Verlag.

Kaluza, G. (2005). *Stressbewältigung – Trainingsmanual zur psychologischen Gesundheitsförderung*. Heidelberg: Springer.

Karl, R., Dortschy, R. & Ellsäßer, G. (2007). Verletzungen bei Kindern und Jugendlichen (1-17 Jahre) und Umsetzung von persönlichen Schutzmaßnahmen. *Bundesgesundheitsblatt – Gesundheitsforschung – Gesundheitsschutz* 50, 718-727.

Karoly, L. A., Kilburn, M. R. & Cannon, J. S. (2005). *Early childhood interventions: Proven results, future promise*. Santa Monica: Rand Corporation.

Keller, H. & Schneider, K. (1991). Entwicklung und Prozess explorativen Verhaltens. In Mönks, F. J., Lehwald, G. & Ahnert, L. (Hrsg.), *Neugier, Erkundung und Begabung bei Kleinkindern* (S. 22-39). München: Reinhardt.

Kettner, S., Wirt, T., Fischbach, N., Kobel, S., Kesztyüs, D., Schreiber, A., Drenowatz, C. & Steinacker, J. (2012). Handlungsbedarf zur Förderung körperlicher Aktivität im Kindesalter in Deutschland. *Deutsche Zeitschrift für Sportmedizin* 63 (4), 94-101.

Khan, A. (2007). Erschöpft und arbeitsfreudig? Berufliche Belastungsfaktoren in Kitas – Aktueller Erkenntnisstand zur Gesundheit der Erzieherinnen. In Hamburgische Arbeitsgemeinschaft für Gesundheitsförderung e.V. (2007), *Auf dem Weg zu einer gesundheitsfördernden Kita! Gesundheit von Erzieherinnen und Erziehern fördern – Zusammenarbeit mit Eltern stärken. Dokumentation der Fachtagung vom 27.09.2006, S. 40-52*. Verfügbar unter: http://www.hag-gesundheit.de/uploads/docs/61.pdf (Zugriff am 07.02.2016).

Kiphard, E. J. (2006). *Wie weit ist ein Kind entwickelt? Eine Anleitung zur Entwicklungsüberprüfung*. Dortmund: Verlag Modernes Lernen.

Klafki, W. (1963). *Studien zur Bildungstheorie und Didaktik*. Weinheim: Beltz.

Klafki, W. (1985). *Neue Studien zur Bildungstheorie und Didaktik. Beiträge zur kritisch-konstruktiven Didaktik*. Weinheim: Beltz.

Klein, F. (2010). *Inklusive Erziehungs- und Bildungsarbeit in der Kita*. Troisdorf: Bildungsverlag EINS.

Klein, M. (2006). *Sport und Gesundheit bei Kindern und Jugendlichen im Saarland. Eine empirische Studie aus medizinischer, sportmotorischer und soziologischer Sicht*. Mainz: Schors.

Kleinert-Molitor, B. (1985). Überlegungen zu einer psychomotorisch orientierten Sprachförderung im Kindergarten und Anfangsunterricht. *Die Sprachheilarbeit, 31* (3), 104-116.

Kleinert-Molitor, B. (1989). Das Spielgeschehen als Sprachlernort. Psychomotorisch orientierte Sprachförderung. In Grohnfeldt, M. (Hrsg.), *Grundlagen der Sprachtherapie* (S. 220-251). Berlin: Marhold.

Klemm, K. (2012). Zusätzliche Ausgaben für ein inklusives Schulsystem in Deutschland. Studie im Auftrag der Bertelsmann-Stiftung. Gütersloh: Bertelsmann.

Kliche, T. (2007). *Leistungen und Bedarf von Kitas für Prävention und Gesundheitsförderung: Ergebnisse der bundesweiten Pilotstudie*. Unveröffentlichtes Manuskript, Universitätsklinikum Hamburg-Eppendorf. Verfügbar unter http://www.uke.de/extern/qip/unterseiten/service-zusatz/download-zusatz/Bericht%20Experten%20Kita.pdf (Zugriff am 24.01.2015).

Kliche, T. (2008). *Prävention und Gesundheitsförderung in Kindertagesstätten. Eine Studie zu Determinanten, Verbreitung und Methoden für Kinder und Mitarbeiterinnen*. Weinheim, München: Juventa.

Kliche, T., Gesell, S., Nyenhuis, N., Töppich, J. & Koch, U. (2007). Prävention und Gesundheitsförderung in Kitas: Stand und Handlungsansätze. In: Hamburgische Arbeitsgemeinschaft für Gesundheitsförderung e.V. (2007), *Auf dem Weg zu einer gesundheitsfördernden Kita! Gesundheit von Erzieherinnen und Erziehern fördern – Zusammenarbeit mit Eltern stärken*. Dokumentation der Fachtagung vom 27.09.2006, S. 10-15. Verfügbar unter: http://www.hag-gesundheit.de/uploads/docs/61.pdf (Zugriff am 07.02.2016).

Klieme, E., Eichler, W., Helmke, A., Lehmann, R. H., Nold, G., Rolff, H.-G., Schröder, K., Thomé, G. & Willenberg, H. (2006). *Unterricht und Kompetenzerwerb in Deutsch und Englisch. Zentrale Studie Deutsch-Englisch-Schülerleistungen-International (DESI).* Frankfurt a. M.: DIPF.

Klieme, E., Artelt, C., Hartig, J., Jude, N., Köller, O., Prenzel, M., Schneider, W. & Stanat, P. (2010). *PISA 2009. Bilanz nach einem Jahrzehnt.* Münster: Waxmann.

Koch, M. (2004). *Soziale Kompetenz, Angst und Stressverarbeitung im Vorschulalter.* Unveröffentlichte Diplomarbeit, Karl-Franzens Universität Graz.

Köckenberger, H. (2005). *Bewegtes Lernen. Lesen, schreiben, rechnen lernen mit dem ganzen Körper. Die »Chefstunde«.* Dortmund: Borgmann.

Köppe, G. & Schwier, J. (Hrsg.) (2003). *Handbuch Grundschulsport.* Baltmannsweiler: Schneider.

Koglin, U. & Petermann, F. (2006). *Verhaltenstraining im Kindergarten.* Göttingen: Hogrefe.

Komor, A. & Reich, H. (2008). Semantische Basisqualifikation. In Ehlich, K., Bredel, U. & Reich, H. (Hrsg.), *Referenzrahmen zur alterspezifischen Sprachaneignung* (S. 49-61). Berlin: BMBF.

Krappmann, L. (1983). Sozialisation durch Symbol- und Regelspiele. In Grupe, O., Gabler, H. & Göhner, U. (Hrsg.) (1983), *Spiel – Spiele – Spielen.* (S. 106-121). Schorndorf: Hofmann.

Kretschmer, J. (2000). Betreuen und Unterweisen. In Wolters, P., Ehni, H., Kretschmer, J., Scherler, K. & Weichert, W. (Hrsg.), *Didaktik des Schulsports* (S. 121-143). Schorndorf: Hofmann.

Kruse, L. (1974). *Räumliche Umwelt.* Berlin: de Gruyter.

Kruse, L. (1990). Raum und Bewegung. In Graumann, C. F., Kruse, L. & Lantermann, W. (Hrsg.), *Ökologische Psychologie* (S. 313-324). München: Psychologie Verlags-Union.

Kuhl, E. S., Rausch, J. R., Varni, J. W. & Stark, L. J. (2012). Impaired health-related quality of life in preschoolers with obesity. *Journal of Pediatric Psychology*, 37 (10), 1148-1156.

Kuhl, J., Schwer, S. & Solzbacher, C. (2014). Professionelle pädagogische Haltung: Versuch einer Definition des Begriffs und ausgewählte Konsequenzen für Haltung. In Schwer, S. & Solzbacher, C. (2014). *Professionelle pädagogische Haltung. Historische, theoretische und empirische Zugänge zu einem viel strapazierten Begriff* (S. 107-120). Bad Heilbrunn: Julius Klinkhardt.

Kuhlenkamp, S. (2004). Gestern – Heute – Morgen. Entwicklungen, Trends und Perspektiven von Bewegung und Sprache. *Motorik* 17, 3-7.

Kurth, B. M & Schaffrath Rosario, A. (2007). Die Verbreitung von Übergewicht und Adipositas bei Kindern und Jugendlichen in Deutschland. *Ernährungs Umschau* 7, 386-390.

Kurz, D. (1977). *Elemente des Schulsports*. Schorndorf: Hofmann.

Kurz, D. (2004). Von der Vielfalt sportlichen Sinns zu den pädagogischen Perspektiven im Schulsport. In Neumann, P. & Balz, E. (Hrsg.), *Mehrperspektivischer Sportunterricht* (S. 57-70). Schorndorf: Hofmann.

Landsberg, B., Plachta-Danielzik, S. & Müller, M. (2008). Risikofaktor Adipositas. In Schmidt, W. (Hrsg.), *Zweiter Deutscher Kinder- und Jugendsportbericht* (S. 107-114). Schorndorf: Hofmann.

Lang, S. (2011). Bewegungsförderung in der Kindheit. Eine wissenschaftliche Begleitstudie in der Kindertagesstätte. *Motorik* 34 (1), 27-30.

Lange, H. & Sinning, S. (2008). *Themenkonstitution des Sport- und Bewegungsunterrichts*. Baltmannsweiler: Schneider.

Lazarus, R. S. & Folkman, S. (1984). *Stress, appraisal and coping*. New York: Springer.

Lensing-Conrady, R. (2014). Inklusive Raumgestaltung für Kleinkinder. In Hunger, I. & Zimmer, R. (Hrsg.). *Inklusion bewegt. Herausforderungen für die frühkindliche Bildung* (S. 200-205). Schorndorf: Hofmann.

Lindner, W. (2013). Prävention und andere »Irrwege« der Offenen Kinder- und Jugendarbeit. In Deinet, U. & Sturzenhecker, B. (Hrsg.), *Handbuch Offene Kinder- und Jugendarbeit* (S. 359-371). Wiesbaden: Springer.

Lohaus, A., Vierhaus, M. & Maass, A. (2010). *Entwicklungspsychologie des Kindes- und Jugendalters*. Berlin: Springer.

Lohaus, A. & Vierhaus, M. (2013). *Entwicklungspsychologie des Kindes- und Jugendalters für Bachelor*. Berlin: Springer.

Löw, M. (2001). *Raumsoziologie*. Frankfurt a. M.: Suhrkamp.

Lütje-Klose, B. (1994). Psychomotorik als Methode integrativer Sprachförderung im Kindergarten. *Motorik, 17*, 10-17.

Lütje-Klose, B. (2003). Zottel spielt mit. Inklusive Sprachförderung in Spiel- und Bewegungssituationen. *Sportpädagogik, 27* (4), 8-11.

Lütje-Klose, B. (2004). Szenen psychomotorischer Sprachentwicklungsförderung – analysiert aus sprachganzheitlicher Perspektive. *Motorik* 27 (1), 31-39.

Lütje-Klose, B. & Kramer-Kilic, I. (1998). Grundlagen, Prinzipien und Förderstrategien psychomotorisch orientierter Sprachförderung und ihre Verwendung im integrativen Arbeitszusammenhängen. In Frühwirth, I. & Meixner, F. (Hrsg.), *Sprache und Bewegung* (S. 70-90). Wien: Jugend und Volk.

Lutz, R. (2007). Selbstfürsorge und verhaltenstherapeutische Selbsterfahrung. *Verhaltenstherapie & Verhaltensmedizin*, 28 (2), 209-232.

Madeira-Firmino, N. (2015). *Bewegungsorientierte Sprachbildung in der frühen Kindheit. Eine empirische Studie zur bewegungsorientierten Sprachbildung im Krippenalltag unter Berücksichtigung familiärer Einbindung*. Bad Heilbrunn: Klinkhardt.

Mann-Luoma, R., Goldapp, C., Khaschei, M., Lamersm, L. & Milinski, B. (2002). Integrierte Ansätze zu Ernährung, Bewegung und Stressbewältigung. *Bundesgesundheitsblatt – Gesundheitsforschung – Gesundheitsschutz*, 45 (12), 952-959.

Manz, K., Schlack, R., Poethko-Müller, C., Mensink, G., Finger, J., Lampert, T & KiGGS Study Group (2014). Körperlich-sportliche Aktivität und Nutzung elektronischer Medien im Kindes- und Jugendalter. *Bundesgesundheitsblatt – Gesundheitsforschung – Gesundheitsschutz* 57, 840-848.

Mead, G. H. (1973). *Geist, Identität und Gesellschaft*. Frankfurt a. M.: Suhrkamp.

Merleau-Ponty, M. (1966). *Phänomenologie der Wahrnehmung*. Berlin: Walter de Gruyter.

Metzger, K. & Weigl, E. (2012). *Inklusion – praxisorientiert*. Berlin: Cornelsen.

Michaelis, R. (2003). Motorische Entwicklung. In Keller, H. (Hrsg.), *Handbuch Kleinkindforschung* (S. 815-859). Bern: Verlag Hans Huber.

Michalak, J., Heidenreich, T. & Williams, J. M. G. (2012). *Achtsamkeit*. Göttingen: Hogrefe.

Miedzinski, K. (2001). »Freies Spielen« auf der Bewegungsbaustelle. *Grundschule* 10, 51-53.

Müller, E. (1990). *Du spürst unter deinen Füßen das Gras. Autogenes Training on Phantasie- und Märchenreisen*. Frankfurt a. M.: Fischer.

Neuhauser, H., Poethko-Müller, C. & KiGGS Study Group (2014). Chronische Erkrankungen und impfpräventable Infektionskrankheiten bei Kindern und Jugendlichen in Deutschland. *Bundesgesundheitsblatt – Gesundheitsforschung – Gesundheitsschutz* 57, 779-788.

Neuß, N. (2013). Was ist Elementardidaktik? In Neuß, N. (Hrsg.), *Grundwissen Didaktik für Krippe und Kindergarten* (S. 12-30). Berlin: Cornelsen.

Nienhaus, A. (2014). *RiRe –Risiken und Ressourcen in Gesundheitsdienst und Wohlfahrtspflege*. Heidelberg u. a.: ecomed Medizin.

Oerter, R. (2011). *Psychologie des Spiels*. Weinheim, Basel: Beltz.

Ohrt, B. (2006). Motorisches Lernen und seine Beziehung zu weiteren Dimensionen der kindlichen Entwicklung. *Frühförderung interdisziplinär* 4, 145-158.

Olbrich, I. (2004). Psychomotorische Kommunikationsförderung im Spiegel der Säuglingsforschung. *Motorik, 27* (1), 16-23.

Otterpohl, N., Imort, S., Lohaus, A. & Heinrichs, N. (2012). Kindliche Regulation von Wut. *Kindheit und Entwicklung* 21 (1), 47-56.

Petermann, F. & Kullik, A. (2011). Frühe Emotionsdysregulation: Ein Indikator für psychische Störungen im Kindesalter? *Kindheit und Entwicklung* 20 (3), 186-196.

Piaget, J. (1975). *Nachahmung, Spiel und Traum*. Stuttgart: Klett-Cotta.

Piaget, J. (1991). *Meine Theorie der geistigen Entwicklung*. Frankfurt a. M.: Fischer.

Piaget, J. (1999). *Theorien und Methoden der modernen Erziehung*. Frankfurt a. M.: Fischer.

Piaget, J. & Inhelder, B. (1977). *Die Psychologie des Kindes*. Frankfurt a. M.: Fischer.

Pinquart, M., Schwarzer, G. & Zimmermann, P. (2011). *Entwicklungspsychologie – Kindes- und Jugendalter. Bachelorstudium Psychologie*. Göttingen: Hogrefe.

Plachta-Danielzik, S., Landsberg, B., Lange, D., Langnäse, K. & Müller, M. J. (2011). 15 Jahre Kieler Adipositas-Präventionsstudie (KOPS). *Bundesgesundheitsblatt – Gesundheitsforschung – Gesundheitsschutz* 54, 304-312.

Pott, E., Fillinger, U. & Paul, M. (2010). Herausforderungen bei der Gesundheitsförderung im frühen Kindesalter. *Bundesgesundheitsblatt, Gesundheitsforschung, Gesundheitsschutz* 53 (11), 1166-1172.

Prohl, R. & Gröben, B. (2007). Was ist eine sportliche Bewegung? In Scheid, V. & Prohl, R. (Hrsg.), *Kursbuch Sport 3: Bewegungslehre* (S. 11-50). Wiebelsheim: Limpert.

Prott, J. (2007). Auf dem Weg zu einer Zusammenarbeit zwischen den Erzieher/innen und Eltern. In Hamburgische Arbeitsgemeinschaft für Gesundheitsförderung e.V. (Hrsg.), *Auf dem Weg zu einer gesundheitsfördernden Kita! Gesundheit von Erzieherinnen und Erziehern fördern – Zusammenarbeit mit Eltern stärken. Dokumentation der Fachtagung vom 27.09.2006*, (S.16-21). http://www.hag-gesundheit.de/uploads/docs/61.pdf (Zugriff am 31.01.2015).

Raith, A. & Lude, A. (2014). *Startkapital Natur. Wie Naturerfahrung die kindliche Entwicklung fördert*. München: Oekom Verlag.

Rattay, P., Lampert, T., Neuhauser, H. & Ellert, U. (2012). Bedeutung der familialen Lebenswelt für die Gesundheit von Kindern und Jugendlichen. *Zeitschrift für Erziehungswissenschaft* 15 (1), 145-170.

Ravens-Sieberer, U., Wille, N., Bettge, S. & Erhart, M. (2007). Psychische Gesundheit von Kindern und Jugendlichen in Deutschland. Ergebnisse aus der BELLA-Studie im Kinder- und Jugendgesundheitssurvey (KiGGS). *Bundesgesundheitsblatt – Gesundheitsforschung – Gesundheitsschutz* 50 (5-6), 871-878.

Ravens-Sieberer, U., Torsheim, T., Hetland, J., Vollebergh, W., Cavallo, F., Jericek, H., Erhart, M. & the HBSC Positive Health Focus Group (2009). Subjective health, symptom load and quality of life of children and adolescents in Europe. *International journal of public health*, 54 (Suppl 2), 151-159.

Reddemann-Tschaikner, M. & Weigl, I. (2009^2). *HOT. Ein handlungsorientierter Therapieansatz für Kinder mit Sprachentwicklungsstörungen.* Stuttgart: Thieme.

Renner, M. (2008). *Spieltheorie und Spielpraxis: Ein Lehrbuch für pädagogische Berufe*. Freiburg: Lambertus.

Rethorst, S., Fleig, P. & Willimczik, K. (2008). Effekte motorischer Förderung im Kindergartenalter. In Schmidt, W. (Hrsg.), *Zweiter Deutscher Kinder- und Jugendsportbericht* (237-254). Schorndorf: Hofmann.

Robert Koch-Institut (2008). *Lebensphasenspezifische Gesundheit von Kindern und Jugendlichen in Deutschland. Ergebnisse des Nationalen Kinder- und Jugendgesundheitssurveys (KiGGS). Bericht für den Sachverständigenrat zur Begutachtung der Entwicklung im Gesundheitswesen.* Berlin: Robert-Koch Institut/Statistisches Bundesamt.

Röhner, Ch. (2014). Natur- und Waldkindergärten. In Brandes-Chyrek, R., Röhner, Ch. & Sünker, H. (Hrsg.), *Handbuch Frühe Kindheit* (S. 251-260). Opladen, Berlin, Toronto: Verlag Barbara Budrich.

Sachse, R. (2006). *Therapeutische Beziehungsgestaltung*. Göttingen: Hogrefe.

Schaarschmidt, U. & Fischer, A. W. (2001). *Bewältigungsmuster im Beruf.* Göttingen: Vandenhoeck & Ruprecht.

Schaarschmidt, U. & Kieschke, U. (2013). Beanspruchungsmuster im Lehrerberuf: Ergebnisse und Schlussfolgerungen aus der Potsdamer Lehrerstudie. In Rothland, M. (Hrsg.), *Belastung und Beanspruchung im Lehrerberuf* . Wiesbaden: Springer.

Scheid, V. (2003). Bewegungserziehung im Kindergarten – Bedeutung, Konzeption und Qualitätsentwicklung. In Scholz, M. (Hrsg.), *Zukunftssicherung durch Bewegung und Spiel im Kindesalter* (S. 26-32). Wiebelsheim: Limpert.

Scheid, V. (2009). Motorische Entwicklung in der frühen Kindheit. In. Baur, J. Bös, K., Conzelmann, A. & Singer, R. (Hrsg.), *Handbuch motorische Entwicklung* (S. 281-300). Schorndorf: Hofmann.

Scherler, K.-H. (1975). *Sensomotorische Entwicklung und materiale Erfahrung*. Schorndorf: Hofmann.

Scherler, K.-H. (1990). Bewegung als Zeichen. In Göhner, U. & Gabler, H. (Hrsg.), *Für einen besseren Sport* (S. 396-414). Schorndorf: Hofmann.

Scherler, K. (2000). Messen und Bewerten. In Wolters, P., Ehni, H., Kretschmer, J., Scherler, K.-H. & Weichert, W. (Hrsg.), *Didaktik des Schulsports* (S. 167-186). Schorndorf: Hofmann.

Scherler, K. (2004). *Sportunterricht auswerten. Eine Unterrichtslehre*. Hamburg: Czwalina.

Scherler, K. & Schierz, M. (1993). *Sport unterrichten*. Schorndorf: Hofmann.

Schipper, M., Kullik, A., Samson, A. C., Koglin, U. & Petermann, F. (2013). Emotionsdysregulation im Kindesalter. *Psychologische Rundschau*, 64 (4), 228-234.

Schlack, R., Hölling, H. & Kurth, B.-M. (2007). Inanspruchnahme außerfamiliärer vorschulischer Kindertagesbetreuung und Einfluss auf Merkmale psychischer Gesundheit bei Kindern. *Bundesgesundheitsblatt, Gesundheitsforschung, Gesundheitsschutz*, 50 (10), 1249-1258.

Schlicht, W. & Brand, R. (2007). *Körperliche Aktivität, Sport und Gesundheit*. Weinheim, München: Juventa.

Schmade, N. & Mutz, M. (2012). Sportliche Eltern, sportliche Kinder – Die Sportbeteiligung von Vorschulkindern im Kontext sozialer Ungleichheit. *Sportwissenschaft* 42, 2, 115-125.

Schmidt, W. (Hrsg.) (2015). *Dritter Deutscher Kinder- und Jugendsportbericht*. Schorndorf: Hofmann.

Schneekloth, U. & Andresen, S. (2013). Was fair und was unfair ist: die verschiedenen Gesichter von Gerechtigkeit. In World Vision Deutschland e.V. (Hrsg.), *Wie gerecht ist unsere Welt? Kinder in Deutschland 2013*. (S. 48-78). Weinheim: Beltz.

Scholz, U. & Krombholz, H. (2007). Untersuchung zur motorischen Leistungsfähigkeit von Kindern aus Waldkindergärten und Regelkindergärten. *Motorik* 30 (1), 17-22.

Schult, J., Münzer-Schrobildgen, M. & Sparfeldt, J. R. (2014). Belastet, aber hochzufrieden? Arbeitsbelastung von Lehrkräften im Quer- und Längsschnitt. *Zeitschrift für Gesundheitspsychologie* 22 (2), 61-67.

Schwarzer, R. (1997). *Gesundheitspsychologie. Ein Lehrbuch*. Göttingen, Bern, Toronto, Seattle: Hogrefe.

Schwer, S. & Solzbacher, C. (2014). *Professionelle pädagogische Haltung. Historische, theoretische und empirische Zugänge zu einem viel strapazierten Begriff.* Bad Heilbrunn: Julius Klinkhardt.

Schwier, J. (2008). Games and the contradictions of childhood. *Agora. Para La Educación Fisica Y El Deporte* 6, 109-118.

Schwier, J. (2011). Bälle, Bretter, Rollen, Räder. Jugendliche Trendsportszenen im urbanen Raum. In Wernsing, S., Matiasek, K. & Vogel, K. (Hrsg. für das Deutsche Hygiene-Museum), *Auf die Plätze. Sport und Gesellschaft* (S. 173-179). Göttingen: Wallstein.

Schwier, J. & Kolb, M. (2005). Entwicklungsperspektiven des Sportspiels. In Hohmann, A., Kolb, M. & Roth, K. (Hrsg.), *Handbuch Sportspiel* (S. 47-62). Schorndorf: Hofmann.

Salzbrunn, M. (2014). *Vielfalt/Diversität.* Bielefeld: transcript.

Seewald, J. (2012). Motologisch orientierte Gesundheitsförderung. *Motorik* 35 (2), 54-60.

Seiffge-Krenke, I. (1993). Coping behavior in normal and clinical samples: more similarities than differences? *Journal of Adolescence*, 16, 285-304.

Seiffge-Krenke, I., Aunola, K. & Nurmi, J. E. (2009). Changes in stress perception and coping during adolescence: the role of situational and personal factors. *Child Development*, 80, 259-279.

Söll, W. (1996). *Sportunterricht – Sport unterrichten. Ein Handbuch für Sportlehrer.* Schorndorf: Hofmann.

Spieß, C. K. (2013a). Effizienzanalysen frühkindlicher Bildungs- und Betreuungsprogramme. *Zeitschrift für Erziehungswissenschaft*, 16 (2), 333-354.

Spieß, C. K. (2013b). Bildungsökonomische Perspektiven frühkindlicher Bildungsforschung. In Stamm, M. & Edelmann, D. (Hrsg.), *Handbuch frühkindliche Bildungsforschung* (S. 122-130). Wiesbaden: Springer VS.

Spitzer, M. (2009). Geist in Bewegung. In Krüger, M., Neuber, N., Brach, M. & Reinhart, K. (Hrsg.), *Bildungspotenziale im Sport* (S. 27). Hamburg: Czwalina.

Spohn, J. (1985). *Das Schnepfen Köfferchen.* Stuttgart: Thienemanns.

Statistische Ämter des Bundes und der Länder. (2013). *Kindertagesbetreuung regional 2013: Ein Vergleich aller 402 Kreise in Deutschland.* Wiesbaden: Statistisches Bundesamt. Verfügbar unter http://www.statistikportal.de/statistik-portal/kita_regional.pdf (Zugriff am 07.02.2016).

Strauß, A., Herbert, B., Mitschek, C., Duvinage, K. & Koletzko, B. (2011). TigerKids. Erfolgreiche Gesundheitsförderung in Kindertageseinrichtungen. *Bundesgesundheitsblatt – Gesundheitsforschung – Gesundheitsschutz*, 54 (3), 322-329.

Ströker, E. (1965). *Philosophische Untersuchungen zum Raum.* Frankfurt a. M.: Klostermann.

Sudeck, G. (2015). Bedingungen der Bewegungsförderung in Kitas und ihre Zusammenhänge zu quantitativen und qualitativen Aspekten des kindlichen Bewegungsverhaltens. In Hunger, I. & Zimmer, R. (Hrsg.), *Bewegung in der frühkindlichen Bildung – Interdisziplinäre Forschungsansätze* (in Druck). Hamburg: Czwalina.

Sulzer, A. (2013). Inklusion als Werterahmen für Bildungsgerechtigkeit. In Wagner, P. (Hrsg.), *Handbuch Inklusion. Grundlagen vorurteilsbewusster Bildung und Erziehung* (S. 12-21). Freiburg: Herder.

Sutton-Smith, B. (1973). Games, the Socialization of Conflict. *Sportwissenschaft* 3, 41-46.

Sutton-Smith, B. (1978). *Die Dialektik des Spiels.* Schorndorf: Hofmann.

Suhr, A. (2011). *Sätze rollen – Wörter fliegen. Bewegte Sprachförderung in Kita und Grundschule.* München: Don Bosco.

Sygusch, R., Tittlbach, S., Brehm, W., Opper, E., Lampert, T. & Bös, A. (2008). Zusammenhänge zwischen körperlich-sportlicher Aktivität und Gesundheit von Kindern. In Schmidt, W. (Hrsg.), *Zweiter Deutscher Kinder- und Jugendsportbericht* (S. 159-176). Schorndorf: Hofmann.

Tamboer, J. W. (1979). Sich-Bewegen – Ein Dialog zwischen Mensch und Welt. *Sportpädagogik* 3, 14-19.

Tamboer, J. W. (1985). *Mensbeelden achter Bewegingsbeelden.* Haarlem: De Vrieseborch.

Tamboer, J. W. (1988). Images of the Body underlying Concepts of Action. In Meijer, O. G. & Roth, K. (Hrsg.), *Complex Movement Behaviour* (S. 439-461). Amsterdam: North Holland.

Taubner, S., Munder, T., Unger, A. & Wolter, S. (2013). Zur Wirksamkeit präventiver Früher Hilfen in Deutschland – ein systematisches Review und eine Metaanalyse. *Praxis der Kinderpsychologie und Kinderpsychiatrie* 62 (8), 598-619.

Thinschmidt, M., Hoesl, S. & Gruhne, B. (2008). *Forschungsbericht zur beruflichen und gesundheitlichen Situation von Kita-Personal in Sachsen.* Dresden: Eigenverlag der TU Dresden.

Tholey, P. (1984). Sensumotorisches Lernen als Organisation des psychischen Gesamtfeldes. In Hahn, E. & Rieder, H. (Hrsg.), *Sensumotorisches Lernen und Sportspielforschung* (S. 11-26). Köln: bps-Verlag.

Tiemann, H. (2012). Vielfalt im Sportunterricht – Herausforderung und Bereicherung. *Sportunterricht* 61 (6), 168-172.

Tiemann, T. (2015). Inklusion. In Schmidt, W. (Hrsg.), *Dritter Deutscher Kinder- und Jugendsportbericht* (S. 297-316). Schorndorf: Hofmann.

Tietz, K. (2008). *Hier bewegt sich was. Eltern-Kind-Turnen und Kinderturnen im Kindergarten*. Aachen: Meyer & Meyer.

Tracy, R. (2008). *Wie Kinder Sprachen lernen. Und wie wir sie dabei unterstützen können*. Tübingen: Narr.

Trautmann, C. & Reich, H. (2008). Pragmatische Basisqualifikationen I und II. In Ehlich, K., Bredel, U. & Reich, H. (Hrsg.), *Referenzrahmen zur altersspezifischen Sprachaneignung* (S. 41-48). Berlin: BMBF.

Trebels, A. H. (1992). Das dialogische Bewegungskonzept. Eine pädagogische Auslegung von Bewegung. *Sportunterricht* 41 (1), 20-29.

Trökes, A. & Grunert, D. (2008). *Das Yoga Gesundheitsbuch. Mit Yoga und Ayurveda gezielt Beschwerden heilen*. München: Gräfe und Unzer.

Tröster, H. & Reineke, D. (2007). Prävalenz von Verhaltens- und Entwicklungsauffälligkeiten im Kindergartenalter. *Kindheit und Entwicklung* 16 (3), 171-179.

UNESCO (2005). Guidelines for Inclusion. Ensuring Access to Education for All. http://unesdoc.unesco.org/images/0014/001402/140224e.pdf (Zugriff am 07.02.2016).

Ungerer, O. (2005). *Der gesunde Mensch*. Hamburg: Dr. Felix Büchner Handwerk und Technik.

Ungerer-Röhrich, U., Eisenbarth, I., Thieme, I., Quante, S., Popp, V. & Biermann, A. (2007). Schatzsuche im Kindergarten – ein ressourcenorientierter Ansatz zur Förderung von Gesundheit und Bewegung. *Motorik* 30 (1), 27-34.

Völker, K. & Rolfes, K. (2015). Risikofaktor Inaktivität. In Schmidt, W. (Hrsg.), *Dritter Deutscher Kinder- und Jugendsportbericht* (S. 317-344). Schorndorf: Hofmann

Wadepohl, H., Koglin, U., Vonderlin, E. & Petermann, F. (2011). Förderung sozial-emotionaler Kompetenz im Kindergarten. *Kindheit und Entwicklung* 20 (4), 219-228.

Wagner, P. (Hrsg.) (2013a). *Handbuch Inklusion. Grundlagen vorurteilsbewusster Bildung und Erziehung*. Freiburg: Herder.

Wagner, P. (2013b). Der Ansatz Vorurteilsbewusster Bildung und Erziehung als inklusives Praxisprojekt. In Wagner, P. (Hrsg.), *Handbuch Inklusion. Grundlagen vorurteilsbewusster Bildung und Erziehung* (S. 22-41). Freiburg: Herder.

Wagner, P. (2013c). Gleichheit und Differenz im Kindergarten – eine lange Geschichte. In Wagner, P. (Hrsg.), *Handbuch Inklusion, Grundlagen vorurteilsbewusster Bildung und Erziehung* (S. 42-65). Freiburg: Herder.

Wagner, P. (2013d). Vielfalt respektieren, Ausgrenzung widerstehen. In Wagner, P. (Hrsg.), *Handbuch Inklusion, Grundlagen vorurteilsbewusster Bildung und Erziehung* (S. 242-259). Freiburg: Herder.

Wagner, N. & Kirch, W. (2006). Gesundheitsförderung im Vorschulalter. *Prävention und Gesundheitsförderung*, 1 (1), 33-39.

Weber-Heggemann, R. (2014). »Ohne Bewegung geht es nicht«. Waldkindergarten – Kindergarten ohne Dach und Wände. In Hunger, I. & Zimmer, R. (Hrsg.), *Inklusion bewegt. Herausforderungen für die frühkindliche Bildung* (S. 214-218). Schorndorf: Hofmann.

Weinrich, H. (2007). *Textgrammatik der deutschen Sprache*. Hildesheim: Olms.

Weinrich, M. & Zehner, H. (2011[4]). *Phonetische und phonologische Störungen bei Kindern. Aussprachetherapie in Bewegung*. Berlin: Springer.

Weizsäcker, V.v. (1997). *Der Gestaltkreis. Theorie der Einheit von Wahrnehmen und Bewegen*. Frankfurt a. M.: Suhrkamp.

Weltzien, D. & Albers, T. (Hrsg.) (2014). Vielfalt und Inklusion. *kindergarten heute. wissen kompakt. Themenheft zu fachwissenschaftlichen Inhalten*. Freiburg: Herder.

WHO (2012). Social determinants of health and well-being among young people. Health behaviour in school-aged children (HBSC) Study: International report from the 2009/2010 Survey. http://www.euro.who.int/__data/assets/pdf_file/0003/163857/Social-determinants-of-health-and-well-being-among-young-people.pdf?ua=1 (Zugriff am 07.02.2016).

Wiedebusch, S. & Petermann, F. (2011). Förderung sozial-emotionaler Kompetenz in der frühen Kindheit. *Kindheit und Entwicklung* 20 (4), 209-218.

Willimczik, K. (1983). Sportmotorische Entwicklung. In Willimczik, K. & Roth, K., *Bewegungslehre* (S. 240-353). Reinbek: Rowohlt.

Winter, R. & Hartmann, C. (2007). Die motorische Entwicklung (Ontogenese) des Menschen. In Meinel, K. & Schnabel, G. (Hrsg.), *Bewegungslehre – Sportmotorik* (S. 243-373). Aachen: Meyer & Meyer.

Wittgenstein, L. (1984). *Philosophische Untersuchungen. Werkausgabe Band 1* (S. 225-580). Frankfurt a. M.: Suhrkamp.

Woll, A., Jekauc, D., Mees, F. & Bös, K. (2008). Sportengagements und sportmotorische Aktivität von Kindern. In Schmidt, W. (Hrsg.), *Zweiter Deutscher Kinder- und Jugendsportbericht* (S. 177-191). Schorndorf: Hofmann.

Wolters, P. (2013). Sportdidaktische Kasuistik. In Aschebrock, H. & Stibbe, G. (Hrsg.), *Didaktische Konzepte für den Schulsport* (S. 245-263). Aachen: Meyer & Meyer.

Wojdylo, K., Baumann, N., Kuhl, J. & Horstmann, J. (2014). Selbstregulation von Emotionen als Schutzfaktor gegen gesundheitliche Auswirkungen von

Mobbing. *Zeitschrift für Klinische Psychologie und Psychotherapie*, 43 (1), 27-34.

Wörle, L. & Pfeiff, E. (2012). *Yoga als Therapie. Praktische Übungen für Gesundheit und Wohlbefinden*. München: Urban & Fischer.

Zimmer, R. (2002). Gesundheitsförderung im Kindergarten. *Bundesgesundheitsblatt – Gesundheitsforschung – Gesundheitsschutz* 45 (12), 964-969.

Zimmer, R. (2006a). *Handbuch der Psychomotorik*. Freiburg: Herder.

Zimmer, R. (2006b). Bedeutung der Bewegung für Salutogenese und Resilienz. In Fischer, K., Knab, E. & Behrens, M. (Hrsg.), *Bewegung in Bildung und Gesundheit* (S. 306-313). Lemgo: Aktionskreis Literatur und Medien.

Zimmer, R. (2010). *Handbuch Sprachförderung durch Bewegung*. Freiburg: Herder.

Zimmer, R. (2012). Kindergärten in Bewegung – Was zeichnet einen Bewegungskindergarten aus? *Motorik* 35 (1), 15-22.

Zimmer, R. (2013). *Sport und Spiel im Kindergarten*. Aachen: Meyer & Meyer.

Zimmer, R. (2014a). *Handbuch der Bewegungserziehung. Grundlagen für Ausbildung und pädagogische Praxis*. Freiburg, Basel, Wien: Herder.

Zimmer, R. (2014b). Bewegungserziehung. In Brandes-Chyrek, R., Röhner, Ch. & Sünker, H. (Hrsg.), *Handbuch Frühe Kindheit* (S. 681-690). Opladen, Berlin, Toronto: Verlag Barbara Budrich.

Zimmer, R. (2014c). Inklusive Bildungsprozesse – von Anfang an bewegt gestalten. In Hunger, I. & Zimmer, R. (Hrsg.), *Inklusion bewegt. Herausforderungen für die frühkindliche Bildung* (S. 24-32). Schorndorf: Hofmann.

Zimmer, R. (2015). Frühkindliche Bildung und Sport. In Schmidt, W. (Hrsg.), *Dritter Deutscher Kinder- und Jugendsportbericht* (S. 395-415). Schorndorf: Hofmann.

Zollinger, B. (1995). *Die Entdeckung der Sprache*. Bern: Paul Haupt.

Zukunftskonferenz Wilhelmsburg (2002). *Zukunftskonferenz Wilhelmsburg. Insel im Fluss – Brücken in die Zukunft. Weissbuch*. Hamburg.

WEBSITES

http://www.bertelsmann-stiftung.de/cps/rde/xchg/bst/hs.xsl/prj_107651.htm (zuletzt aufgerufen am 30.11.2014).

http://www.bewegungskindergarten-nrw.de (zuletzt aufgerufen am 14.12.2015).

http://www.bundesverband-waldkinder.de (zuletzt aufgerufen am 28.11.2015).

http://www.erzieherinnenausbildung.de (zuletzt aufgerufen am 13.12.2015).

http://www.fruehe-chancen.de (zuletzt aufgerufen am 09.12.2015).

http://www.iqsh-koordinierung.de/pages/kita-master.php (zuletzt aufgerufen am 28.11.2015).

http://www.kiggs-studie.de/deutsch/ergebnisse/literatur.html (zuletzt aufgerufen am 15.12.2015).

http://www.kindertagesbetreuung.de (zuletzt aufgerufen am 22.11.2015).

http://www.kindergarten-heute.de (zuletzt aufgerufen am 20.12.2015).

http://www.kitaprofis-online.de (zuletzt aufgerufen am 28.11.2015).

https://kita.rlp.de (zuletzt aufgerufen am 23.11.2015).

http://de.statista.com/statistik/daten/studie/196367/umfrage/meinungen-von-aerzten-zur-altersspezifischen-haeufung-von-gesundheitsproblemen-bei-kindern/ (zuletzt aufgerufen am 25.11.2014).

https://www.uni-flensburg.de/portal-studieninteressierte/bewerbung/bewerbung-master/kita-master (zuletzt aufgerufen am 08.12.2015).

http://www.waldkindergarten.de (zuletzt aufgerufen 29.11.2015).

http://www.waldkindergarten-bueckeberg.de/waldkindergarten-shg/zur-idee-der-waldkindergaerten/ (zuletzt aufgerufen am 23.11.2015).

Autorinnen und Autoren

Erhorn, Jan, Juniorprofessor für Sportwissenschaft an der Europa-Universität Flensburg, Co-Sprecher des Zentrums für Bildungs-, Unterrichts-, Schul- und Sozialisationsforschung (ZeBUSS) der EUF, wissenschaftlicher Direktor des Hamburger Forum Spielräume e.V. Forschungsschwerpunkte: Schulsportforschung, Frühkindliche Bewegungserziehung, Bewegung, Spiel und Sport in der Stadt, Sprach- und Bewegungsförderung.

Hampel, Petra, Professorin und Sprecherin des Instituts für Gesundheits-, Ernährungs- und Sportwissenschaften an der Europa-Universität Flensburg, Forschungsschwerpunkte: Stress, psychische Anpassung und chronische Erkrankungen im Kindes- und Jugendalter, kognitiv-behaviorale Stress- und Depressionsbewältigung bei chronischen Rückenschmerzen im Erwachsenenalter.

Schwier, Evelyn, Diplom-Pädagogin, Berufsschullehrerin am BBZ Schleswig. Unterrichtsschwerpunkte in den Lernfeldern »Lebenswelten und Diversität wahrnehmen, verstehen und Inklusion fördern«, »Pädagogische Beziehungen gestalten und mit Gruppen pädagogisch arbeiten« sowie »Sozialpädagogische Bildungsarbeit in den Bildungsbereichen professionell gestalten«.

Schwier, Jürgen, Professor für Bewegungswissenschaft und Sport an der Europa-Universität Flensburg, Mitglied der Studiengangsleitung des »Kita-Master – Leitung frühkindlicher Bildungseinrichtungen«. Forschungsschwerpunkte: bewegungs- und sportbezogene Kinder- und Jugendforschung, Schulsportforschung, Entwicklung des Trendsports, Sportkommunikation.

Wagner, Jessica Christine, Diplom-Psychologin, Psychologische Psychotherapeutin, Wissenschaftliche Mitarbeiterin in der Abteilung Gesundheitspsychologie und -bildung der Europa-Universität Flensburg. Forschungsschwerpunkte: Fetale Alkoholspektrum-Störungen, Stress- und Stressbewältigung, Gesundheit und Entwicklung über die Lebensspanne.